MYLES MUNROE

MARIÉS

et après ?

BUT ET PUISSANCE DE L'AMOUR ET DU MARIAGE

Traduit de l'anglais par
Anne Rivière & Lynda Farro

Dédicace

À ma magnifique, fantastique, impressionnante, sensible et merveilleuse femme, Ruth. Ton soutien, ton respect, ton engagement, ton dévouement et tes prières pour moi me donnent le sentiment d'être un bon mari et un bon père. Merci de faire des principes de ce livre une réalité pratique. Merci de faire de notre mariage tout ce dont j'avais espéré de cette aventure dans les relations humaines. Je t'aime.

À ma précieuse fille, Charisa et à mon fils bien-aimé, Chairo. Puissent vos mariages être construits sur les principes et les préceptes inhérents à la sagesse distillée par les vérités solides et éprouvées de la Parole de Dieu. Que ce livre, alors que vous appliquez ses préceptes, devienne mon plus beau cadeau de mariage pour vous et vos enfants.

À mon père et à ma mère défunte, Matthias et Louise Munroe. Alors que j'observais la beauté et les avantages d'un mariage construit sur la fondation de la Parole de Dieu, votre mariage de plus de 50 années est devenu pour moi le modèle vivant et le standard. Merci de m'avoir appris comment aimer ma femme et mes enfants.

À tous les célibataires qui ne sont encore pas mariés et qui désirent avoir ce mariage réussi que le Créateur avait initialement conçu. Puisse la sagesse de ce livre contribuer à ce souhait.

À tous les couples mariés dont le désir est d'améliorer et de renforcer leur relation. Puissiez-vous mettre en pratique les principes de ce livre pour vous aider à accomplir vos vœux et pour expérimenter le mariage tel qu'il a été initialement conçu par le Créateur pour l'humanité.

À la source de toute sagesse, connaissance et compréhension, le Créateur de l'institution du mariage, mon Seigneur et Rédempteur, Jehovah, Shalom, Yeshua.

MARIÉS *et après ?*

Sommaire

MARIÉS et après ?

Préface

On rencontre la plus grande source de joie et de douleur humaines sur la scène de l'amour et des relations. Le mariage a toujours été le contexte le plus commun de cette scène.

De nos jours, plusieurs s'interrogent sur la viabilité et le bien-fondé du mariage. Ils se demandent ouvertement si on devrait continuer à le considérer comme le socle du développement social moderne.

L'essor épidémique et explosif du taux de divorce alimente davantage cette crainte, ce découragement, cette désillusion et ce désespoir que ressentent les gens face au mariage. Beaucoup sont sceptiques et doutent de leur chance de réussir leur mariage. La situation est si grave que certains ont opté pour une cohabitation sans contrat formel ou sans agrément légal, en se mettant d'accord pour qu'aucun engagement ne soit pris — sans conditions. En substance, nous sommes en train de produire une génération dont l'appréciation et le respect pour l'institution du mariage se désagrège.

Beaucoup de victimes de ces mariages ratés et de ces familles divorcées développent un ressentiment et une colère contenue, qui se manifestent dans un transfert générationnel de relations brisées et de dysfonctionnement émotionnel. À cause de la peur de l'échec, certains ont clairement déclaré qu'ils ne croient pas au mariage ni ne souhaitent se marier. La mauvaise presse donnée par des personnalités du sport, du divertissement, de la politique, et tristement, de l'Église, dont le mariage a aussi succombé à la fin des relations, n'a pas aidé. Elle a servi uniquement à éroder encore plus le respect, la confiance et la haute position que l'institution du mariage avait autrefois dans la structure sociale de nos communautés.

Où tout cela nous mène ? À partir de là, où allons-nous ? L'institution du mariage va-t-elle survivre aux assauts des expériences négatives, des histoires terribles et des défenseurs du changement radical de la société qui promeuvent l'idée que le mariage n'a plus de raison d'être ni de valeur dans la société humaine ?

Je suis curieux : Si nous abandonnons l'institution traditionnelle du mariage, par quoi allons-nous la remplacer ? Quel accord plus réel et plus efficace pouvons-nous trouver pour garantir le niveau d'engagement, de loyauté, de soutien, de sentiment de communauté et d'amour nécessaires pour satisfaire les besoins fondamentaux de l'esprit humain, besoin tels que l'amour, le sentiment d'appartenance et d'importance, la sécurité et le respect mutuel ?

Au cours de ces six derniers millénaires, aucune civilisation ni culture n'a produit un meilleur concept pour un développement social ordonné que celui de l'institution traditionnelle du mariage. Chaque société et chaque culture a reconnu une volonté instinctive et un besoin d'accord formel pour le développement sain des familles.

Voici ce que je crois : peu importe combien l'homme est avancé en sciences, en technologie, en systèmes et en connaissances, il ne pourra jamais parfaire les préceptes fondamentaux du mariage en tant que socle du développement social. Ma conviction est que le mariage est une idée si géniale que seul Dieu ait pu y penser.

En dépit de tous les mariages ratés, des foyers brisés, des cas de divorce et des désillusions produites par les relations échouées, le mariage est toujours une idée grandiose. En fait, c'est la meilleure des idées.

PREMIÈRE PARTIE

Le mariage, une idée toujours grandiose

CHAPITRE 1

Le Mariage Est Comme Une Pierre Précieuse

De nos jours, nombreux sont les gens confus au sujet du mariage. Aux yeux de beaucoup, l'institution du mariage est devenue dépassée, telle une relique archaïque d'une époque simple et naïve. Ils se demandent si le mariage est toujours une bonne idée, particulièrement dans la culture plus "libérée" et "éclairée" d'aujourd'hui. Les concepts tels que l'honneur, la confiance, la fidélité et l' engagement semblent vieillots et inapplicables à la société moderne. Beaucoup sont ceux qui changent de partenaires aussi facilement que de chaussures (et presque aussi fréquemment !).

Cette confusion sur le mariage ne devrait pas nous surprendre quand on regarde à la vague déconcertante de philosophies et de comportements mondains qui nous frappent à chaque tournant. Chaque jour, livres, magazines, films, séries télévisées, sitcoms et séries dramatiques nous bombardent d'images de femmes trompant leurs maris et de maris trompant leurs femmes. Hommes et femmes, sans être mariés, se retrouvent ensemble au lit en un clin d'oeil et en ressortent tout aussi vite, à la recherche de leur prochain partenaire.

Aujourd'hui, les gens adoptent la même attitude vis-à-vis de leurs relations que lorsqu'ils sont dans un magasin pour acheter des vêtements. Ils enfilent quelque chose "pour voir si la taille leur convient" et si ça ne va pas, ils essaient autre chose. Une fois qu'ils ont trouvé une chose qui leur va, ils s'en servent un certain temps jusqu'à ce qu'elle soit usée ou démodée. Puis, ils s'en débarrassent ou l'accrochent au fond de l'armoire et se dépêchent de la remplacer.

Nous vivons dans une société habituée "au tri et au jetable", qui a très largement perdu tout sens réel de permanence. Notre monde est un monde de dates d'expiration, de durées de conservation limitées et d'obsolescence programmée. Rien n'est absolu. La vérité existe uniquement dans l'oeil de celui qui la regarde et la moralité est le caprice du moment. Dans un tel environnement, il n'est pas étonnant que les gens se demandent : « N'y a t-il donc plus rien de durable ? Est-ce que je peux encore dépendre de quelque chose ? »

Un symptôme majeur d'une société en mauvaise santé, c'est quand les relations humaines deviennent pour nous aussi impersonnelles et temporaires que les objets "jetables" et inanimés que nous utilisons quotidiennement. Le mariage est la plus profonde et la plus intime des relations humaines. Pourtant, même lui en subit les assauts. Le mariage est-il toujours viable dans la société moderne ? A-t-il toujours un sens dans notre monde transitoire ? Le mariage est-il toujours une bonne idée ?

Le Mariage est l'Idée de Dieu

La réponse est oui. Le mariage est toujours une bonne idée parce que c'est l'idée de Dieu. Il l'a créé. Il l'a conçu. Il l'a établi et en a défini les paramètres. Contrairement aux nombreuses idées et aux enseignements contemporains, le mariage n'est pas un concept d'origine humaine. L'humanité ne s'est pas réveillée un beau matin en pensant que le mariage serait un moyen pratique pour gérer les relations et les responsabilités entre hommes et femmes ou pour gérer les périodes de grossesse ainsi que les problèmes que peuvent rencontrer les parents. Le mariage est d'origine divine.

Le mariage est toujours une bonne idée parce que c'est l'idée de Dieu.

Dieu a Lui-même institué et ordonné le mariage au tout début de l'histoire de l'humanité. Le second chapitre de la Genèse décrit la façon dont Dieu, en prenant une côte de l'homme qu'Il avait déjà créé, a façonné à partir d'elle une femme pour qu'elle lui soit une aide "convenable" (Genèse 2:20). Puis Dieu a réuni l'homme et la femme et a confirmé leur relation de mari et femme, ordonnant ainsi l'institution du mariage.

Dès le commencement, Dieu a établi le mariage sur une relation permanente, l'union de deux personnes distinctes — un homme et une femme — en "une seule chair". Quand pour la première fois Adam a posé les yeux sur Ève, il s'est exclamé : « Voici bien cette fois celle qui est *os de mes os, chair de ma chair*. Elle sera appelée 'femme' car elle a été prise de l'homme » (Genèse 2:23, emphase ajoutée). C'est au verset suivant qu'est révélé le dessein de Dieu pour le mariage : « C'est pourquoi l'homme quittera son père et sa mère et s'attachera à sa femme, et ils deviendront une seule chair » (Genèse 2:24, La Colombe).

"Une seule chair" ne signifie pas simplement le "collage" de deux personnes mais plutôt la fusion de deux éléments distincts en un seul. Si je colle deux pièces de bois séparées, elles sont collées et non fusionnées. Elles demeurent deux pièces de bois séparées et une pression ou une chaleur suffisante brisera leur lien. En chimie, différents éléments sont reliés les uns aux autres par des liaisons chimiques leur permettant de travailler ensemble de manière spécifique. Si ce lien est rompu, ces éléments seront libérés et prendront des chemins séparés.

Il en va tout autrement de la fusion. Lorsque deux éléments sont fusionnés en un seul, ils deviennent inséparables. Une force de magnitude suffisante peut les détruire, mais ne peut jamais les séparer. Un homme et une femme devenus "une seule chair" selon le dessein de Dieu pour le mariage ne peuvent être séparés sans subir de dommages considérables allant même jusqu'à leur destruction. Cela reviendrait spirituellement à être amputé d'un bras ou d'une jambe.

Lorsque Dieu a ordonné que l'homme et la femme deviennent « une seule chair », Il pensait manifestement à une relation permanente et à vie. Jésus, le grand rabbi et enseignant juif, l'a très clairement fait savoir lors d'une discussion avec certains Pharisiens sur la question du divorce. Les Pharisiens avaient demandé à Jésus s'il était permis à un homme de divorcer de sa femme, en soulignant que Moïse avait autorisé cette pratique dans la Loi.

Jésus leur répondit :
— C'est à cause de la dureté de vos cœurs que Moïse a écrit ce commandement pour vous. Mais, au commencement de la création, Dieu a créé l'être humain homme et femme. C'est pourquoi l'homme quittera son père et sa mère pour s'attacher à sa femme et les deux ne feront plus qu'un. Ainsi ils ne sont plus deux, ils font un. Que l'homme ne sépare donc pas ce que Dieu a uni. (Marc 10:5-9)

« Que l'homme ne sépare donc pas ce que Dieu a uni ». Si le mariage était d'origine humaine, alors les êtres humains auraient eu le droit de s'en défaire quand bon leur semblerait. Or, comme Dieu est Celui qui a institué le mariage, Lui seul a l'autorité d'en déterminer les standards et les règles. Lui seul détient l'autorité d'y mettre fin. Chose qu'Il ne fera pas, car les Écritures sont claires : le mariage est une institution ordonnée par Dieu, unissant un homme et une femme en "une seule chair" dans une relation à vie. Cette institution perdurera tant qu'il y aura de la vie sur la terre. C'est seulement dans la vie à venir que le mariage cessera d'exister.

Le Mariage Est Une Institution Fondamentale

Une autre vérité importante sur le mariage est que Dieu l'a établi comme le premier et le plus fondamental élément de la société humaine. Alors que la famille est la fondation basique d'une société en bonne santé, le mariage est la fondation de la famille. Le mariage est une institution fondamentale qui précède n'importe quelle autre institution. Avant que les nations, gouvernements, églises, écoles, ou entreprises n'existent, il y avait la famille ; et avant elle, le mariage.

Alors que la famille est la fondation basique d'une société en bonne santé, le mariage est la fondation de la famille.

Le mariage est une fondation, car c'est à partir de cette relation que Dieu a commencé à construire la société. Lorsque Dieu a uni Adam et Eve dans le jardin, le mariage était le cadre qui allait leur permettre de développer leur interaction sociale tout en grandissant ensemble. C'est dans le contexte du mariage qu'ils ont appris quelles étaient leurs responsabilités envers l'autre et qu'ils ont pu vivre leur engagement mutuel.

La société humaine sous toutes ses formes dépend du mariage pour sa survie. C'est pour cette raison que la mésestime actuelle du mariage dans tant d'esprits s'avère si dangereuse. Au regard des assauts constants contre les valeurs et fondations traditionnelles, est-il surprenant que le mariage soit également attaqué ? Avec autant de personnes confuses au sujet du mariage, est-il étonnant que la société dans son ensemble connaisse un tel désarroi ? L'attaque globale de l'ennemi contre le mariage est en réalité une attaque contre la société elle-même, et finalement une attaque contre Dieu, le créateur et fondateur de la société et du mariage. L'ennemi sait que s'il parvient à détruire le mariage, il peut détruire les familles ; s'il parvient à détruire les familles, il peut détruire la société ; s'il parvient à détruire la société, il peut détruire l'humanité.

Le mariage est aussi la fondation sur laquelle repose l'Église, la communauté de croyants et la société spéciale de Dieu. Le Nouveau Testament décrit la relation entre le Christ et son Église comme celle d'un marié et de son épouse. Cette analogie contient des éléments significatifs pour comprendre comment les maris et leurs épouses devraient se comporter l'un envers l'autre. Par exemple, dans sa lettre à l'église d'Éphèse, l'apôtre Paul, juif du Ier siècle, a écrit :

soumettez-vous les uns aux autres dans la crainte de Christ. Femmes, soyez soumises chacune à votre mari, comme au Seigneur ; car le mari est le chef de la femme, comme Christ est le chef de l'Église, qui est son corps et dont il est le Sauveur... Maris, aimez chacun votre femme, comme le Christ a aimé l'Église et s'est livré lui-même pour elle... C'est pourquoi l'homme quittera son père et sa mère pour s'attacher à sa femme, et les deux deviendront une seule chair. Ce mystère est grand ; je dis cela par rapport à Christ et à l'Église. (Éphésiens 5:21-23, 25, 31-32 La Colombe)

La relation entre Christ et son Église sert de modèle à la relation qui devrait exister entre un mari et sa femme : une relation de respect, de soumission mutuelle et d'amour sacrificiel.

De la Genèse à l'Apocalypse, la Bible utilise souvent le mot maison en référence à la plus petite et la plus basique des cellules de la société — la famille. La "maison" est le fondement de la société, et le mariage est le fondement de la "maison". La santé d'un mariage détermine la santé d'une "maison" et la santé des "maisons" d'une nation détermine la santé de la nation.

Une "maison" en bonne santé est la clé à la fois d'une église et d'une société en bonne santé.

Des Idées Fausses à Propos Du Mariage

Le même principe est applicable à l'Église. La santé d'une église dépend de la santé des "maisons" de ses membres, et particulièrement de ceux qui ont un rôle de leader. Bien diriger sa famille est une condition essentielle à l'exercice d'une responsabilité dans l'Église. Paul l'a clairement dit quand il a écrit à Timothée : « On dit : 'Celui qui aspire à être un dirigeant dans l'Église désire une belle tâche.' Cette parole est certaine » (1 Timothée 3:1). Parmi d'autres choses, « Qu'il dirige bien sa famille et maintienne ses enfants dans l'obéissance, en toute dignité. Car, comment un homme qui ne dirige pas bien sa famille, serait-il qualifié pour prendre soin de l'Église de Dieu ? » (1 Timothée 3:4-5)

Une "maison" en bonne santé est la clé à la fois d'une église et d'une société en bonne santé. Une "maison" en bonne santé se mesure par la bonne santé d'un mariage. Le mariage est une institution fondamentale.

La procréation n'est pas l'objectif premier du mariage

Beaucoup de gens, aussi bien à l'Église qu'en dehors, pensent à tort que le mariage sert en premier lieu à la propagation de la race humaine. Ce n'est pas ce qu'indique la Bible. Bien que dans Genèse 1:28, Dieu ait confié à l'homme la charge d'être "féconds" et de "se multiplier", et bien qu'Il ait défini le mariage comme cadre pour la reproduction, la procréation n'est pas l'objectif principal du mariage.

Le commandement de Dieu concernait la création et l'assujettissement de l'ordre créé. « Dieu les bénit et Dieu leur dit : Soyez féconds, multipliez-vous, remplissez la terre et soumettez-la. Dominez sur les poissons de la mer, sur les oiseaux du ciel et sur tout animal qui rampe sur la terre » (Genèse 1:28 La Colombe). Dieu a créé l'homme — mâle et femelle — et attendait d'eux qu'ils se multiplient et remplissent la terre de leurs semblables, pour que ces derniers règnent sur l'ordre créé en tant que cogérants avec Lui. Le mariage était essentiellement une alliance entre compagnons, une structure relationnelle à travers laquelle hommes et femmes — maris et femmes — allaient s'unir pour devenir une seule chair et exercer ensemble la domination que Dieu leur avait donnée sur la terre. La procréation est une fonction du mariage sans en être le point central.

Comme le prouve clairement la société contemporaine, le mariage n'est pas nécessaire à la procréation. Hommes et femmes ne rencontrent aucune difficulté à faire des enfants en dehors du mariage.

Dans de nombreuses parties du monde, le nombre de naissances naturelles excède le nombre de bébés nés de femmes mariées. C'est un sujet qui préoccupe beaucoup de scientifiques et de sociologues car si le taux actuel se maintient, la population mondiale dans une ou deux générations croîtra jusqu'à dépasser la capacité de la terre à l'entretenir. Contrairement à l'idée générale selon laquelle le mariage viserait surtout à faire des enfants, il s'avère en réalité que le mariage sert de moyen de prévention contre une reproduction effrénée. Il y a au moins deux raisons à cela. Premièrement, l'exigence sociale et morale de se marier avant d'avoir des enfants pèse toujours dans beaucoup, beaucoup d'endroits. La plupart des gens sont toujours sensibles à la respectabilité du mariage et ce respect retient une procréation massive. Sans l'institution du mariage, les êtres humains seraient encore plus prolifiques qu'ils ne le sont déjà. En second lieu, les couples mariés qui prennent leurs responsabilités au sérieux, veillent à ne pas concevoir et donner naissance à un nombre d'enfants qui excéderait leur capacité à les aimer et à s'en occuper correctement. Paul s'est montré ferme à ce sujet. « Si quelqu'un ne prend pas soin des siens, en particulier des membres de sa famille, il a renié la foi et il est pire qu'un incroyant » (1Timothée 5:8).

Ce n'est ni un péché ni quelque chose d'anti-biblique que de veiller à planifier sa famille à l'avance. (Soyons clairs qu'avorter n'est pas ce qu'on appelle "planifier sa famille", ni même "prendre soin de sa santé". L'avortement, c'est mettre fin à une vie et détruire un potentiel de façon préméditée. C'est la mort d'une destinée et une interférence dans le protocole divin. Avorter revient à se rebeller contre la volonté connue de Dieu.) Au contraire, planifier sa famille est un acte de gérance mature et responsable.

Le sexe n'est pas l'objectif premier du mariage

Une autre idée fausse est que le mariage existe afin de légitimerles relations sexuelles. Le mariage ne devrait jamais être assimilé au sexe car le sexe n'est pas le but premier du mariage. L'union sexuelle et l'union du mariage ne sont pas et n'ont jamais été la même chose. Le mariage est une union qui implique l'union sexuelle pour l'établissement d'une alliance de sang, une obligation centrale et un plaisir (voir 1 Corinthiens 7:3-5), mais ces trois choses sont différentes.

Premièrement, le mariage implique l'engagement. Le sexe n'a pas grand chose à voir avec l'engagement ; le sexe est à 100% une réponse physique à un stimulus d'ordre physiologique et biochimique. Le sexe est une expression d'engagement dans un mariage, mais il n'a jamais créé l'engagement. En lui-même, le sexe ne peut ni créer, ni briser un mariage.

Le mariage a une portée plus large et plus profonde que le sexe, il le dépasse. Le sexe représente peut-être 1% du mariage ; le reste étant la vie ordinaire, de tous les jours. Si vous vous mariez pour le sexe, comment allez-vous gérer les 99% restants ?

Pendant de nombreuses années, il a été courant de croire que l'adultère brisait le mariage. C'est tout simplement faux. Le sexe ne crée pas le mariage, alors comment peut-il le briser ? L'adultère est un péché et, selon la Bible, le seul fondement légitime au divorce pour un chrétien. Même là, ce n'est pas automatique. Le divorce n'est pas une obligation dans certains cas. L'adultère ne brise pas le mariage. Briser le mariage est un choix.

Reconnaître que l'union sexuelle et l'union maritale sont deux choses différentes est absolument essentiel à une bonne compréhension du mariage, essentiel aussi pour comprendre le divorce et le remariage. Le mariage est plus grand que l'union sexuelle, il s'en distingue mais l'inclut. L'absence d'activité sexuelle ne va pas défaire un mariage et sa présence seule ne transformera pas une relation en mariage. Le mariage et le sexe sont liés mais différents.

Cette « Pierre Précieuse » Qu'est Le Mariage

Comment alors allons-nous définir le mariage ? Si le mariage n'a pour objectif premier ni le sexe ni la procréation, quel est-il donc ? Comme toujours, nous pouvons trouver la réponse dans la Bible. La Parole de Dieu est vraiment extraordinaire ; rien de ce que nous y lisons ne se trouve là par accident. Le mot grec de base pour "se marier" ou "mariage" est le mot gameo, dérivé de la même racine que le mot anglais "gem" signifiant "pierre précieuse" en français. La racine de ce mot veut littéralement dire "fusionner ensemble". La fusion d'éléments différents en un seul décrit le processus par lequel les pierres précieuses sont formées dans les profondeurs de la terre. Ce processus est également une description pertinente du mariage.

Les pierres précieuses comme les diamants, les rubis, les émeraudes ou encore les saphirs sont formées très en profondeur à partir d'éléments ordinaires soumis à une chaleur intense et à une pression énorme sur une période de temps prolongée. Sous l'oeuvre combinée de la chaleur, de la pression et du temps, même les matériaux les plus ordinaires peuvent être transformés en quelque chose d'extraordinaire. Prenez le charbon, par exemple. Le charbon est formé une fois que le bois ou autre matière végétale partiellement décomposée se combine à de l'humidité dans un environnement dépourvu d'air, sous une chaleur et une pression intense. Ce processus ne se fait pas du jour au lendemain, mais s'étend sur des siècles.

Bien que le charbon soit essentiellement une forme du carbone, les éléments qui le constituent peuvent toujours être distingués les uns des autres au cours d'une analyse chimique. Le charbon resté sous terre assez longtemps — des milliers d'années — sous une chaleur et une pression continues, finit par se transformer en diamant. Chimiquement, le diamant est du pur carbone. Les éléments distincts utilisés pour le former ne peuvent désormais plus être identifiés. La pression les a fusionnés en un seul élément inséparable.

Quelques minutes suffisent pour se marier, mais construire un mariage nécessite une vie entière.

Le mariage tel que Dieu l'a pensé est comme une pierre précieuse. Tout d'abord, il prend du temps à se développer. Les diamants ne se forment pas sur une décennie, mais sur un millénaire. Quelques minutes suffisent pour se marier, mais construire un mariage nécessite une vie entière. C'est pourquoi Dieu a établi le mariage sur une relation permanente et à vie. Il faut du temps pour que deux personnes avec des antécédents et des personnalités séparés et distincts puissent fusionner ensemble et devenir une seule chair.

En second lieu, un mariage à caractère divin se solidifie sous la pression. Le diamant est la substance la plus dure qui existe sur terre. Des millions de tonnes de pression appliqués sur une période de mille ans fusionnent et transforment de la matière carbonée en un cristal pouvant résister à toute charge. Un diamant ne peut être coupé que sous certaines conditions et en utilisant des outils spécialement conçus à cet effet. De manière similaire, les pressions extérieures renforcent et solidifient un mariage à caractère divin, en rapprochant davantage les époux. Tout comme la pression purifie un diamant, les problèmes et défis de la vie quotidienne purifient un mariage selon Dieu. Le mari et la femme font face ensemble à la pression. Plus les choses deviennent difficiles, plus leur union se renforce. Le mariage fusionne deux personnes différentes en une seule pour qu'elles deviennent tellement solides et résistantes sous la pression que rien ne peut les séparer.

Les mariages devant Dieu et les mariages dans le monde répondent différemment face à la pression. Dans le monde, quand les choses se corsent, les partenaires se séparent. Comme ces deux pièces de bois assemblées, ils sont attachés l'un à l'autre sans toutefois être fusionnés. La chaleur et la pression de la vie les séparent. La même chaleur et pression fusionnent un couple rattaché à Dieu pour que leur mariage se fortifie, jusqu'à ce qu'ils deviennent inséparables et impossibles à briser.

Une Collision d'Histoires

Le mariage n'a jamais été l'adjonction de deux personnes, mais une collision de leurs histoires. C'est un choc de cultures, d'expériences, de souvenirs et d'habitudes. Le mariage est un magnifique ajustement pour une nouvelle vie.

Construire un mariage solide nécessite du temps, de la patience et un dur labeur. Un des ajustements les plus difficiles que tous rencontrent consiste à passer d'une vie de célibataire à une vie de couple marié. Soyons honnêtes : les gens ne changent pas du jour au lendemain. Lorsque vous vous mariez, vous épousez plus qu'une personne ; vous "épousez" une famille entière, une histoire complète d'expériences. Voilà pourquoi il est souvent si difficile dans un premier temps de comprendre cette personne qui, à présent, partage votre maison et votre lit. Tous deux apportez au sein de votre mariage 20 ou 30 ans d'expériences de vie qui colorent votre façon de voir le monde et d'y répondre. Vous découvrirez rapidement que la plupart du temps votre perception des choses est assez différente. La différence de points de vue reste une source majeure de stress et de conflits chez les jeunes mariés. S'adapter par rapport à ces différences est crucial à la survie du mariage. Malheureusement, c'est précisément sur ce point que beaucoup de mariages échouent.

Tous nous filtrons ce que nous voyons et entendons à travers la lentille de nos propres expériences. Tragédie personnelle, abus d'ordre physique ou sexuel, qualité de la vie de famille en grandissant, niveau d'éducation, foi ou manque de foi — toutes ces choses affectent notre perception du monde qui nous entoure. Elles contribuent à façonner nos attentes de la vie et influencent notre façon d'interpréter les paroles et actions des autres.

Aucun de nous n'entre "pur" dans un mariage. À divers degrés, nous apportons tous notre bagage émotionnel, psychologique et spirituel. Tout ce que dit notre époux/épouse traverse le filtre de notre propre histoire et expérience. Comprendre ceci et s'y adapter requiert beaucoup de temps et de patience.

Avec le temps et les pressions de la vie quotidienne, le mari et la femme parviennent de mieux en mieux à se comprendre. Ils commencent à penser, agir et même éprouver des sentiments semblables. Ils apprennent à ressentir l'humeur de l'autre et reconnaissent souvent ce qui ne va pas sans même avoir à demander. Progressivement, leurs attitudes personnelles et leurs points de vue changent et se rapprochent, si bien que dans leur mentalité, ce n'est plus "le tien" et "le mien", mais "le nôtre". C'est à ce moment-là que le mariage, dans sa qualité de pierre précieuse, brille de son plus bel éclat. La fusion crée l'unité.

Il existe une autre ressemblance entre un mariage divin et une pierre précieuse. En général, nous ne trouvons pas les pierres précieuses en cherchant en surface comme nous le ferions pour des coquillages sur la plage. Pour trouver des pierres précieuses, nous devons creuser dans les profondeurs de la terre et traverser le roc. De la même façon, nous n'obtiendrons jamais un mariage selon Dieu en suivant la foule et en faisant comme les autres. Il nous faut creuser le cœur de Dieu pour découvrir ses principes. Les pierres précieuses sont rares, ainsi l'est un mariage authentique. Il n'y a ni raccourci, ni formule facile "en trois points". Nous avons la Parole de Dieu pour nous enseigner et son Esprit pour nous donner la compréhension et le discernement, et c'est tout ce qu'il nous faut.

Nous n'obtiendrons jamais un mariage selon Dieu en suivant la foule et en faisant comme les autres. Il nous faut creuser le cœur de Dieu pour découvrir ses principes.

Nous allons rarement trouver une chose de grande valeur reposant sur le sol. Les "bonnes choses" se situent très souvent en profondeur, là où un travail est nécessaire pour y accéder. Un bon mariage est une chose sur laquelle nous devons travailler ; un bon mariage n'arrive pas par accident. Tout comme le diamant de valeur, le mariage est le résultat final d'un processus long et intensif.

Alors qu'est-ce que le mariage ? Le mariage est une institution ordonnée par Dieu, une relation à vie entre un homme et une femme. Au fil du temps et sous la chaleur et la pression de la vie, deux personnes s'assemblent et se confondent au point où il devient impossible de distinguer où l'un s'arrête et l'autre commence. Le mariage est un processus, une fusion de deux éléments distincts et différents en un seul — un joyau étincelant d'amour, de fidélité et d'engagement qui brille de mille feux dans un monde de modes éphémères et d'instabilité.

PRINCIPES

1. Le mariage est toujours une bonne idée parce que c'est l'idée de Dieu.

2. Le mariage est une institution fondamentale qui précède n'importe quelle autre institution.

3. La procréation n'est pas l'objectif premier du mariage.

4. Le sexe n'est pas l'objectif premier du mariage.

5. Le mariage tel que Dieu l'a pensé est comme une pierre précieuse : une fusion de deux éléments différents en un seul.

6. Un mariage selon Dieu se développe avec le temps.

7. Un mariage selon Dieu se solidifie sous la pression.

8. Un mariage selon Dieu est une fusion qui crée l'unité.

CHAPITRE 2

Le Mariage Est Honorable

Il y a quelque temps, lors d'un voyage en Allemagne, j'ai eu l'opportunité de conseiller un couple marié qui était au bord du divorce. Le mari était venu me chercher à l'aéroport et durant les deux heures trente de trajet jusqu'à leur maison, nous avions eu tout le temps de parler. Il commença à me partager son cœur, me disant combien il aimait sa femme, mais cependant rien ne semblait fonctionner correctement. Une pression et des frictions constantes dans leur relation les avaient conduits à être sur le point de se quitter. Les choses en étaient arrivées à un tel point qu'ils ne dormaient plus dans le même lit. Cet époux préoccupé ne comprenait pas ce qui avait mal tourné entre sa femme et lui. Il implorait des réponses de ma part. Je lui ai répondu que je ne pouvais pas ne parler qu'à lui seul car, dans le mariage, deux personnes sont impliquées. Il me fallait parler aux deux personnes, ensemble.

Il était très tard lorsque nous sommes arrivés chez eux, mais au lieu d'aller nous coucher, nous nous sommes assis tous les trois et nous avons commencé à discuter. Lorsque nous avons fini notre conversation, il était 4 heures du matin. Alors qu'ils m'exposaient les problèmes auxquels ils faisaient face, je leur ai expliqué que la raison la plus élémentaire de l'échec d'un mariage est que les gens ne comprennent pas que le mariage lui-même est honorable, et même davantage que les personnes qui y sont engagées.

Le succès d'un mariage ne dépend pas tant du fait que des conjoints s'engagent L'UN ENVERS L'AUTRE, il dépend davantage de leur engagement envers le MARIAGE, l'institution immuable qu'ils ont contractée MUTUELLEMENT.

Le mariage est une institution stable, immuable, contractée par deux personnes qui changent constamment, alors qu'elles grandissent et deviennent matures. Ces changements peuvent être perturbants et frustrants, ils peuvent facilement occasionner le conflit. Le respect de l'honorabilité et de la stabilité du mariage peut donner à un mari et à une femme une ancre solide qui leur permet de résister aux tempêtes du changement, alors qu'ils se dirigent vers l'unité. Reconnaître la nature immuable du mariage en tant qu'institution peut les encourager lors des temps de conflit à rechercher des alternatives au fait de mettre fin à leur mariage. Le succès d'un mariage ne dépend pas tant du fait que des conjoints s'engagent l'un envers l'autre, il dépend davantage de leur engagement envers le mariage, l'institution immuable qu'ils ont contractée mutuellement.

Ce N'est Pas Qui Vous Aimez, Mais Ce Que Vous Aimez

La Bible présente le mariage comme une institution qui devrait être extrêmement respectée et estimée au-delà de toutes les autres institutions. Hébreux 13:4 dit : « Que le mariage soit honoré de tous, et le lit conjugal exempt de toute souillure, car Dieu jugera les débauchés et les adultères » (La Colombe). On lit dans la version King James : « Le mariage est honorable en tout... ». "Honorable" traduit le mot grec timios, qui signifie également "qui a de la valeur, coûteux, honorable, estimé, aimé et précieux". Tout signifie "tout" : Le mot grec est pas, qui signifie "tout, n'importe lequel, chacun, la totalité, beaucoup, quoi que ce soit et qui que ce soit". Le mariage, donc, doit être mis en valeur, estimé et tenu pour être le plus grand honneur de tous les temps, en toutes choses par tous et en tout lieu. Voilà le dessein de Dieu.

Notez que le verset dit : « Que le mariage soit honoré de tous »; il ne dit rien du tout à propos des personnes qui sont dans le mariage. La plupart des gens pensent et c'est une notion fréquente, que les parties qui forment le mariage – le mari et la femme – devraient s'honorer l'un l'autre et avoir une grande estime l'un pour l'autre. C'est certainement vrai, mais finalement, ce n'est pas cela qui fait qu'un mariage fonctionne. Le plus important, c'est qu'ils honorent et estiment le mariage en lui-même. Soyons réalistes, aucun de nous n'est aimable tout le temps. Quelquefois, nous disons des choses détestables ou nous faisons des choses stupides, laissant notre conjoint blessé ou furieux. Peut-être qu'il ou elle nous a fait la même chose. Quoi qu'il en soit, avoir une grande estime pour notre mariage et l'honorer nous aidera à dépasser ces moments cahoteux où l'un ou l'autre d'entre nous est détestable ou difficile à honorer.

L'une des clés d'un long mariage heureux, c'est comprendre que ce n'est pas qui vous aimez, mais ce que vous aimez qui est important. Je m'explique. Prenez un couple classique ; nous les appellerons Jean et Sarah. Jean et Sarah se rencontrent lors d'une soirée et commencent à discuter. Jean a 22 ans, beau, les cheveux bruns, un corps d'athlète et il a un métier bien rémunéré. Sarah a 20 ans, elle est séduisante et intelligente, ses cheveux sont magnifiques et elle a aussi un bon métier. Attirés l'un par l'autre dès le début, Jean et Sarah commencent à se fréquenter. Leur relation grandit de plus en plus jusqu'à ce qu'une nuit Jean dise « Sarah, je t'aime » et que Sarah réponde « Je t'aime aussi, Jean. »

Comme Jean et Sarah sont tombés amoureux, ils décident de se marier. Jean offre une bague à Sarah et ils commencent à planifier leur mariage. Jean et Sarah sont si heureux dans leur relation amoureuse qu'ils sentent qu'elle les soutiendra pour toujours. Cependant, quelque part sur le chemin, chacun devra comprendre ce qu'il aime chez l'autre ou ils seront confrontés à des problèmes dans leur mariage.

Jean doit se demander : « Pourquoi est-ce que j'aime Sarah ? Qu'y a-t-il chez elle qui fait que je sois amoureux d'elle ? Est-ce que je l'aime pour qui elle est ou pour une autre raison ? Est-ce que je l'aime pour son corps attirant ou sa magnifique chevelure ou son bon métier ?» Sarah, à 20 ans, possède tous ces atouts mais qu'en sera-t-il à 40 ? Et si à 40 ans Sarah a pris du poids et qu'elle a perdu sa silhouette élancée et mince parce qu'elle aura porté trois ou quatre enfants ? Et si elle n'a plus ce bon métier parce qu'elle est restée à la maison pour élever ses enfants ? Si Jean aime toutes ces choses que Sarah possède à 20 ans, comment se sentira-t-il face à elle lorsqu'elle aura 40 ans ?

Sarah doit se poser les mêmes questions à propos de Jean. À 22 ans, Jean représente sûrement tout ce que Sarah rêve de trouver chez un homme, mais qu'en sera-t-il lorsqu'il aura 42 ans et qu'il aura commencé à perdre ses cheveux ? Et s'il perdait sa belle carrure athlétique parce qu'il a travaillé au bureau jour après jour pendant 20 ans ? Et si la société pour laquelle il travaillait faisait faillite et que le seul emploi qu'il ait trouvé, c'est aide-maçon et qu'il gagnait la moitié de ce qu'il percevait avant ?

Ce n'est pas suffisant de connaître qui nous aimons ; nous devons savoir ce que nous aimons. Nous devons savoir pourquoi nous aimons la personne que nous aimons. Ceci est absolument crucial pour construire un mariage heureux et réussi.

La personne que nous épousons n'est pas la personne avec laquelle nous allons vivre, car cette personne change constamment.

Le point que j'essaie d'exposer est le suivant : la personne que nous épousons n'est pas la personne avec laquelle nous allons vivre car cette personne change constamment. Aujourd'hui, ma femme n'est pas la même femme que celle que j'ai épousée et je ne suis plus l'homme qu'elle a épousé. Nous avons tous les deux changé de bien des manières et nous continuons à changer chaque jour. Si nous, qui changeons constamment, faisons uniquement confiance l'un en l'autre pour faire fonctionner notre mariage, nous sommes face à un réel problème. Peu importe combien nous nous aimons, nous nous honorons et nous nous estimons l'un l'autre, cela seul ne suffira pas sur le long terme. Avoir un profond respect et une haute estime pour l'honorabilité du mariage en tant qu'institution immuable nous aide à apporter une certaine stabilité à notre relation qui change sans cesse.

La personne que nous épousons n'est pas la personne avec laquelle nous allons vivre. C'est pourquoi le mariage en lui-même doit être honoré et estimé davantage que les personnes qui y sont impliquées. Les personnes changent, mais le mariage est constant. Nous devons aimer le mariage plus que notre conjoint.

Le Mariage Est Plus Grand
Que Les Deux Personnes Qui S'y Sont Engagées

Si le mariage lui-même doit être honoré et estimé au-delà même des personnes qui s'y sont engagées, qu'est-ce que cela signifie en termes pratiques ? À titre purement illustratif, il est intéressant de comparer le mariage au fait d'aller travailler. Imaginons que vous et moi travaillons pour la même société. La société est une forme d'institution et nous avons rejoint cette institution en acceptant d'y être employés. Nous nous sommes engagés dans cette institution.

Supposons que nous finissons par travailler côte à côte à des bureaux adjacents. Nous construisons une bonne relation de travail et nous nous entendons bien pendant un moment. Puis, un jour nous avons un vif désaccord concernant un sujet et nous échangeons des propos enflammés. Nous décidons tous les deux de ne plus nous adresser la parole.

Que se passe-t-il ensuite ? Allons-nous démissionner seulement parce que nous avons eu une mésentente ? J'espère que non. (Certaines personnes démissionnent pour ce genre de choses, mais c'est presque toujours un signe d'immaturité.) Non, au lieu de cela, nous rentrons chacun chez nous, toujours fâchés et en opposition, mais le jour suivant, nous voici à nouveau, de retour à nos bureaux. Pourquoi ? Parce que nous sommes plus engagés dans l'institution qu'envers les personnes qui sont dans l'institution.

Une autre semaine passe et un jour vous demandez soudain : « Puis-je emprunter ta gomme ? ». Et je réponds : « OK. ». Lentement, notre désaccord s'estompe et nous commençons à communiquer de nouveau. Au bout de quelques jours seulement, nous discutons et rions ensemble comme de vieux amis, prenant notre déjeuner ensemble et tout est redevenu normal. Nous nous sommes réconciliés après notre désaccord, parce que nous considérons que l'institution est plus importante que nos sentiments personnels. Ce genre de choses arrivent tout le temps dans les institutions. Les gens ont des conflits mais ils finissent par se réconcilier parce que l'institution est plus importante que leur conflit.

Cette vérité est une clé pour bien comprendre le mariage. L'institution du mariage est plus importante que nos ressentis personnels. Il y aura des moments où nous ne serons pas d'accord avec notre conjoint, mais cela n'a rien à voir avec le mariage. Nous ne devons jamais confondre nos ressentis personnels ou nos conflits avec l'institution du mariage. Le mariage est digne d'honneur, respectable et immuable, tandis qu'en même temps, nous sommes indignes ou peu respectueux et que nous changeons constamment. Le mariage est parfait alors que nous sommes imparfaits.

L'engagement dans le mariage, plus que l'engagement envers la personne, est la clé du succès. Peu importe ce que ma femme me fait ou dit, je tiens bon et je sais qu'indépendamment de ce que je fais, elle sera toujours là. Nous sommes engagés dans notre mariage bien plus que nous ne sommes engagés l'un envers l'autre. Lorsque nous ne sommes pas d'accord ou lorsque nous nous disputons ou nous avons un conflit quelconque, nous nous réconcilions parce qu'il n'est que temporaire. Nous ne brisons pas l'institution supérieure parce que l'institution est plus importante que nous ne le sommes.

Lorsque vous avez un conflit avec un collègue de travail, vous vous réconciliez dans l'intérêt de l'institution – la société – qui est plus importante que vous deux. Comme vous devez travailler ensemble, vous devez également résoudre vos problèmes. Nous devons appliquer la même attitude dans le mariage. Quand un mari et une femme sont en conflit, ils devraient en parler et se mettre d'accord : « D'accord, nous avons nos différences et nous changeons constamment mais ce mariage est plus important que nous deux. Nous y sommes engagés à long terme, alors réconcilions-nous. Faisons tout notre possible pour que ça marche.»

Le mariage est plus grand que les deux personnes qui y sont engagées, c'est ainsi que cela devrait être. Dieu a institué le mariage ; il Lui appartient, pas à nous. Le mariage, c'est deux personnes imparfaites qui s'engagent dans une institution parfaite, en formulant des vœux parfaits avec des lèvres imparfaites devant un Dieu parfait.

Un Vœu Parfait Et Des Lèvres Imparfaites

Un vœu est différent d'une promesse. Une promesse, c'est lorsque nous nous engageons à faire ou à ne pas faire une chose précise, comme un père qui promet à son fils de l'emmener au zoo. De l'autre côté, un vœu est une déclaration solennelle qui lie celui qui formule le vœu à une certaine action, un service ou une condition, comme le vœu de pauvreté. Tout comme je l'ai écrit dans mon ouvrage précédent *Single, Married, Separated, and Life After Divorce* [*Célibataires, Mariés, Séparés et la Vie Après le Divorce*] :

> « Une promesse est un engagement à faire une chose plus tard et un vœu est un engagement sérieux à commencer à faire une chose maintenant et à la continuer sur toute la durée du vœu. Certains vœux ou contrats sont pour la vie ; d'autres s'étalent sur une période limitée[1].
>
> Dieu prend les vœux très au sérieux :
> Un vœu, c'est jusqu'à la mort, c'est pourquoi Dieu a dit : « Ne le fais pas si tu n'es pas capable de le tenir »... « Jusqu'à la mort » ne signifie pas « jusqu'à votre mort naturelle ». Cela signifie donner à Dieu le droit de vous permettre de mourir si vous brisez ce vœu. Sous l'Ancienne Alliance, si vous rompiez vos vœux et si la miséricorde de Dieu n'intervenait pas, quelque chose de grave se passait. Un vœu n'est pas fait à une autre personne. Les vœux sont faits à Dieu ou devant Dieu ; en d'autres termes, avec Dieu en tant que témoin.[2] »

L'attitude de Dieu envers les vœux est parfaitement révélée dans les Écritures. « Si tu as fait un vœu à Dieu, accomplis-le sans tarder, car les insensés déplaisent à Dieu. Ce que tu as promis, tiens-le. Il vaut mieux ne pas faire de vœu qu'en faire et ne pas s'en acquitter » (L'Ecclésiaste 5:3-4).

---

1   Myles Munroe, *Single, Married, Separated, and Life After Divorce*, Shippensburg : Destiny Image Publishers, Inc, 1992, p. 91.

2   Idem.

Le mariage est un vœu et briser ce vœu est une chose grave, parce que nous brisons aussi notre relation avec Dieu. Le prophète de l'Ancien Testament, Malachie, a exprimé la perspective de Dieu concernant la fidélité aux vœux du mariage selon les termes suivants :

Voici en second lieu ce que vous faites : Vous couvrez l'autel de l'Éternel de larmes, De pleurs et de gémissements, En sorte qu'il ne se tourne plus vers l'offrande Et qu'il n'agrée rien de vos mains. Et vous dites : Pourquoi ?... Parce que l'Éternel a été témoin Entre toi et la femme de ta jeunesse Que tu as trahie, Bien qu'elle soit ta compagne Et la femme de ton alliance. (Malachie 2:13-14 La Colombe)

Le mariage est plus grand que les deux personnes qui y sont impliquées.

Parce que le mariage est un vœu parfait fait devant un Dieu parfait par deux personnes imparfaites, seul Dieu peut le faire fonctionner. N'attendez pas la perfection de la part de votre conjoint. Le mariage est parfait, mais les gens sont imparfaits. Si vous n'y croyez pas, jetez un coup d'œil dans le miroir. L'institution du mariage est immuable ; elle ne change jamais. Les gens changent tout le temps. Si vous voulez avoir du succès dans votre mariage, investissez-vous dans ce qui ne change pas. Engagez-vous dans l'institution du mariage. Elle deviendra votre centre de gravité et vous aidera à rester solide.

Changer d'Institutions N'est Pas La Solution

Une fois que nous comprenons que le mariage est une institution qui doit être respectée et estimée, la pensée du divorce n'entre jamais dans notre esprit. Le respect pour l'institution du mariage nous aide à traverser ces moments où notre conjoint ou nous-même agissons de manière indigne. Nous n'abandonnons pas l'institution à cause de conflits ou de problèmes qui émergent.

L'un des problèmes que rencontrent beaucoup de personnes dans notre société, c'est cette tendance à passer fréquemment de boulot en boulot, démissionnant à chaque fois que quelque chose ne va pas comme ils le veulent. Non seulement ceci est un signe d'immaturité et de réticence à résoudre les problèmes, mais il ruine rapidement leur crédibilité aux yeux d'employeurs potentiels. Notez ceci : Vous vous présentez à un entretien d'embauche et ils vous demandent : « Quel est votre dernier employeur ?» Après que vous avez répondu, ils vous demandent : « Pourquoi êtes-vous parti ?» Le but de ces questions est d'évaluer votre crédibilité. Votre employeur veut savoir quel genre de personne vous êtes et si oui ou non vous allez être un atout pour la société. Supposez que vous répondiez : « Je suis parti parce que je n'aimais pas mon patron » ou « Je suis parti parce que j'ai eu des problèmes avec des collègues. » Ne soyez pas surpris si cet employeur ne vous embauche pas. Pourquoi penserait-il que vous serez différent en travaillant pour lui ? S'il s'aperçoit que vous avez eu dix boulots durant les trois dernières années, il ne vous recrutera certainement pas. Il ne veut pas devenir le numéro onze sur votre liste.

Changer d'institutions n'est pas la solution au problème. La clé pour la croissance et la maturité est de tenir bon pendant les moments difficiles et travailler au travers des problèmes. C'est tout aussi vrai dans le mariage que ça ne l'est pour un travail. Lorsque des problèmes surviennent dans un mariage, beaucoup de personnes pensent que leurs problèmes disparaîtront simplement s'ils divorcent et s'ils épousent quelqu'un d'autre. C'est tout simplement faux. Les difficultés conjugales ne sont presque jamais unilatérales. Si vous vous retirez du mariage avant de résoudre les problèmes, alors ces problèmes que vous avez amenés dans cette relation, vous les emporterez dans la prochaine. Ils peuvent prendre une forme différente, mais ces problèmes resteront les mêmes.

Changer les institutions n'est pas la solution au problème. La clé pour la croissance et la maturité est de tenir bon pendant les temps difficiles et de travailler au travers des problèmes.

Il y a eu une époque, il n'y a pas si longtemps, où les perspectives traditionnelles du mariage et de la famille étaient très honorées et respectées dans la société occidentale. Le divorce était quasiment inexistant, et lorsqu'il y en avait un, il représentait un stigmate pour la société. Plus maintenant. Les concepts bibliques du mariage et de la famille ont été très gravement attaqués lors de ces deux dernières générations. Les philosophies humanistes si présentes de nos jours ont contribué à retirer le stigmate social et moral du divorce. Ainsi, le divorce et le remariage sont devenus non seulement communs, mais également acceptables, même aux yeux de beaucoup de croyants. Certaines personnes sont même allées très loin, au point de suggérer que la valeur d'un adulte est déterminée par le nombre de partenaires sexuels qu'il a. Ce concept est complètement tordu. Il est dégoûtant et satanique, il reflète cependant ce qui se passe couramment dans notre société.

À cause de l'omniprésence de philosophies mondaines au sujet du mariage et de la famille, beaucoup de croyants ignorent les standards de Dieu. Nous devons à nouveau regarder aux paroles de Jésus lorsque Il a dit : « Mais, au commencement de la création, Dieu a créé l'être humain homme et femme. C'est pourquoi l'homme quittera son père et sa mère pour s'attacher à sa femme et les deux ne feront plus qu'un. Ainsi, ils ne sont plus deux, ils font un. Que l'homme ne sépare donc pas ce que Dieu a uni. » (Marc 10:6-9).

Ces versets révèlent deux vérités importantes qui permettent de comprendre la perception du mariage selon Dieu. Premièrement, Dieu unira seulement ce qu'Il reconnaît. Dieu ne peut pas et ne pourra pas autoriser le péché sous quelque forme que ce soit. Pouvez-vous imaginer Dieu prendre deux pécheurs, les unir et ensuite les bénir ? Agir de la sorte aurait été bénir et encourager le péché. Au « commencement de la création », lorsque Dieu les mit ensemble, Adam et Ève étaient purs et saints, vierges et inaltérés par le péché. Avant la chute, leur mariage était le modèle de tout ce que Dieu avait prévu. Dieu ne peut pas et ne pourra pas bénir une relation pécheresse. Aucune union entérinée par Dieu ne peut effectivement exister entre des incroyants ou entre quiconque « se marie » avec un péché irrésolu dans sa vie ou qui vient vers l'autre dans des circonstances de péché ou sinon contraires aux standards de Dieu.

La seconde vérité dans Marc 10:6-9 est que ce que Dieu a uni, l'homme ne doit pas le séparer. Le gouvernement civil humain ne possède ni l'autorité ni le pouvoir de désunir un mariage ordonné par Dieu entre deux croyants. Dans le naturel, le mariage « civil » établi par la loi civile peut aussi être supprimé par la loi civile. Les gens qui se marient en dehors de Dieu peuvent également divorcer en dehors de Dieu. Dans le spirituel, un mariage que Dieu a entériné ne peut pas être brisé par le décret de l'homme. Cela soulève une question importante. Si les croyants viennent à l'autel du mariage de Dieu pour qu'Il les unisse, pourquoi alors un si grand nombre d'entre eux va au tribunal pour être "désunis" ?

Les tribunaux humains n'ont pas le pouvoir de séparer ce que Dieu a uni. Le style de mariage de Dieu est une fusion, pas un lien. Ce que Dieu a uni, seul Lui peut le désunir. Il ne le fera pas, cependant, parce qu'agir ainsi violerait ses propres standards. Pour des croyants, changer les institutions n'est pas la réponse.

Un Mariage Réussi Dépend De La Connaissance

La connaissance est la réponse. Un mariage réussi n'a pas grand-chose à voir avec l'amour. L'amour ne garantit pas le succès dans le mariage. L'amour est très important au bonheur d'un mariage, mais en lui-même il ne peut pas faire fonctionner un mariage. La seule chose qui fait fonctionner un mariage, c'est la connaissance. En effet, la seule chose qui fait tout fonctionner, c'est la connaissance. Le succès dépend de ce que nous savons à propos d'une chose et non pas de notre ressenti par rapport à elle.

La plupart des gens mariés s'aiment et se sentent bien ensemble, mais nombreux sont ceux qui ne savent pas comment communiquer efficacement ou comment bien s'entendre avec l'autre. Il existe une énorme différence entre reconnaître des sentiments et savoir comment gérer un conflit. Certaines personnes définissent l'intelligence comme ayant la capacité de résoudre des problèmes complexes. Plus précisément, l'intelligence est la capacité à faire face à la réalité et à gérer les problèmes tout en maintenant une bonne santé mentale. Gérer des problèmes n'est pas forcément la même chose que de les résoudre. Certains problèmes ne peuvent pas être résolus. Une personne intelligente est quelqu'un qui sait maintenir sa stabilité et son estime de soi en toutes circonstances, elle évalue la situation, elle traite les problèmes de manière efficace et ressort intacte de l'autre côté.

De nos jours, il y a un grand besoin d'intelligence et de connaissance concernant le mariage pour compenser l'ignorance généralisée sur ce sujet. Même l'Église chrétienne, qui devrait être la voix de l'autorité au sujet du mariage, souffre parce que beaucoup de croyants, y compris les leaders, sont illettrés bibliquement parlant lorsqu'il s'agit du mariage et de la famille. À ce jour où toutes les vieilles valeurs sont défiées à droite et à gauche, aussi bien à l'intérieur qu'à l'extérieur de l'Église, beaucoup sont confus, incertains sur ce qu'il faut continuer à croire. La cause principale de cette confusion est le manque de connaissance.

La connaissance est primordiale pour le succès et la survie en toute chose. Dans Osée 4:6a, Dieu dit : « Oui, mon peuple périt faute de connaissance. » « Mon peuple » fait référence aux enfants de Dieu. Même les chrétiens ont besoin de la connaissance. La plus grande de toutes les connaissances, c'est de connaître Dieu. Proverbes 1:7 dit : « La crainte de l'Éternel est le commencement de la connaissance ; les insensés méprisent la sagesse et l'instruction » (La Colombe, emphase ajoutée). Peu importe le nombre de fois où nous venons à l'église ou le nombre de fois où nous louons le Seigneur ; sans connaissance, nous n'avons aucune garantie de réussir.

L'une des choses qui m'embêtait sérieusement lorsque j'étais un jeune chrétien, c'était de voir tant d'autres chrétiens divorcer. Si les disciples de Christ échouaient dans leur mariage, quel espoir y avait-il pour tous les autres ? C'était des gens supposés être remplis du Saint-Esprit, qui étaient censés connaître le Dieu Saint et pourtant ils semblaient incapables de vivre ensemble et de s'entendre. Si cela était vrai, nous pouvons également oublier tout le reste !

Il m'a fallu un certain temps pour apprendre que le succès dans le mariage dépend de beaucoup plus que le simple fait d'être sauvé. Il faut plus qu'être simplement amoureux. Être un croyant et être amoureux sont aussi importants dans le mariage, mais ils n'assurent aucune garantie automatique pour la réussite conjugale. Nous devons connaître les principes bibliques; les paramètres de conception que Dieu Lui-même a établis. Les principes bibliques ne changent jamais. Les principes que Dieu a donnés à Adam ct Ève pour avoir un mariage et une famille réussis fonctionnent encore de nos jours. Ils sont applicables de manière universelle à tout âge et dans chaque culture. Les problèmes surgissent lorsque nous violons ou ignorons ces principes.

Finalement, le mariage ne survivra pas seulement avec l'amour ou les sentiments. En soi, le simple fait d'être né de nouveau n'est pas suffisant pour garantir le succès. Un mariage réussi s'appuie sur la connaissance — connaître et comprendre les principes de Dieu.

Dieu a conçu le mariage pour qu'il réussisse et seuls ses conseils contribuent à sa réussite.

Le mariage est honorable. Dieu a institué le mariage et Lui seul a le droit de dicter ses termes. L'institution du mariage est soumise à des lois, des règles et des conditions que Dieu a instaurées et Il les a révélées dans Sa Parole.

Dieu a conçu le mariage pour qu'il réussisse, et seuls Ses conseils peuvent le faire réussir. Nul ne peut mieux faire fonctionner une chose que celui qui l'a conçue. Ce serait une erreur d'utiliser des pièces Toyota pour réparer votre Ford. Les pièces Toyota sont conçues pour Toyota, pas pour Ford. À la place, vous feriez mieux d'emmener votre Ford auprès du service après-vente de Ford. Nul ne connaît les voitures Ford mieux que la compagnie Ford. Emmèneriez-vous votre Mercedes-Benz chez Ford pour une réparation ? Pas si vous êtes intelligent. Il n'y a qu'un garagiste du concessionnaire Mercedes qui puisse la réparer correctement. Un succès assuré signifie employer "l'homme de service" approprié. Cela signifie se référer au concepteur.

C'est la même chose pour le mariage. Le succès dans le mariage signifie employer "l'homme de service" approprié ou "le concessionnaire agréé" — se référer au concepteur pour être guidé. Personne ne connaît un produit mieux que son fabricant. Personne ne comprend le mariage mieux que Dieu Lui-même. Il l'a créé, Il l'a établi, Il l'a ordonné et Il l'a béni. Seul Lui peut le faire fonctionner. Le mariage est honorable car il est d'origine divine plutôt que d'origine humaine. Si nous voulons que notre mariage soit honorable et réussi, nous devons savoir, comprendre et suivre les principes que Dieu a instaurés dans son "manuel", la Bible. C'est l'unique mesure de correction pour l'ignorance et la désinformation qui caractérisent tant la conception du mariage qu'a le monde.

PRINCIPES

1. Le mariage est une institution stable, immuable, contractée par deux personnes qui changent constamment, alors qu'elles grandissent et deviennent matures.

2. L'institution du mariage est plus importante que nos sentiments personnels.

3. L'engagement dans le mariage, plutôt que l'engagement envers la personne, est la clé du succès.

4. Le mariage, c'est deux personnes imparfaites qui s'engagent dans une institution parfaite en faisant des vœux parfaits avec des lèvres imparfaites.

5. Dieu n'unira que ce qu'Il pourra reconnaître.

6. Ce que Dieu a uni, l'homme ne peut le séparer.

7. Le succès dépend de ce que nous savons à propos d'une chose et non de notre ressenti par rapport à elle.

8. Un mariage réussi repose sur la connaissance — connaître et comprendre les principes de Dieu.

CHAPITRE 3

Pourquoi Se Marier Alors ?

Les gens se marient pour diverses raisons, certaines sont bonnes, d'autres non. De nombreux mariages échouent aujourd'hui parce que le couple ne comprend ni la finalité ni les principes d'un mariage réussi. Il lui manque la connaissance. La confusion de la société moderne au sujet du mariage conduit un nombre important de couples à se marier pour de mauvaises raisons — des raisons insuffisantes au maintien d'une relation saine et durable à vie.

Personne ne devrait se marier avant d'avoir répondu de façon claire et avec soin à la question « Pourquoi ?». Un examen préalable délibéré et réfléchi préviendrait beaucoup de problèmes, de migraines et de regrets par la suite. Savoir pourquoi vous souhaitez vous marier peut vous conforter dans la prise d'une bonne décision et vous aider à en éviter une mauvaise.

Parce que la connaissance est cruciale au succès, il est important avant tout de reconnaître quelques-unes des mauvaises raisons les plus courantes que les gens invoquent lorsqu'ils choisissent de se marier. J'en ai relevé dix. Cette liste ne repose pas sur une conjecture mais sur des faits tirés de l'étude d'innombrables mariages ratés. Nous ne parlons pas ici de fiction mais de vraie vie.

10 Mauvaises Raisons De Se Marier

1. Pour défier les parents.
Croyez-le ou non, beaucoup se marient pour défier ou répondre à leurs parents. « J'en ai trop marre d'avoir à faire tout ce qu'ils me disent ! Je vais leur montrer ! Je ne suis pas obligé(e) de rester ici !». Peut-être qu'il y a du ressentiment vis-à-vis des règles parentales ou de l'irritation devant leur discipline. Ou peut-être de la colère parce que les parents désapprouvent leurs amis, en particulier ce ou cette petit(e) ami(e) spécial(e). Cette colère ou ce ressentiment peut les amener à faire quelque chose d'insensé, comme par exemple se marier sans vraiment y accorder la moindre réflexion. Bien qu'ils ne connaissent rien au sujet du mariage, ils saisissent cette chance parce qu'elle représente pour eux un moyen rapide d'échapper aux restrictions des parents.

Se marier pour défier ses parents est une raison folle au mariage. Un tel mariage est d'emblée voué à l'échec. L'émotion dominante est négative – colère, ressentiment, amertume – et peu propice à une relation saine et durable. Les qualités essentielles au succès, comme l'amour, l'engagement et la fidélité, sont soit absentes, soit dissimulées en second plan derrière la première motivation qui est de défier. Une personne qui se marie par défiance, voit davantage son époux ou épouse comme un moyen d'échapper à des parents dominateurs que comme l'objet de son amour, son compagnon et son ami(e). Cela constitue un fondement insuffisant à un mariage heureux et réussi.

2. Pour fuir un foyer malheureux.

Il s'agit d'une raison similaire à la première. Certaines personnes grandissent dans un contexte familial malheureux ou difficile qu'elles veulent fuir à tout prix. Peut-être qu'il y a des abus physiques, verbaux ou sexuels. Ou qu'un des parents voire les deux sont alcooliques ou drogués. Ou que la vie à la maison ressemble à un concerto permanent de colère, de cris, de hurlements, de jurons et de querelles. Quelle qu'en soit la raison, certains jeunes désespèrent de quitter la maison et voient souvent le mariage comme leur porte de sortie. C'est totalement insensé et dépourvu de sagesse. Le désir de fuir un foyer malheureux n'est pas une raison pour se marier. Si vous devez partir, alors sortez, trouvez un travail, un appartement et prenez votre indépendance. Les gens qui se marient pour fuir quelque chose trouvent rarement ce qu'ils recherchent. Ils finissent par échanger une situation dans laquelle ils sont malheureux par une autre.

3. Une image de soi négative.

Malheureusement, certaines personnes se marient dans l'espoir que le mariage leur donne un sentiment de valeur ainsi qu'un sens à leur vie. Elles ont une si mauvaise image d'elles-mêmes qu'il leur faut constamment quelqu'un pour affirmer leur valeur et pour leur dire qu'elles sont bien. Un mariage qui démarre sur cette base est en difficulté avant même d'avoir commencé.

Une personne qui se marie en ayant d'elle une image négative, entame cette relation comme si elle était seulement la moitié d'une personne. Si les deux individus ont le même problème d'image de soi, alors ils sont vraiment partis pour une période difficile. Un mariage sain réunit deux personnes complètes et non deux moitiés, afin de former une union bien plus grande que la somme des parties qui la composent. Deux personnes qui s'unissent en étant sûres de leur valeur et solides dans leur identité, peuvent construire un mariage heureux, réussi et significatif.

Le mariage ne résoudra pas le problème d'une mauvaise image de soi. Le mariage amplifie nos défauts de caractère et expose notre concept de soi. Il ne fera qu'empirer les choses. Nous devons tous trouver notre valeur dans notre relation avec Christ, dans notre identité d'enfants bien aimés de Dieu et héritiers de son Royaume : des âmes précieuses créées à l'image de Dieu pour lesquelles Jésus a donné sa vie. Une fois que nous comprenons réellement que nous faisons partie de la "famille royale", notre façon de penser, d'agir et nos émotions changent. C'est le remède à une mauvaise image de soi.

4. Se marier sous le coup d'une déception amoureuse.

Cette raison est étroitement liée à la précédente. Les gens qui, dans le passé, ont été blessés par une relation ou un précédent mariage, se sentent découragés et déprimés, avec une estime de soi au plus bas. Ils sont prompts à se jeter tête baissée dans une nouvelle relation avec la première personne qui leur témoigne de la sympathie ou de l'intérêt. Ce faisant, ils espèrent non seulement apaiser leurs blessures, mais aussi se prouver que le problème ne vient pas d'eux. Vous n'avez pas besoin de vous marier pour prouver que rien ne cloche chez vous ; il existe d'autres moyens de le faire. Ceci nous ramène au problème de l'image de soi. Si vous êtes OK, vous êtes OK ; le mariage n'y changera rien.

Le problème avec ce type de mariage c'est qu'il ne s'agit pas d'un mariage motivé par l'amour mais par la commodité. Vous êtes blessés et en proie à des doutes, et voilà que quelqu'un vient vous témoigner de la sympathie et de la compassion. Tous deux pouvez confondre cela avec le véritable amour si bien que vous prenez la décision rapide de vous marier. Pourtant, en réalité, l'amour est inexistant. Pour vous il s'agit seulement d'un mariage accommodant, un moyen "rapide et facile" de sortir de votre dilemme. Ne tombez pas dans ce piège. Un mariage "sous le coup d'une déception amoureuse" est destiné aux problèmes.

5. La peur d'être laissé pour compte

Cette peur affecte aussi bien les hommes que les femmes, mais elle a tendance à frapper plus durement les femmes, particulièrement à mesure qu'elles prennent de l'âge. Même dans notre société moderne, le sentiment de valeur de la femme est, plus que pour l'homme, rattaché au mariage, à la maison et à la famille. Nombreuses sont les femmes célibataires qui commencent à s'inquiéter quand elles atteignent la trentaine. Parfois la panique prend le dessus. « Qu'est-ce que je vais faire ? Tout le monde se marie sauf moi ! Tous mes amis sont mariés. Je suis la seule célibataire de ma classe de terminale. Qu'est-ce qui ne va pas chez moi ?».

C'est dans cet état d'esprit que certaines femmes s'accrochent au premier venu qui leur manifeste de l'intérêt. Peut-être qu'il ne lui apporte rien de bon, mais ce n'est pas grave. Peut-être qu'il a un caractère défectueux destiné à être une tare dans sa vie, mais cela, elle ne le voit pas. Elle est désespérée ! Tout ce qu'elle voit c'est qu'il s'intéresse à elle. Même s'il ne fait que profiter d'elle, elle est convaincue qu'ils s'aiment. Quand il fait sa demande, elle se dit « Dieu merci !» et accepte avec empressement. Le seul problème c'est que Dieu n'avait rien à voir là dedans. C'est sa panique et sa peur de finir "vieille fille" qui l'ont poussée à prendre une mauvaise décision.

Les hommes font la même erreur. Par crainte de rester célibataires toute leur vie, certains épousent des femmes qui ne sont pas bien pour eux. La peur d'être laissé pour compte conduit beaucoup d'hommes et de femmes à se contenter d'un mariage bien inférieur à ce qu'ils auraient pu avoir s'ils avaient patienté et placé leur confiance en Dieu.

Lorsque quelqu'un se marie par peur d'être laissé pour compte, il se produit généralement l'une de ces deux choses. Soit ils mettent fin au mariage, soit ils "serrent les dents et supportent", trop embarrassés pour admettre leur erreur au monde, et particulièrement à leurs familles et amis. Dans les deux cas, le bonheur qu'ils recherchaient leur échappe pour laisser place à la tristesse.

6. La peur d'être indépendant.

Certaines personnes grandissent si dépendantes de leurs parents, qu'une fois adultes et confrontées à l'éventualité d'être indépendantes, elles se marient pour pouvoir dépendre de quelqu'un d'autre. Souvent les parents sont responsables de l'état de dépendance de leurs enfants. Intentionnellement ou non, ils insistent pour tout faire à la place de leurs enfants sans jamais leur apprendre à penser ou à agir par eux-mêmes. Certains parents ont toujours tendance à considérer leurs enfants comme "mon bébé" et tentent de les retenir indéfiniment.

Les enfants qui ont grandi dépendants de leurs parents, débutent souvent leur mariage en s'attendant à ce que leurs époux/épouses prennent soin d'eux et leur procurent la sécurité qu'ils ont toujours connue. Quand vient le moment de s'affirmer et d'être indépendants pour la première fois, ils perdent pied, parce qu'ils n'ont jamais appris comment faire. Une fois confrontés à la nécessité d'assumer des responsabilités dont ils n'avaient pas à se soucier auparavant, certains d'entre eux n'arrivent pas à s'en sortir.

Quelqu'un qui redoute l'indépendance n'est pas prêt à se marier. Un mariage réussi exige un mari et une femme tous deux capables et confortables avec l'idée d'être indépendants.

7. La peur de blesser l'autre.

C'est une chose qui arrive plus souvent que nous voudrions l'admettre. Disons qu'un jeune homme et qu'une jeune femme sortent ensemble depuis un bon moment. Elle commence à aborder le sujet du mariage, mais lui n'est pas trop sûr. Même s'il réalise qu'il ne l'aime pas et qu'il sait que le mariage n'est pas la solution, il a peur des conséquences s'il venait à rompre. Peut-être qu'elle lui a dit plus d'une fois : « Si tu me quittais, j'en mourrais !» Ou de façon plus inquiétante : « Si jamais tu me quittes, je me tue !». Ne trouvant pas moyen de rompre facilement, et ne souhaitant pas la blesser, il lui propose le mariage. Les rôles pourraient bien être inversés, avec l'homme qui met une pression sur sa petite amie qui, à son tour, n'est pas sûre de ce qu'elle devrait faire.

Ce problème survient entre autres parce que certaines personnes ne comprennent pas les différents niveaux d'amitié. Ce n'est pas parce qu'un gars invite une fille à manger une glace qu'ils sont prêts pour le mariage. Ils sont simplement amis. Tout peut bien se passer jusqu'à ce que l'un d'entre eux s'emballe et commence à voir dans leur relation plus que ce qui existe réellement. Cette personne va alors faire pression jusqu'à ce que l'autre se sente coupable et obligée.

Un mariage qui repose sur une peur quelle qu'elle soit, n'a aucune chance. Ne vous mariez pas simplement par peur de blesser l'autre personne. Il est préférable pour chacun de vous de traverser maintenant une période temporaire de peine plutôt que de se marier et de s'engager sur une vie entière de douleur.

8. Pour être un thérapeute ou un conseiller pour l'autre.

Cela peut sembler fou, mais certaines personnes se marient pour cette raison. Elles développent un sentiment de responsabilité envers quelqu'un qui a besoin de leur sagesse et de leurs conseils. Soyez vigilants. Ne vous laissez pas prendre. Messieurs, ce n'est pas parce qu'une jeune femme vient vous demander conseil que vous devez l'épouser. Mesdames, un jeune homme peut solliciter votre avis sans pour autant devenir votre mari. Le mariage n'est pas le forum idéal aux thérapies. Il existe d'autres issues.

Il n'est pas du tout banal de voir des gens sur des thérapies à long terme développer des sentiments romantiques à l'égard de leur thérapeute. Les personnes peu sûres d'elles sont facilement attirées par ceux qu'elles perçoivent comme des figures d'autorité ou même comme des parents de substitution. Les professionnels dans le domaine du conseil doivent constamment veiller à ce genre de choses.

Un mariage sain est fait de l'union d'un homme et d'une femme, partenaires égaux, tous deux à la fois matures sur le plan émotionnel et dans leur image de soi et dans leur identité personnelle.

Un mariage sain est fait de l'union d'un homme et d'une femme, partenaires égaux, tous deux à la fois matures sur le plan émotionnel et confiants dans leur image de soi et dans leur identité personnelle. Si vous épousez quelqu'un qui voit en vous un conseiller, vous ne connaîtrez jamais de repos et vous serez éreintés émotionnellement. Incertain(e) de ses capacités et manquant d'assurance, votre époux/épouse viendra vous consulter pour tout et n'importe quoi. Rien ne vous épuisera plus vite qu'un(e) époux/épouse incapable de penser ou de prendre une décision de manière indépendante. Ne tombez pas dans ce piège. Quelqu'un qui a continuellement besoin d'être conseillé n'est pas prêt pour le mariage.

9. Pour avoir des relations sexuelles.

Selon les dires d'un vieux proverbe, un homme et une femme qui ont des rapports sexuels sans avoir été mariés devant la loi, sont mariés de fait. C'est tout simplement faux. Nous avons déjà vu que le sexe n'est pas l'équivalent du mariage. Le sexe à lui seul ne peut ni créer ni briser un mariage. Selon le modèle de Dieu, le sexe n'est approprié que dans le cadre du mariage. Il élève et enrichit un mariage déjà établi sur d'autres fondations correctes. Hors mariage, le sexe est inapproprié et destructeur sur le plan psychologique, dangereux émotionnellement et c'est un péché. Par conséquent, avoir des relations sexuelles n'est pas une raison pour se marier ; c'est une raison pour se repentir.

L'abstinence est le seul comportement approprié pour les non-mariés, les croyants en particulier.

10. À cause d'une grossesse.

Une grossesse n'est pas non plus une raison valable au mariage. Le temps du "mariage forcé" est depuis longtemps révolu. Cependant, il y a toujours des gens qui pensent que si le sexe n'est pas une raison suffisante au mariage, il en est différemment dans le cas d'une grossesse. Sans aucun doute, elle crée certains problèmes d'ordre éthique, moral, et légal, en particulier pour le père de l'enfant. Malgré tout, le seul fait qu'il y ait une grossesse n'est pas un fondement suffisant au mariage. En surface, une grossesse est uniquement la preuve d'une activité sexuelle. Elle ne prouve pas nécessairement l'amour et l'engagement entre l'homme et la femme qui ont conçu l'enfant. Combiner le péché et l'erreur d'une grossesse illégitime avec l'erreur d'un mauvais mariage est insensé et dépourvu de sagesse. Cette décision conduira inévitablement à beaucoup de chagrin et de peine pour toutes les personnes concernées, et en particulier pour l'enfant innocent pris au milieu de tout cela.

Une erreur ne vous exclura pas de la course à vie. Beaucoup sont ceux qui ont conçu et donné naissance à des enfants hors mariage et qui plus tard ont connu des mariages heureux. Comme pour le sexe, la grossesse à elle seule n'est pas une raison pour se marier mais une raison pour se repentir. Même sans jamais épouser la personne avec qui vous avez conçu l'enfant, Dieu peut vous donner la grâce et la sagesse de vous comporter de manière responsable pour la santé et le bien-être de cet enfant.

10 Bonnes Raisons De Se Marier

Après avoir identifié certaines mauvaises raisons de se marier les plus courantes, nous allons à présent examiner quelques bonnes raisons. Les dix raisons suivantes ne devraient pas être envisagées séparément mais comme faisant partie d'un ensemble plus grand. Alors que chaque entité constitue une bonne raison de se marier, aucune d'entre elles n'est suffisante à elle seule. Un mariage en bonne santé, réussi et divin englobera la plupart, mais pas forcément toutes ces raisons.

1. Parce que c'est la volonté de Dieu.

C'est peut-être la raison la plus importante de toutes. Dieu a conçu le mariage et personne n'en sait plus que Lui à ce sujet. En tant que croyants, notre priorité numéro une devrait être de discerner et d'obéir à la volonté de Dieu en toutes choses, y compris dans le choix d'un partenaire. Pour une raison inconnue, que ce soit par manque de connaissance ou de foi, beaucoup de croyants ont du mal à placer leur confiance en Dieu dans ce domaine de leur vie. Un couple qui envisage le mariage a besoin de passer beaucoup de temps ensemble dans la prière, à chercher la volonté de Dieu à ce sujet. Ce n'est pas parce que vous êtes tous les deux chrétiens, qu'automatiquement vous êtes compatibles pour le mariage. Soyez patients. Faites confiance à Dieu et cherchez sa volonté et sa sagesse, honnêtement et humblement. S'Il vous appelle à vous marier, Il veut vous unir à quelqu'un avec qui vous pourrez construire un foyer solide, divin, rempli d'amour et de grâce — une maison qui exalte Jésus-Christ comme Seigneur, et une harmonie de vision et de but. Si vous cherchez son conseil, Il amènera la bonne personne dans votre vie et quand Il le fera, vous le saurez.

Si Dieu vous appelle à vous marier, Il veut vous unir à quelqu'un avec qui vous pourrez construire un foyer solide, divin, rempli d'amour et de grâce — une maison qui exalte Jésus-Christ comme Seigneur.

2. Exprimer l'amour de Dieu envers l'autre.

Le mariage est l'image physique de l'union spirituelle et de l'amour qui existe entre le Père, le Fils et le Saint-Esprit. Il dépeint également l'amour de Dieu pour Son peuple et l'amour de Christ pour son Église. L'amour divin ou *agape* est la première, la véritable et la plus haute forme d'amour, et d'elle dérivent toutes les autres formes d'amour. *Agape* est un choix, un acte de la volonté. De par sa nature même, Dieu choisit de nous aimer, même si rien en nous l'encouragerait à le faire. Paul, missionnaire et grand leader de l'Église primitive, a écrit : « Mais voici comment Dieu nous montre l'amour qu'il a pour nous : alors que nous étions encore des pécheurs, le Christ est mort pour nous.» (Romains 5:7-8). L'amour de Dieu est inconditionnel.

Exprimé convenablement, l'amour humain sous toutes ses formes a pour modèle l'amour *agape* divin qui provient du Père. Comme *agape* est l'amour dont Dieu fait preuve à l'égard de tous, une personne ne doit pas nécessairement se marier pour pouvoir l'expérimenter. Cependant, le mariage fournit une belle plate-forme où un homme et une femme peuvent exprimer mutuellement cet amour divin de façon unique et personnelle. *Agape* fait partie des catalyseurs déclenchant la "fusion" caractéristique d'un mariage authentique. Lorsqu'un homme et une femme choisissent de s'aimer inconditionnellement, ce choix les portera dans les moments où ils se sentiront indignes d'être aimés. Un mariage réussi et en bonne santé commence toujours par *agape*. Les autres formes d'amour en sont issues et se construisent sur cette fondation solide qu'est l'amour de Dieu.

Exprimé convenablement, l'amour humain sous toutes ses formes a pour modèle l'amour agape divin qui provient du Père.

3. Exprimer son amour personnel à l'autre.

Un amour sain dans le cadre du mariage nécessite une juste combinaison des différents types et degrés d'amour. Le premier est l'amour agape, amour inconditionnel qui vient de Dieu et qui donne naissance à toutes les autres formes d'amour. Le mariage devrait être aussi une expression personnelle d'amour entre le mari et la femme, un désir de montrer un niveau d'estime et de considération à l'égard du conjoint qu'ils ne manifestent envers personne d'autre. L'amour au sein du mariage inclut l'élément *phileo*, concept grec pour amour, qui se comprend mieux par "tendre affection". Maris et femmes devraient être tendres et affectueux l'un envers l'autre. Une relation conjugale se caractérise aussi par *eros*, l'amour physique ou sexuel. Ces expressions personnelles d'amour sont de bonnes raisons au mariage, mais elles doivent être solidement enracinées dans l'amour *agape*, inconditionnel venant de Dieu.

4. Pour satisfaire besoins et désirs sexuels à la façon de Dieu.

Le désir sexuel vient de Dieu et, remis dans un contexte approprié, il est sain et bon. En lui seul, le désir sexuel est une raison piètre et superficielle au mariage. Cependant, combiné à d'autres raisons telles que l'amour et la compagnie, le désir d'épanouissement sexuel est une motivation forte et naturelle. L'amour qui fait naître le désir chez l'homme et la femme de s'engager dans une relation à vie, génère également le désir d'exprimer cet amour sexuellement. Les croyants sérieux dans leur engagement envers Christ, chercheront à combler leurs besoins et désirs sexuels d'une façon qui plaise à Dieu. Le mariage est le moyen ordonné par Dieu pour répondre au désir sexuel donné par Dieu. Les paroles de Paul aux croyants de Corinthe renferment des conseils sages et pratiques sur le sujet :

J'en viens à présent aux problèmes que vous soulevez dans votre lettre : « C'est une excellente chose, dites-vous, qu'un homme se passe de femme. » Cependant, pour éviter toute immoralité, il est

préférable que chaque homme ait sa femme et que chaque femme ait son mari. **Que le mari accorde à sa femme ce qu'il lui doit et que la femme agisse de même envers son mari.** *Car le corps de la femme ne lui appartient plus, il est à son mari. De même, le corps du mari ne lui appartient plus, il est à sa femme.* **Ne vous refusez donc pas l'un à l'autre. Vous pouvez, certes, en plein accord l'un avec l'autre, renoncer pour un temps à vos relations conjugales** *a in de vous consacrer davantage à la prière, mais après cela, reprenez vos rapports comme auparavant. Il ne faut pas donner à satan l'occasion de vous tenter par votre incapacité à dominer vos instincts... J'aimerais cependant dire aux veufs et aux veuves que c'est une bonne chose de continuer à vivre seul, comme moi.* **Toutefois, s'ils ne peuvent pas se maîtriser en ce domaine, qu'ils se marient, car mieux vaut se marier que de se consumer en désirs insatisfaits.**
(1 Corinthiens 7:1-5, 8-9, emphase ajoutée)

Le mariage est le moyen ordonné par Dieu pour répondre au désir sexuel donné par Dieu.

5. Le désir de fonder une famille

Le désir d'avoir des enfants est un désir qui vient de Dieu, mais ce n'est ni une raison première, ni même une raison nécessaire au mariage. Il y a beaucoup de couples mariés heureux sans enfants, qu'ils l'aient choisi ou non. Le succès et le bonheur dans un mariage ne dépend pas de la présence d'enfants. Les enfants sont une merveilleuse bénédiction, ils enrichissent un mariage, et ces couples qui désirent des enfants désirent une bonne chose. Le Psaume 127, aux versets 3 à 5 dit : « Des fils : voilà bien l'héritage que donne l'Éternel, oui des enfants sont une récompense. Ils sont pareils aux flèches dans la main d'un archer, les fils de la jeunesse. Heureux est l'homme dont le carquois en est rempli ! Il ne connaîtra pas la honte quand il plaidera contre l'ennemi aux portes de la ville ». Il n'existe pas de meilleur environnement pour élever des enfants qu'un foyer chrétien, ancré dans un mariage solide.

6. La compagnie

Le désir d'avoir un compagnon est une raison honorable de se marier. Nous avons tous été créés avec ce besoin inhérent d'avoir un meilleur ami, un ami intime ou un compagnon. Malgré le fait qu'une telle relation de camaraderie ou d'amitié puisse exister hors du contexte du mariage, la camaraderie forgée entre un mari et une femme reste particulièrement riche et profitable. Les humains sont des êtres sociaux, créés pour apprécier les autres et s'épanouir en leur compagnie. Quand Dieu créa le premier homme, Il ne lui a trouvé aucune « aide convenable » parmi toutes les autres créatures.

Maris et femmes devraient être les meilleurs amis et compagnons.

Alors l'Eternel Dieu plongea l'homme dans un profond sommeil. Pendant que celui-ci dormait, il prit une de ses côtes et referma la chair à la place. Puis l'Eternel Dieu forma une femme de la côte qu'il avait prise de l'homme, et il l'amena à l'homme. Alors l'homme s'écria : Voici bien cette fois celle qui est os de mes os, chair de ma chair. Elle sera appelée « femme » car elle a été prise de l'homme. C'est pourquoi un homme se séparera de son père et de sa mère et s'attachera à sa femme, et les deux ne feront plus qu'un.
(Genèse 2:21-24)

Le mari devrait être le meilleur ami et compagnon de sa femme, et réciproquement. Le mariage a été conçu pour la compagnie.

7. Pour tout partager ensemble.

Il y a beaucoup de vérité dans ce vieux proverbe qui dit que lorsque nous partageons notre peine, elle diminue de moitié, et lorsque nous partageons notre joie, cette dernière est doublée. La douleur et les moments difficiles de nos vies sont moins lourds à porter quand nous avons une âme soeur avec qui les partager. Notre joie et nos éclats de rires se multiplient quand nous avons un compagnon qui y participe. L'amour divin qui unit un homme et une femme crée en eux le désir de tout partager avec l'autre, et en particulier, l'aventure quotidienne de la vie. Le mariage est conçu pour l'homme et la femme qui ont décidé vouloir passer le restant de leur vie ensemble dans une relation d'amour mutuel, de respect et de partage.

8. Pour travailler ensemble afin de combler leurs besoins respectifs.

L'amour conjugal éveille également chez le mari et la femme le désir de répondre aux besoins de l'autre. C'est un processus d'échanges qui requiert beaucoup de sensibilité de la part de chacun. Chaque personne naît avec des besoins continuels d'ordre physique, mental, émotionnel et spirituel. Il y a le besoin de manger, de boire, de se vêtir et d'avoir un toit ; le besoin d'être en sécurité et d'avoir l'esprit en paix ; le besoin d'être libre de la peur ; le besoin de prendre soin de soi ; le besoin d'être en paix avec Dieu et en communion intime avec Lui. Le mariage est taillé sur mesure pour offrir à l'homme et à la femme l'opportunité de travailler ensemble à combler leurs besoins légitimes. Ensemble et avec une ferme assurance en Dieu, ils peuvent relever tout défi et vaincre tout obstacle. « Un homme seul est facilement maîtrisé par un adversaire, mais à deux ils pourront tenir tête à celui-ci. Et une corde à triple brin n'est pas vite rompue. » (L'Ecclesiaste 4:12).

9. Pour optimiser le potentiel de l'autre.

La clé d'une vie réussie est de mourir vide – de maximiser votre potentiel en apprenant à penser et à agir au-delà de vos propres limites. Dans un mariage réussi, les deux partenaires sont engagés à s'entraider pour que chacun atteigne son plein potentiel. Le désir d'aider la personne que vous aimez le plus à devenir tout ce qu'il ou qu'elle peut être, est une motivation saine au mariage. Le cadre du mariage offre un environnement idéal dans lequel maris et femmes peuvent s'efforcer d'exprimer leur plein potentiel sur le plan personnel, spirituel et professionnel. En partenariat ensemble, ils peuvent s'encourager, s'édifier, prier l'un pour l'autre, défendre l'autre, se challenger, se réconforter et affirmer l'autre.

Le cadre du mariage offre un environnement idéal dans lequel maris et femmes peuvent s'efforcer d'exprimer leur plein potentiel sur le plan personnel, spirituel et professionnel.

10. Pour stimuler la croissance spirituelle.

Parce qu'il vient de Dieu, le mariage est conçu pour les croyants : des hommes et des femmes qui marchent par la foi et non par la vue, et qui vivent chaque jour une relation d'amour personnelle avec Jésus-Christ. Mari et femme devraient tous deux s'encourager continuellement à grandir dans le Seigneur. Ils devraient adorer ensemble, prier ensemble, lire et discuter des Écritures ensemble et être redevables l'un envers l'autre de leur marche spirituelle avec Christ. De manière structurelle, « le mari, en effet, est le chef de sa femme comme le Christ est le chef, la tête de l'Église » (Éphésiens

5:23a). En raison de sa position de leader et de sa soumission à Christ, il revient au mari de donner le ton et la direction en vue de la croissance spirituelle de la famille, mais c'est au mari et à la femme de porter ensemble la responsabilité de la santé spirituelle de leur mariage. Tout couple soucieux de construire un mariage qui plaît à Dieu fera de la croissance spirituelle de son conjoint une priorité de la plus haute importance.

Les dix mauvaises raisons ont cette caractéristique commune d'être essentiellement égocentriques. L'égoïsme n'est jamais une qualité saine sur laquelle on doit tenter de construire un mariage. Au contraire, les dix bonnes raisons en sont fondamentalement dépourvues. Reposant sur un amour désintéressé propre à la nature de Dieu, ces raisons, basées sur le don de soi, se concentrent sur les besoins et le bien-être de l'autre. C'est une distinction cruciale qui peut faire la différence entre le succès et l'échec, entre le bonheur et le malheur, et entre un bon et un mauvais mariage.

PRINCIPES

1. Un mariage sain réunit deux personnes complètes et non deux moitiés, afin de former une union bien plus grande que la somme des parties qui la composent.

2. Nous devons tous trouver notre valeur dans notre relation avec Christ, dans notre identité d'enfants aimés de Dieu et héritiers du Royaume : des âmes précieuses créées à l'image de Dieu pour lesquelles Jésus a donné sa vie.

3. Dix bonnes raisons au mariage :
   - Faire la volonté de Dieu
   - Exprimer l'amour de Dieu envers l'autre
   - Exprimer son amour personnel à l'autre
   - Pour satisfaire besoins et désirs sexuels à la façon de Dieu
   - Le désir de fonder une famille
   - La compagnie
   - Pour tout partager ensemble
   - Pour travailler ensemble afin de combler leurs besoins respectifs
   - Pour optimiser le potentiel de l'autre
   - Pour stimuler la croissance spirituelle

4. Parce qu'il vient de Dieu, le mariage est conçu pour les croyants : des hommes et des femmes qui marchent par la foi et non par la vue, et qui vivent chaque jour une relation d'amour personnelle avec Jésus-Christ.

CHAPITRE 4

Chacun Devrait Avoir un Jardin Pour Son Mariage

Le premier mariage au monde a eu lieu dans le jardin d'Éden. Là, Dieu a ordonné et sanctifié le mariage de l'homme et de la femme qu'Il avait créés. Les chapitres 1 et 2 de la Genèse dépeignent le mariage dans son état idéal comme Dieu l'avait conçu, dans lequel Adam et Ève jouissaient d'une relation caractérisée par la paix, l'harmonie et l'équité, en plus d'une amitié continue et intacte avec leur Créateur. Le chapitre 3 de la Genèse présente une image radicalement différente : le péché a anéanti l'harmonie qui existait dans la relation qu'entretenait le couple et a détruit leur amitié avec Dieu. Les chapitres 1 et 2 décrivent le mariage "dans le jardin", alors que le chapitre 3 présente le mariage "en dehors du jardin". Le seul lieu où on peut expérimenter le mariage de Dieu, c'est "dans le jardin". Tout mariage "en dehors du jardin" n'est pas le mariage de Dieu.

Les chapitres 1 et 2 de la Genèse décrivent le mariage avant la Chute, comme Dieu l'avait conçu. Le chapitre 3 révèle ce que le mariage est devenu après la Chute, comme le monde l'a corrompu. Concrètement, cela signifie qu'aucune des conditions, des bénédictions ou des promesses relatives au mariage "à l'intérieur du jardin" des chapitres 1 et 2 ne sont garanties pour le mariage "en dehors du jardin" du chapitre 3. À l'intérieur du jardin, Adam et Ève goûtaient un amour mutuel, un respect et une équité; en dehors du jardin, ils trouvent des excuses, se blâment l'un l'autre et mentent à Dieu à propos de l'un et de l'autre. À l'intérieur du jardin, ils partagent le même esprit, l'Esprit de Dieu ; en dehors du jardin cet Esprit est parti et ils sont comme des étrangers l'un envers l'autre. À l'intérieur du jardin, ils sont unis dans l'esprit et dans la chair ; en dehors du jardin, tout ce qu'ils ont, c'est la chair.

Les standards du mariage selon Dieu sont basés sur les qualifications du jardin. Nul ne peut déclarer en toute honnêteté que Dieu les a unis s'ils ne viennent pas à l'autel du mariage dans le contexte du jardin. Parce qu'il est conçu pour des croyants, le vrai mariage n'est pas une union d'esprits plus qu'une union de la chair. Dans le jardin d'Éden, il n'était d'aucune utilité pour Adam et Ève d'être mariés en esprit parce qu'ils partageaient déjà le même esprit. Leurs esprits étaient déjà fusionnés. Dans la chair, cependant, ils étaient deux personnes distinctes. Leur mariage "dans le jardin" a servi à les unir physiquement — à les fusionner en « une seule chair », tout comme ils étaient déjà "un seul esprit".

Chaque jour, des milliers de couples dans le monde se marient en croyant que Dieu les a unis. Dans la plupart des cas, ce n'est tout simplement pas vrai parce qu'ils ne se sont pas mariés dans le contexte du jardin. Ils ne partagent pas le même esprit parce que soit l'un, soit les deux ne sont pas nés de nouveau de l'Esprit de Dieu. À cause de cela, ils n'ont aucune garantie de succès, aucune sécurité contre les forces destructrices qui pourraient les déchirer.

Les promesses de Dieu dans les Écritures s'appliquent à tous ceux qui croient en Lui et Lui obéissent — tous ceux qui sont appelés enfants de Dieu et qui partagent son Esprit. Aucun de ceux qui se trouvent en dehors de l'Esprit de Dieu n'a la garantie de recevoir ses promesses. Lorsqu'il s'agit du mariage, sa réussite ou son échec doit dépendre largement du fait que ce mariage existe ou pas à l'intérieur du contexte du jardin.

Même s'ils sont nés de nouveau, nombre de croyants rencontrent des problèmes dans leur mariage parce qu'ils ont adopté les valeurs et les opinions du monde plutôt que celles de Dieu.

La connaissance est une clé cruciale pour le succès en toutes choses et le mariage n'est pas une exception. Même les croyants remplis de l'Esprit de Dieu peuvent échouer dans leur mariage, à moins qu'ils ne sachent et ne comprennent les différences fondamentales qui existent entre le mariage "à l'intérieur du jardin" et le mariage "en dehors du jardin". Même s'ils sont nés de nouveau, nombre de croyants rencontrent des problèmes dans leur mariage parce qu'ils ont adopté les valeurs et les opinions du monde plutôt que celles de Dieu. Ils ont besoin d'apprendre comment rechercher l'Esprit Saint pour la sagesse et la connaissance à apporter dans leur mariage "à l'intérieur du jardin".

Autorité Égale, Domination Égale

Les deux premiers chapitres de la Genèse contiennent des clés importantes pour nous aider à comprendre ce que le mariage était supposé être et la relation qui devrait exister entre un mari et sa femme. Lors du sixième et dernier jour de la création, après que les cieux et la terre furent créés, que la terre eut grouillé de plantes, d'animaux et que la vie marine fut manifeste, Dieu fut à son apogée dans son activité créatrice en créant l'homme. Le genre humain – homme et femme – était le sommet, la couronne de gloire de la créativité de Dieu. Il avait un lieu et un plan spéciaux pour ces derniers, la plus grande de ses créations.

> *Et Dieu dit : Faisons l'homme à notre image, selon notre ressemblance, et qu'ils dominent sur les poissons de la mer, et sur les oiseaux des cieux, et sur le bétail, et sur toute la terre, et sur tout animal rampant qui rampe sur la terre. Et Dieu créa l'homme à son image ; il le créa à l'image de Dieu ; il les créa mâle et femelle. Et Dieu les bénit ; et Dieu leur dit : Fructifiez, et multipliez, et remplissez la terre et l'assujettissez, et dominez sur les poissons de la mer et sur les oiseaux des cieux, et sur tout être vivant qui se meut sur la terre.*
> (Genèse 1:26-28, Bible Darby, emphase ajoutée)

Remarquez que l'autorité de régner sur l'ordre créé et de remplir et d'assujettir la terre fut donnée à l'homme et à la femme ensemble. Homme et femme furent tous deux créés à l'image de Dieu, chacun conçu pour compléter l'autre et le mettre en valeur parfaitement. Tous deux étaient dotés de la capacité et de l'autorité de régner sur le royaume physique en tant que vice-régents de Dieu. Notez également que leur autorité pour régner s'étendait sur la moindre des créations de Dieu – les poissons, les oiseaux et les animaux terrestres – mais pas l'un sur l'autre. Selon la conception originale de Dieu, l'homme et la femme devaient exercer une autorité égale et une domination égale.

Le commandement de Dieu d'assujettir et de régner s'appliquait de manière égale à l'homme et à la femme. Dans le jardin d'Éden, Adam et Ève possédaient le même esprit, agissaient avec la même autorité et exerçaient le même pouvoir. Ils avaient la domination sur « tout être vivant qui se meut sur la terre. » Cela incluait le serpent. Le chapitre 3 de la Genèse expose clairement que satan, cet ange déchu, ce tentateur et cet accusateur, était présent dans le jardin, sous la forme d'un serpent. Parce qu'Adam et Ève représentaient le summum de la création de Dieu et parce que satan était dans leur royaume, il était sous leur juridiction. Adam et Ève possédaient l'autorité et le pouvoir pour assujettir le diable. Leur échec à accomplir cela a mené au désastre.

Dans le jardin, Adam et Ève étaient égaux en personne et en autorité.

Le second chapitre de la Genèse révèle également que dans le jardin, Adam et Ève étaient égaux en personne et en autorité. Genèse 2:18-24 décrit comment Dieu a créé Ève à partir d'une côte d'Adam pour lui être une « aide qui soit son vis-à-vis », quelqu'un qui serait parfaitement et complètement compatible avec lui physiquement. Le mot hébreu pour "côte" peut aussi être traduit par "côté". Ève a été formée à partir d'une part du côté d'Adam. Elle était de la même "matière" qu'Adam : le même esprit, la même intelligence, la même essence et la même image divine. Elle était os de ses os et chair de sa chair, dans chaque domaine essentiel et fondamental, son égale. Un ancien proverbe hébreu trouvé dans le Talmud, la collection qui fait autorité dans la tradition juive dit : « Dieu n'a pas créé la femme à partir de la tête de l'homme pour qu'il puisse la commander, ni de ses pieds pour qu'elle soit son esclave mais plutôt de son côté pour qu'elle puisse être près de son cœur. »

Un en esprit et un dans la chair, l'homme et la femme dans le jardin exerçaient un pouvoir égal et une autorité égale, gouvernant ensemble le domaine physique et terrestre que Dieu leur avait donné.

La Direction Masculine Est Basée Sur La Connaissance

L'égalité de personne, de pouvoir et d'autorité ne signifie pas qu'il n'y avait pas de priorité dans la direction du jardin entre Adam et Ève. L'une des choses que le chapitre 2 de la Genèse montre clairement est que Dieu a placé l'homme à la tête de la cellule familiale. Dans le dessein de Dieu, l'autorité dans le mariage est la responsabilité de l'homme. Aussitôt que Dieu eût placé Adam dans le jardin d'Éden, Il a établi les paramètres selon lesquels l'homme vivrait et travaillerait.

L'Éternel Dieu prit l'homme et l'établit dans le jardin d'Éden pour le cultiver et le garder. Et l'Éternel Dieu ordonna à l'homme :
— Mange librement des fruits de tous les arbres du jardin, sauf du fruit de l'arbre du choix entre le bien et le mal. De celui-là, n'en mange pas, car le jour où tu en mangeras, tu mourras. (Genèse 2:15-17)

Être responsable de cultiver le jardin, c'était pour Adam fournir un travail fructueux et productif. En même temps, Dieu lui avait donné de régner librement sur tout son environnement. La seule restriction dans la liberté d'Adam, c'était l'interdiction de Dieu de manger de l'arbre de la connaissance du bien et du mal.

Il est important de noter qu'Adam a reçu ces instructions avant qu'Ève n'entre en scène. Parce qu'il a été créé le premier, Adam avait une information privée de la part de Dieu qu'Ève n'avait pas. C'était la responsabilité d'Adam de faire passer cette information à sa femme. En tant que "chef" de cette unité, Adam était la couverture de sa famille. Cette couverture était basée sur sa responsabilité.

Pourquoi Adam a-t-il été nommé chef de la famille ? Était-ce parce qu'il était physiquement plus fort ? Non. De nos jours, il est bien connu que les hommes et les femmes sont essentiellement égaux en force physique, mais de différentes manières. Généralement, les hommes sont plus forts de la taille vers le haut alors que les femmes sont plus fortes de la taille vers le bas. Le corps d'une femme est spécialement conçu pour porter la tension et la pression de l'accouchement. Très peu d'hommes pourraient endurer ce genre de douleur. La position d'Adam en tant que chef n'était pas due à sa force physique.

Était-ce son apparence physique ? Je ne le pense pas. Physiquement, les femmes sont en général plus attirantes que les hommes. Quelqu'un a dit un jour ironiquement que parce que l'homme avait été créé le premier, il était le "brouillon" alors que la femme était le produit fini raffiné.

Adam était-il plus intelligent ? Non. Les hommes et les femmes ont les mêmes capacités intellectuelles. Adam était-il plus spirituel ? Non. Adam et Ève partageaient le même esprit.

Il apparaît que l'autorité d'Adam était davantage une question de moment plutôt qu'autre chose. Adam était le chef parce qu'il a été créé le premier et qu'il possédait des informations qu'Ève n'avait pas. La position d'autorité d'Adam était basée sur la connaissance. Cet élément comprend de sérieuses implications pour la compréhension de ce qu'est l'autorité. Le mari est le chef de sa femme (voir Éphésiens 5:23) mais cela ne signifie pas qu'il la dirige comme un patron. Être la tête ne signifie pas contrôler ; c'est diriger. En tant que chef, l'homme doit apporter autorité spirituelle et direction à sa famille. Il est supposé mener la course. Sa température spirituelle devrait déterminer le climat de sa maison entière.

Être la tête ne signifie pas gouverner ; c'est diriger.

Bien des mariages aujourd'hui, y compris les mariages chrétiens, souffrent parce que les maris ne comprennent pas bien ou n'assument pas bien leurs responsabilités en tant que chefs de leur famille. Trop souvent, leur autorité dégénère en gouvernement autoritaire qui domine et la femme et les enfants. Quelquefois, ils démissionnent totalement de leur rôle de chef, l'autorité revient alors à leur femme, tout au moins en pratique si ce n'est de nom.

Lorsque le mari et la femme sont d'accord sur le problème de l'autorité, cette compréhension amènera une harmonie conjugale et sa réussite. Le mari décide du lieu où ira la famille, alors que la femme décide du moyen qu'ils utiliseront pour y aller. Le mari donne la direction ; la femme, la maintenance. Le lieu où va un mari est en lien étroit avec ce que fait sa femme et ce que fait une femme est intimement lié à l'endroit où va son mari. Les deux sont nécessaires et les deux travaillent ensemble. La direction est le premier pas et l'action le second pas.

Dans sa position de chef, Adam avait reçu de Dieu une information vitale de laquelle dépendaient la sécurité et le bien-être d'Ève. Il avait la responsabilité de lui instruire le commandement de Dieu au sujet de l'arbre de la connaissance du bien et du mal. L'autorité de l'homme, toutefois, est basée sur la connaissance et implique principalement qu'il enseigne et qu'il instruise sa famille sur les voies de Dieu et sur tous les sujets spirituels en général.

Quitter Le Jardin

Dans la beauté du jardin d'Éden, Adam et Ève exerçaient leur autorité sur l'ordre établi. Ils jouissaient de la plénitude et de l'harmonie du bonheur conjugal et étaient engagés dans une relation perpétuelle avec leur Créateur. Ces conditions idylliques ont été brisées par les manigances subtiles et rusées de l'adversaire. Apparaissant sous la forme d'un serpent, cet ennemi juré de Dieu avait pour but de détruire la pureté, l'innocence et l'ordre de la vie dans le jardin. La femme a été sa cible et le doute son arme.

Le serpent était le plus tortueux de tous les animaux des champs que l'Éternel Dieu avait faits. Il demanda à la femme :
— Vraiment, Dieu vous a dit : « Ne mangez du fruit d'aucun des arbres du jardin ! » ?

La femme répondit au serpent :
— Nous mangeons des fruits des arbres du jardin, excepté du fruit de
l'arbre qui est au milieu du jardin. Dieu a dit de ne pas en manger et
de ne pas y toucher sinon nous mourrons.
Alors le serpent dit à la femme :
— Mais pas du tout ! Vous ne mourrez pas ! Seulement Dieu sait bien
que le jour où vous en mangerez, vos yeux s'ouvriront et vous serez
comme Dieu, choisissant vous-mêmes entre le bien et le mal. Alors
la femme vit que le fruit de l'arbre était bon à manger, agréable aux
yeux, et qu'il était précieux pour ouvrir l'intelligence. Elle prit donc de
son fruit et en mangea. Elle en donna aussi à son mari qui était avec
elle, et il en mangea. Aussitôt, les yeux de tous deux s'ouvrirent et ils
se rendirent compte qu'ils étaient nus. Alors ils se firent des pagnes en
cousant ensemble des feuilles de figuier. (Genèse 3:1-7)

Parce qu'Ève n'a exprimé aucune surprise lorsque le serpent lui a parlé, il est raisonnable de conclure que ce n'était probablement pas leur première conversation. Dans son innocence concernant la connaissance du bien et du mal, Ève n'avait aucune raison de douter des mots du serpent ou de le soupçonner de supercherie. Sa question était très subtile, instillant adroitement dans son esprit une semence de doute au sujet de l'intégrité de Dieu : « Vraiment Dieu vous a dit : « Ne mangez du fruit d'aucun des arbres du jardin ?» (emphase ajoutée). C'est de cette manière que l'adversaire opère. L'ennemi juré de Dieu, identifié dans les Écritures judéo-chrétiennes comme étant le diable, ou satan, cherche à dévaluer le caractère de Dieu dans l'esprit des gens à travers des insinuations et des doutes, et en déformant la vérité.

L'une des tactiques essentielles de l'adversaire est de nous faire douter de qui nous sommes.

La réponse d'Ève à la question du serpent révèle qu'Adam n'avait pas failli à son obligation de l'informer du commandement de Dieu concernant l'arbre de la connaissance du bien et du mal. Lorsqu'elle dit que manger du fruit de l'arbre ou le toucher signifiait la mort, le serpent contredit carrément Dieu : « Mais pas du tout ! Vous ne mourrez pas ! Seulement Dieu sait bien que le jour où vous en mangerez, vos yeux s'ouvriront et vous serez comme Dieu, choisissant vous-mêmes entre le bien et le mal. » L'une des tactiques principales de l'adversaire est de nous faire douter de qui nous sommes. À l'image de qui Adam et Ève avaient-ils été créés ? À l'image de Dieu. Ils n'avaient pas besoin de manger du fruit de l'arbre de la connaissance du bien et du mal afin de devenir comme Dieu ; ils étaient déjà comme Lui !

La semence de doute a grandi dans l'esprit d'Ève jusqu'à ce qu'elle devienne confuse à propos de son identité et à propos de ce que Dieu lui avait dit. Dans sa confusion, et parce que le fruit de l'arbre était plaisant à la vue, elle a décidé de le manger. Où était Adam pendant que tout cela se passait ? Selon le verset 6, il était avec elle, tout du moins au moment où elle a mangé du fruit, parce qu'elle lui en a donné et qu'il en a mangé également. Le passage ne nous dit pas où il était durant la conversation qu'Ève a eue avec le serpent. Bien qu'il n'y ait aucune césure dans la narration, la décision d'Ève de manger le fruit n'a pas forcément été prise immédiatement après. Un certain temps a dû passer lors duquel ses doutes ont augmenté et la tentation est devenue plus forte.

Il apparaît qu'Adam n'était pas dans les alentours lorsque Ève et le serpent ont discuté. Par son absence, Adam a failli à sa responsabilité de protéger et de couvrir sa femme. Même s'ils avaient tous les deux l'autorité pour régner sur le serpent, ils ont abandonné cette autorité en l'écoutant et il a pris le contrôle sur eux. Ève a été trompée, mais Adam a péché les yeux grands ouverts. La "connaissance" qu'ils ont reçue au final a été la prise de conscience qu'ils avaient péché et que l'Esprit de Dieu les avait quittés. Soudain, ils sont devenus étrangers l'un à l'autre ainsi qu'à Dieu. La "lune de miel" était terminée. Par leur désobéissance à Dieu, leur mariage a été déplacé "en dehors du jardin".

Adam, Où Es-Tu ?

Après qu'Adam et Ève ont désobéi à Dieu dans le jardin, Il les a confrontés à leur péché, et la manière dont Il l'a fait révèle une vérité importante à propos de sa conception du mariage.

Au moment de la brise du soir, ils entendirent l'Éternel Dieu parcourant le jardin. Alors l'homme et sa femme se cachèrent de l'Éternel Dieu parmi les arbres du jardin. Mais l'Éternel Dieu appela l'homme et lui demanda :

— Où es-tu ?
Celui-ci répondit :
— Je t'ai entendu dans le jardin et j'ai eu peur, car je suis nu ; alors je me suis caché.
Dieu dit :
— Qui t'a appris que tu es nu ? Aurais-tu mangé du fruit de l'arbre dont je t'avais défendu de manger ?
Adam répondit :
— C'est la femme que tu as placée auprès de moi qui m'a donné du fruit de cet arbre, et j'en ai mangé.
L'Éternel Dieu dit à la femme :
— Pourquoi as-tu fait cela ?
— C'est le serpent qui m'a trompée, répondit la femme, et j'en ai mangé. (Genèse 3:8-13)

Remarquez que bien que ce soit Ève qui ait écouté le serpent, qui ait été trompée par lui et qui ait cueilli en premier du fruit défendu et en ait mangé, lorsque Dieu les a confrontés, Il a cherché Adam. « Mais l'Éternel Dieu appela l'homme : 'Où es-tu?' » Ce n'était pas une question de localisation, mais une question de disposition. Dieu savait déjà où était Adam et ce qu'il avait fait. Le but de sa question était d'amener Adam à reconnaître son péché et à assumer la responsabilité de ses actes. Le Seigneur était en train de dire à Adam : « Comment t'es-tu retrouvé dans cet état ? Tu es tombé et mon Esprit t'a quitté. Il n'y a plus de relation entre toi et Moi. Comment as-tu pu en arriver là ?»

Si Ève était l'instigatrice, la première à désobéir en mangeant le fruit défendu, alors pourquoi Dieu a-t-Il cherché Adam ? Il existe au moins deux raisons. D'une part, même si Ève a péché en premier, Adam était tout aussi coupable parce qu'il a également mangé le fruit. Il aurait pu refuser, mais il ne l'a pas fait. Plus important encore, cependant, Dieu est venu vers Adam parce qu'en tant que chef de la famille, Adam était responsable. Adam portait la responsabilité non seulement de dire à sa femme ce que Dieu avait dit, ce qu'apparemment il avait fait, mais aussi de veiller sur elle et de la protéger. Il était censé être sa protection. Où était-il durant la rencontre de sa femme avec l'adversaire ? Parce qu'il n'était pas là où il était censé être ou en train de faire ce qu'il était censé faire, Adam a porté la responsabilité directe de leur échec.

La peur et la séparation ne font pas partie du plan ou du désir de Dieu pour nous.

La réponse d'Adam à la question du Seigneur montre clairement qu'il y a eu des changements fondamentaux dans leur relation. « Je t'ai entendu dans le jardin et j'ai eu peur car je suis nu ; alors je me suis caché. » Lorsqu'une personne perd sa relation avec Dieu, plusieurs choses significatives ont lieu. Premièrement, son sentiment de séparation d'avec Dieu la pousse à fuir loin de Lui. Adam s'est caché. Deuxièmement, la personne a peur. Adam a eu peur. Jusqu'à ce qu'il ait désobéi à Dieu, il n'avait jamais connu la crainte. Maintenant la peur traquait chacun de ses pas.

L'amour et la peur ne peuvent pas coexister. Là où l'amour abonde, la peur est bannie. Là où la peur croît, l'amour diminue.

La peur et la séparation ne font pas partie du plan ou du désir de Dieu pour nous. Il nous a créés pour L'aimer et pour jouir d'une relation permanente avec Lui. La peur est un élément étranger dans cette relation. Elle interfère dans la libre expression de l'amour. Dans sa seconde lettre à Timothée, son jeune protégé, Paul, le grand enseignant et missionnaire du Ier siècle a écrit : « Car ce n'est pas un esprit de timidité que Dieu nous a donné, mais (un esprit) de force, d'amour et de sagesse » (2 Timothée 1:7 La Colombe). Un autre mot pour timidité est peur. Jean, l'un des auteurs du Nouveau Testament et l'un des disciples préférés de Jésus, a écrit : « Dieu est amour ; celui qui demeure dans l'amour demeure en Dieu, et Dieu en lui... Il n'y a pas de crainte dans l'amour, mais l'amour parfait bannit la crainte, car la crainte implique un châtiment, et celui qui craint n'est point parfait dans l'amour.» (1 Jean 4:16b, 18 La Colombe).

L'amour et la crainte ne peuvent pas coexister. Là où l'amour abonde, la crainte est bannie. Là où la peur croît, l'amour diminue. À cause de leur péché, Adam et Ève ont perdu l'amour, la paix, l'harmonie et la relation qu'ils avaient avec le Seigneur et l'un avec l'autre. Ils se sont aperçus que la culpabilité et la crainte les avaient remplacés. Ce changement a affecté chaque domaine de leur vie, y compris leur mariage. Un mariage sans amour est l'esclave de la crainte et de la division. Telles sont les caractéristiques communes d'un mariage "en dehors du jardin".

Un mariage sans amour est l'esclave de la crainte et de la division.

Le Jeu Du Blâme

L'un des autres signes du changement fondamental que le péché a apporté dans leur relation, c'est qu'Adam et Ève ont commencé à jouer au jeu du blâme. Le blâme s'épanouit là où l'amour est absent. Adam a blâmé Ève, Ève a blâmé le serpent et personne n'a voulu assumer la responsabilité personnelle de ses actions. Les gens disent et font souvent des choses ridicules lorsqu'ils essaient de fuir leurs responsabilités. Réfléchissez à ce qu'a dit Adam : « C'est la femme que tu as placée auprès de moi qui m'a donné du fruit de cet arbre, et j'en ai mangé. » Il laisse entendre qu'il était complètement impuissant. En fait, Adam est en train de dire à Dieu : « C'est de sa faute, cette femme que Tu m'as donnée. Elle m'a frappé, m'a pris par le cou, m'a forcé à ouvrir la bouche, y a enfoncé le fruit et a serré mes mâchoires de haut en bas en disant : Allez, mâche. »

Le blâme s'épanouit là où l'amour est absent.

Autrement dit, Adam n'a pas voulu prendre la responsabilité de ce qui était arrivé à sa famille. Ève non plus. Lorsque Dieu a demandé : « Pourquoi as-tu fait cela ?», elle a essayé de renvoyer la balle. « C'est le serpent qui m'a trompée... et j'en ai mangé. » En surface, ce qu'elle a dit est vrai ; le serpent l'a effectivement trompée. Toutefois, cela ne la dispense pas de sa responsabilité. Elle savait ce que Dieu avait dit et elle a choisi de désobéir.

La réticence à assumer ses responsabilités est un problème très commun dans notre société moderne, un symptôme de l'immoralité d'une race humaine en rébellion contre notre Créateur. La psychologie "Pop" nous dit que nous sommes tous "victimes". Si nous sommes dans le chaos, c'est à cause de notre environnement ou parce que nous avons été abusés lorsque nous étions enfants, ou parce que nous étions socialement ou économiquement défavorisés, ou à cause de l'une de ces nombreuses excuses. Nous ne portons aucunement la responsabilité de nos actions ou de la façon dont nous évoluons. Peu importe ce qui se passe, c'est toujours la faute de quelqu'un d'autre — notre mari, notre femme, nos enfants, notre patron — n'importe qui sauf nous.

Cette même attitude caractérise le mariage "en dehors du jardin". Lorsque personne ne veut assumer ses responsabilités, tout le monde souffre. Les gens peuvent devenir carrément illogiques lorsqu'ils veulent éviter leurs responsabilités. Dans l'effort de justifier un comportement irresponsable, ils commencent à se servir d'excuses qui n'ont aucun sens et à les établir comme si elles étaient une loi irréfutable. La conception du mariage selon le monde est à l'opposé de celle de Dieu. Le mariage "en dehors du jardin" est un mariage de blâme, d'activités irresponsables, où l'on se transfère et l'on se renvoie la balle, où les hommes ne prennent pas leur place et leurs responsabilités légitimes en tant que chefs du foyer. Dans le système mondain, le mariage peut être annulé lorsque les choses vont mal.

Une autre caractéristique du mariage "en dehors du jardin", c'est le mari qui exerce un pouvoir autoritaire sur sa femme. C'est la conséquence du péché d'Eve. Dieu lui a dit : « Je rendrai tes grossesses très pénibles, et tu mettras tes enfants au monde dans la souffrance. Ton désir se portera sur ton mari, mais lui te dominera. » (Genèse 3:16, emphase ajoutée). Il est important de noter que ce genre de relation ne fait pas partie du concept original de Dieu mais qu'il s'agit d'une description de la situation qui maintenant existe à cause du péché.

Le mari porte l'entière responsabilité de la santé et du bien-être de sa femme et de sa famille, mais il n'est pas le "patron".

Dans le mariage selon Dieu, le mari ne gouverne pas sa femme mais il exerce à la tête. Il donne la direction et l'orientation et ils gouvernent ensemble. Le mari porte l'entière responsabilité de la santé et du bien-être de sa femme et de sa famille, mais il n'est pas le "patron". En tant que chef de famille, il conduit la famille, pas comme un tyran ou un dictateur, mais avec amour, grâce, sagesse et connaissance sous la seigneurie de Christ.

PRINCIPES

1. Selon la conception originale de Dieu, l'homme et la femme devaient exercer une autorité égale et une domination égale.

2. Dans le dessein de Dieu, l'autorité dans le mariage est la responsabilité de l'homme.

3. L'autorité n'est pas le gouvernement ; c'est la direction.

4. La position d'autorité de l'homme est basée sur la connaissance et implique principalement qu'il enseigne et instruise sa famille dans les voies de Dieu et dans toutes les choses spirituelles en général.

5. Le mariage "en dehors du jardin" est un mariage fait de blâme, d'activités irresponsables, où l'on se jette la pierre, et où les hommes échouent à prendre leur place légitime et responsable à la tête de leur foyer.

6. En tant que chef de famille, le mari conduit la famille, pas comme un tyran ou un dictateur, mais avec amour, grâce, sagesse et connaissance sous la seigneurie de Christ

CHAPITRE 5

Un Mariage Heureux N'est Pas Un Accident

Un mariage heureux n'est pas un accident. La réussite dans un mariage comme dans tout autre domaine de la vie ne se fait pas automatiquement. Le secret pour réussir en toute chose, c'est la planification, et une planification réussie dépend de la connaissance. Ce n'est qu'une fois en possession d'informations précises et suffisantes que nous pouvons planifier notre succès.

Beaucoup d'entre nous sommes prêts à passer des années à étudier afin de recevoir une éducation qui, selon nous, nous préparera à réussir dans la carrière ou la profession que nous aurons choisie. Nous recherchons l'éducation parce qu'elle nous rend polyvalents et la polyvalence accroît nos chances sur le marché. Un profil intéressant augmente la probabilité de notre succès. Plutôt que de laisser notre succès à la chance, nous le planifions minutieusement.

À une époque, quand une personne entrait sur le marché du travail vers l'âge de 18 ou 21 ans, elle passait l'intégralité de sa carrière à travailler pour le même employeur. Aujourd'hui, il n'est pas rare de voir les employés changer de travail ou de patron quatre ou cinq fois, voire plus durant leur carrière. Parce que les changements fréquents de carrière sont devenus la norme dans la société moderne, l'éducation et la connaissance sont des éléments d'autant plus importants à la réussite.

Si nous sommes disposés à planifier avec autant de soin notre réussite professionnelle, pourquoi ne sommes-nous pas aussi diligents à planifier la réussite de notre mariage ? Après tout, nous passons des années à préparer une carrière qui pourrait changer à tout moment, tandis que nous consacrons très peu de temps à nous préparer pour une relation qui est supposée durer toute une vie. Si nous n'y prenons pas garde, nous finirons par passer trop de temps à nous préparer pour des choses secondaires. Il n'y a rien de mauvais à aller à l'école pour recevoir une éducation ou à planifier délibérément notre réussite en atteignant nos objectifs de carrière. Le problème, c'est que trop de gens réussissent leur carrière professionnelle mais échouent dans leur mariage, parce qu'ils ont consacré beaucoup de temps à apprendre à s'entendre avec leur patron et très peu de temps à apprendre à s'entendre avec leur époux ou épouse. Nous investissons plus dans notre préparation à gagner notre vie plutôt qu'à la vivre réellement.

Comme pour toute autre réalisation dans la vie, la réussite d'un mariage dépend de l'information et de la planification. Le mariage est un investissement, et sa réussite est proportionnelle à la mesure de connaissance et de temps qui y sont investis. La réussite n'est pas un don, mais le résultat d'une préparation minutieuse et délibérée. La réussite est directement liée à l'investissement: quand vous investissez de votre temps et de votre passion, vous avez davantage de chance de réussir.

Toute personne qui espère bâtir une nouvelle maison n'abordera pas le projet n'importe comment. La réussite d'un tel projet signifie acheter la bonne parcelle, retenir les services d'un architecte qualifié, s'assurer qu'il y ait suffisamment de fonds disponibles pour mener le projet à terme. Il est important de planifier la fin avant le commencement, de calculer les coûts d'entrée de jeu, et d'essayer d'anticiper les embûches et difficultés qui se présenteront en cours de route.

Jésus a mis l'emphase sur l'importance de planifier ainsi à l'avance quand Il a dit : «... si l'un de vous veut bâtir une tour, est-ce qu'il ne prend pas d'abord le temps de s'asseoir pour calculer ce qu'elle lui coûtera et de vérifier s'il a les moyens de mener son entreprise à bonne fin ? Sans quoi, s'il n'arrive pas à terminer sa construction après avoir posé les fondations, il risque d'être la risée de tous les témoins de son échec. 'Regardez, diront-ils, c'est celui qui a commencé à construire et qui n'a pas pu terminer !'» (Luc 14:28-30). Même si, ici, Jésus parlait spécifiquement d'évaluer le coût de Le suivre en tant que disciple, ses paroles sont de sages conseils pour nous dans chaque chose que nous entreprenons. Il nous faut planifier notre réussite. Nous devons accorder la même attention à la construction d'un foyer qu'à celle d'une maison. Beaucoup de belles maisons ne sont pas des foyers.

Connaissance et Révélation

Le mariage ne diffère en rien. Le même principe s'applique. Un mariage heureux ne peut pas être laissé entre les mains de la chance. Tout comme pour la construction d'une maison, un mariage réussi est le produit d'une planification minutieuse et d'un design délibéré, d'un matériel de qualité, de bons conseils et d'entrepreneurs qualifiés.

Beaucoup de croyants présument à tort que le succès de leur mariage est garanti parce qu'ils connaissent le Seigneur et qu'ils ont le Saint-Esprit. Proverbes 1:7 dit : « La crainte de l'Éternel est le commencement de la connaissance ; les insensés méprisent la sagesse et l'instruction » (La Colombe). La crainte du Seigneur est le point de départ de la connaissance. Peu importe notre niveau d'intelligence ou d'éducation, tant que nous ne connaissons pas le Seigneur, nous n'avons pas de connaissance réelle. C'est par là que nous devons commencer.

Nous devons devenir étudiants de la Parole de Dieu, familiers avec les principes spirituels qui gouvernent la vie.

L'un des ministères du Saint-Esprit dans nos vies est de nous amener à la connaissance de la vérité. Jésus a dit : « Mais le Consolateur, le Saint-Esprit que le Père enverra en mon nom, c'est Lui qui vous enseignera toutes choses et vous rappellera tout ce que moi je vous ai dit » (Jean 14:26, La Colombe, emphase ajoutée). Le Saint-Esprit ne peut pas nous enseigner si nous ne prenons pas le temps de nous asseoir pour apprendre, comme Il ne peut pas nous rappeler quelque chose que nous n'avons jamais commencé à apprendre. Nous devons devenir étudiants de la Parole de Dieu, familiers avec les principes spirituels qui gouvernent la vie. C'est seulement à ce moment-là que le Saint-Esprit peut nous enseigner et nous remémorer ces choses.

Pour ce qui est du mariage, nous n'avons aucune garantie de réussite sans connaissance des principes de la réussite. Nous ne pouvons attendre de l'Esprit de Dieu qu'Il nous "rappelle" des principes ou des vérités que nous n'avons jamais commencé à apprendre. Si nous n'avons jamais appris comment communiquer avec notre conjoint(e), ni comment nous comporter comme il se doit dans notre relation, ni comment gérer un conflit, le Saint-Esprit n'a rien à nous "rappeler". C'est pourquoi la connaissance est si importante. En même temps, la connaissance en elle-même ne suffit pas. La connaissance à elle-seule peut nous amener à tirer de fausses conclusions. La connaissance, à la lumière du Saint-Esprit, devient une révélation. Nous avons besoin de la sagesse de l'Esprit pour nous permettre de comprendre correctement et d'appliquer notre connaissance.

La Connaissance Pour Vaincre l'Illettrisme Dans Le Mariage

Un des plus grands défis que rencontrent les couples aujourd'hui, qu'ils soient mariés ou non, c'est l'illettrisme dans le mariage. Beaucoup de mariages échouent ou manquent d'atteindre leur plein potentiel, parce que les couples n'ont jamais appris ce qu'est vraiment le mariage. Leur compréhension à ce sujet est soit très vague, soit façonnée par la philosophie du monde plutôt que par les principes de Dieu, ou bien les deux. Les chances de réussite augmentent considérablement une fois que les idées fausses causées par l'ignorance sont remplacées par la lumière de la vérité et de la connaissance.

La relation du mariage est une école, un environnement propice à l'apprentissage, dans lequel les deux partenaires peuvent chacun grandir et se développer au fil du temps. Le mariage n'exige pas la perfection, mais on doit lui accorder la priorité. Le mariage est une institution composée exclusivement de pêcheurs et qui atteint le sommet de sa gloire quand ces derniers le perçoivent comme le moyen de Dieu pour les amener à suivre son plus haut cursus d'amour et de justice.

Le mariage est un environnement propice à l'apprentissage dans lequel les deux partenaires peuvent chacun grandir et se développer au fil du temps.

Le mariage renferme le potentiel d'exprimer l'amour de Dieu au niveau le plus élevé possible sur terre. La volonté du couple reste le facteur crucial. La mesure de l'amour de Dieu exprimée dans une relation de mariage dépendra de la bonne disposition des deux partenaires à laisser le Seigneur travailler en eux et au travers d'eux. Il s'agit d'un amour totalement désintéressé où le mari et la femme se soumettent l'un à l'autre par révérence pour Christ (Éphésiens 5:21 ; où la femme respecte son mari (v. 33 et se soumet à lui « par égard pour le Seigneur » (v. 22 ; et où le mari aime sa femme comme lui-même (v. 33), « comme le Christ a aimé l'Église » et « s'est livré lui-même pour elle » (v. 25). Lorsque deux personnes complètement différentes s'assemblent, vivent et travaillent en unité, en donnant généreusement d'elles-mêmes, en s'aimant, se pardonnant, se comprenant et se soutenant mutuellement, les observateurs extérieurs peuvent au moins avoir un aperçu de ce qu'est l'amour de Dieu.

Le mariage est un des processus de raffinage par lequel Dieu façonne un homme et une femme à devenir les personnes qu'Il veut qu'elles deviennent.

Un mariage chrétien est l'engagement total d'un mari et d'une femme l'un envers l'autre et individuellement envers la personne de Jésus-Christ, un engagement qui ne garde rien en réserve, aussi bien dans le royaume naturel que spirituel. C'est une promesse de fidélité mutuelle, un partenariat de subordination réciproque. Le mariage est l'un des processus de raffinage par lequel Dieu façonne un homme et une femme à devenir les personnes qu'Il veut qu'elles deviennent.

Construire Sur Une Fondation Solide

Toute chose de nature à durer doit être construite sur une fondation ferme et solide ; le mariage n'y fait pas exception. La seule fondation sûre de la vie, c'est la Parole de Dieu. Au cours d'un de ses enseignements les plus connus, Jésus a vivement illustré le danger d'essayer de construire sa vie sur une fondation inappropriée.

C'est pourquoi, celui qui écoute ce que je dis et qui l'applique, ressemble à un homme sensé qui a bâti sa maison sur le roc. Il a plu à verse, les fleuves ont débordé, les vents ont soufflé avec violence, ils se sont déchaînés contre cette maison : elle ne s'est pas effondrée, car ses fondations reposaient sur le roc. Mais celui qui écoute mes paroles sans faire ce que je dis, ressemble à un homme assez fou pour construire sa maison sur le sable. Il a plu à verse, les fleuves ont débordé, les vents ont soufflé avec violence, ils se sont déchaînés contre cette maison : elle s'est effondrée et sa ruine a été complète. (Matthieu 7:24-27)

Tout comme la maison emportée dans la tempête en raison d'une piètre fondation, un mariage a très peu de chances de survivre face aux tempêtes de la vie, à moins d'être fermement établi sur des principes spirituels de base. Considérons dix pierres de fondation sur lesquelles construire un mariage heureux et réussi :

1. L'amour
On peut décrire l'amour de différentes façons, mais ce qui nous intéresse ici, c'est l'amour agape, celui qui définit la nature même de Dieu. *Agape* se caractérise par le déni de soi, le don de soi, c'est le type d'amour sacrificiel décrit

par Paul, un des auteurs du Nouveau Testament, quand il a écrit :

L'amour est patient, il est plein de bonté, l'amour. Il n'est point envieux, il ne cherche pas à se faire valoir, il ne s'enfle pas d'orgueil. Il ne fait rien d'inconvenant. Il ne cherche pas son propre intérêt, il ne s'aigrit pas contre les autres, il ne trame pas le mal. L'injustice l'attriste, la vérité le réjouit. En toute occasion, il pardonne, il fait confiance, il espère, il persévère. L'amour n'aura pas de fin (1 Corinthiens 13:4-8a).

Plus qu'une émotion ou qu'un sentiment, l'amour dans un mariage est un choix. L'amour est une décision que vous renouvelez chaque jour envers votre époux/épouse. Le matin à votre réveil, lorsque vous vous couchez le soir ou tout au long de vos activités quotidiennes, vous choisissez continuellement d'aimer cet homme ou cette femme que vous avez épousé(e).

Plus qu'une émotion ou qu'un sentiment, l'amour dans un mariage est un CHOIX.

Comprendre que l'amour est un choix vous préservera au moment de la tentation (qui est inévitable). Savoir que vous avez pris la décision d'aimer votre mari ou votre femme vous permettra de traverser ces temps où il ou elle vous a mis en colère, comme ceux où vous apercevez ce ou cette séduisant(e) collègue de bureau. Vous auriez pu épouser quelqu'un d'autre, mais là n'est pas la question. Le fait est que vous avez pris une décision. Lorsque vous épousez quelqu'un, vous choisissez de l'aimer et de le ou la chérir pour le restant de votre vie. Cet amour doit être rafraîchi quotidiennement.

L'une des pierres de fondation les plus importantes pour un mariage heureux est l'amour sacrificiel que vous choisissez de renouveler chaque jour envers votre époux/épouse.

2. La vérité

La vérité est fondamentale dans un mariage. Un mariage qui ne repose pas sur la vérité s'expose d'emblée à des difficultés. La Bible est la source de vérité la plus grande et la plus fiable ; la Bible est la Parole de Dieu, qui Lui-même est vérité et Celui qui a conçu et institué le mariage. Chaque mari et femme consciencieux devrait évaluer son mariage d'après le standard immuable des principes trouvés dans la Parole de Dieu. La Bible est un guide vrai et fiable pour chaque domaine de la vie.

Chaque mari et femme consciencieux devrait évaluer son mariage d'après le standard immuable des principes trouvés dans la Parole de Dieu.

La transparence entre un mari et une femme est un élément indispensable à un mariage réussi. Manquer d'honnêteté ne sert les intérêts d'aucun des époux. L'honnêteté, accompagnée et assaisonnée d'amour, favorise un environnement de confiance.

3. La confiance

La confiance est étroitement liée à la vérité. Si mari et femme veulent un mariage heureux et réussi, ils doivent être capables de s'accorder une confiance sans réserve. Rien n'endommage plus un mariage qu'une relation de confiance brisée. Il est difficile de grandir et de prospérer dans une atmosphère remplie d'amertume, de ressentiment et de suspicion. C'est pourquoi chacun des partenaires devrait veiller soigneusement à ne rien dire ou faire qui puisse donner à l'autre une raison de douter ou de lui retirer sa confiance. La confiance permet à un mari et une femme d'apprécier une relation caractérisée par l'honnêteté et la transparence, sans qu'il y ait de secrets ou "d'espaces interdits" gardés hors de portée de l'autre. La confiance est aussi un élément essentiel de l'engagement.

Rien n'endommage plus un mariage qu'une relation de confiance brisée.

4. L'engagement

L'engagement est un mot effrayant pour beaucoup de gens dans notre société aujourd'hui. Ces derniers craignent d'être enfermés ou liés par tout type d'accord à long terme. C'est l'une des raisons qui explique pourquoi beaucoup de mariages ne durent pas. Un homme et une femme s'approchent de l'autel du mariage et échangent leurs voeux, mais ils ne font que suivre un protocole en ne s'engageant que du bout des lèvres. Leur idée du mariage c'est de rester ensemble jusqu'à ce que les choses deviennent difficiles, et c'est alors qu'ils peuvent se séparer. Si leur mariage "fonctionne", tant mieux, sinon tant pis. Peu de gens qui se marient planifient l'échec de leur mariage, cependant ils ne planifient pas non plus spécifiquement sa réussite. Ceux qui ne planifient pas de réussir sont pratiquement sûrs d'échouer.

L'engagement est l'élément vital du mariage. Le problème vient en partie de notre incompréhension de la nature de l'alliance. Le mariage est une sorte "d'alliance de sang" qui, comme celles d'autrefois, durent toute la vie. On ne pouvait ni établir une alliance de sang ni la rompre à la légère. Sa violation entraînait de sérieuses conséquences. Le mariage implique un engagement tout aussi sérieux. Il s'agit premièrement d'un engagement envers l'institution du mariage et deuxièmement, d'un engagement exclusif envers la personne que nous avons choisie d'aimer et de chérir pour la vie.

L'engagement est l'élément vital du mariage.

5. Le respect

Toute relation saine, y compris celle du mariage, doit avoir pour fondation le respect mutuel. Respecter quelqu'un signifie avoir de l'estime pour la personne, la juger digne de la plus haute considération. Les femmes devraient respecter leur mari et les maris devraient respecter leur femme. Une des raisons pour lesquelles tant de mariages connaissent des difficultés, c'est que le mari n'a jamais appris à faire preuve d'un respect convenable à l'égard de sa femme. Beaucoup d'hommes grandissent en voyant les femmes comme n'étant pas beaucoup plus que des objets sexuels à posséder ou à utiliser à volonté. N'ayant jamais rien appris de différent, ils rapportent dans leur mariage ce même point de vue erroné.

Celui qui désire le respect, doit manifester du respect à l'égard des autres et vivre d'une façon respectable.

Dieu a créé l'homme — homme et femme — à sa propre image. Il les a créés égaux en tous points. Maris et femmes qui se voient chacun comme des êtres faits à l'image de Dieu n'auront jamais aucun problème lié au respect. Celui qui désire le respect, doit manifester du respect à l'égard des autres et vivre d'une façon respectable. Quiconque veut être respecté doit être respectable.

6. La soumission

Les mariages en bonne santé reposent non seulement sur le respect mutuel, mais aussi sur la soumission mutuelle. Nous entendons si souvent que les femmes sont censées se soumettre à leur mari, que nous oublions que la soumission marche dans les deux sens. « ... et parce que vous révérez le Christ, vous vous soumettrez les uns aux autres, vous femmes, en particulier, chacune à son mari, et cela par égard pour le Seigneur... Quant à vous, maris, que chacun de vous aime sa femme comme le Christ a aimé l'Église : il a donné sa vie pour elle » (Éphésiens 5:21-22,25). Jésus est allé jusqu'à la mort par amour pour son Église, et ce don de Lui-même fut l'acte de soumission ultime. Éphésiens 5:25 dit que les maris sont supposés aimer leurs femmes de la même façon, d'un amour caractérisé par une soumission sacrificielle et par le don de soi.

La soumission consiste à renoncer volontairement à nous-mêmes, à abandonner librement notre tendance à toujours faire les choses à notre manière.

Comprise correctement, la soumission n'a rien de dévalorisant. C'est un choix libre, non imposé de l'extérieur. La soumission consiste essentiellement à renoncer volontairement à nous-mêmes, à abandonner librement notre tendance à toujours faire les choses à notre manière. La soumission signifie mettre les besoins, les droits et le bien-être de quelqu'un d'autre avant les nôtres. Un mariage construit sur ce type de soumission grandira en bonne santé ; il sera fort et épanoui.

7. La connaissance

Il serait presque impossible d'accentuer l'emphase sur l'importance de la connaissance comme fondation solide d'un mariage. De nombreux mariages luttent ou échouent par manque de connaissance. Les couples débutent leur vie de mariés sans avoir la moindre idée de ce qu'est ou n'est pas le mariage. Ils placent des attentes irréalistes et déraisonnables sur eux-mêmes, sur leurs époux/ épouses et sur leur relation dans son ensemble.

Avec toutes les ressources actuellement disponibles, et parce que l'enjeu est si grand, il n'y a rien aujourd'hui qui puisse excuser l'ignorance ou l'illettrisme dans le mariage.

C'est pourquoi la période de cour et de fiançailles est si importante et que les conseils pré-maritaux sont indispensables. Les couples envisageant le mariage ont besoin de temps pour se connaître. Ils ont besoin de temps pour parler de leurs rêves, de leurs désirs et de leurs attentes ; pour étudier et apprendre les fondements et les principes spirituels du mariage que Dieu a donnés dans sa Parole. Avec toutes les ressources actuellement disponibles, et parce que l'enjeu est si grand, il n'y a rien aujourd'hui qui puisse excuser l'ignorance ou l'illettrisme dans le mariage.

8. La fidélité

La fidélité est étroitement liée à l'engagement et aussi beaucoup à la confiance. Quand nous parlons de fidélité dans le mariage, nous pensons le plus souvent aux relations sexuelles. Des partenaires fidèles seront vrais et se réserveront mutuellement et de manière exclusive l'expression de leur sexualité. C'est pourquoi beaucoup de couples mariés qui ont été sexuellement actifs avant le mariage, connaissent souvent des difficultés dans leurs relations. Il manque l'élément fondamental de la fidélité. Même s'ils se sont promis d'être fidèles l'un envers l'autre, l'ombre du doute plane toujours. Il ne suffit pas de beaucoup pour que cette ombre devienne un nuage de sombre tempête recouvrant tout.

La fidélité conjugale signifie que la santé, le bonheur, la sécurité et le bien-être de votre époux/épouse occupe la place la plus importante de votre vie, au-dessus de toute autre chose à l'exception de votre relation personnelle avec le Seigneur.

La fidélité dans le mariage signifie plus que la fidélité dans le domaine sexuel. Être fidèle à votre épouse veut aussi dire la défendre et affirmer sa beauté, son intelligence et son intégrité en tout temps, en particulier devant les autres. La fidélité envers votre mari consiste à le défendre, à l'édifier constamment et à ne jamais le rabaisser. La fidélité conjugale signifie que la santé, le bonheur, la sécurité et le bien-être de votre époux/épouse occupe la place la plus importante de votre vie, au-dessus de toute autre chose à l'exception de votre relation personnelle avec le Seigneur.

9. La patience

La patience est une autre pierre de fondation essentielle à la construction d'un mariage heureux et réussi. Pourquoi ? Le mariage réunit deux personnes totalement différentes avec des expériences, des milieux, des tempéraments, des goûts et parfois même des cultures différentes. En raison de ces différences, les partenaires devront effectuer des réajustements majeurs dans leur vie et dans leurs attitudes, s'ils veulent voir leur mariage réussir. Des bosses et des bleus en cours de route sont inévitables. Peut-être qu'il n'aime pas la façon dont elle se coiffe. Ou que cette habitude qu'il a de laisser traîner ses vêtements sales un peu partout, la met hors d'elle. Il pourrait y avoir des conflits quant à leurs attentes, la gestion de leurs finances, l'utilisation de leur temps de loisir, le sexe, sur comment élever leurs enfants — toutes sortes de choses. La patience est l'élément clé pour régler les conflits et s'ajuster aux différences. Les partenaires ont tous deux besoin de containers de patience !

La patience est l'élément clé pour régler les conflits et s'ajuster aux différences.

10. La stabilité financière

C'est l'un des fondements les plus ignorés du mariage. Beaucoup de jeunes couples qui prévoient de se marier accordent très peu d'importance au fait d'avoir une base financière déjà bien établie au moment du mariage. Je ne compte plus le nombre de fois où j'ai pu assister à cette scène : un jeune couple vient me voir et m'annonce : « On aimerait se marier.
— Est-ce que l'un d'entre vous travaille ?
— Non.
— Dans ce cas, comment espérez-vous vous en sortir ?
— On s'aime. On y arrivera. L'amour trouvera toujours une issue. »

L'amour est certainement important, même crucial, mais soyons pratiques. L'amour ne paiera pas le loyer et ne mettra pas à manger sur la table. S'adapter à la vie conjugale est un challenge suffisamment difficile à lui seul. La dernière chose dont un couple a besoin, c'est de commencer leur mariage avec des handicaps. Et l'instabilité financière fait partie des plus gros handicaps. Si vous avez des problèmes financiers avant de vous marier, qu'est-ce qui vous fait croire qu'ils disparaîtront après votre mariage ?

C'est *avant* le mariage qu'il faut réfléchir aux finances — longtemps avant. Le couple devrait discuter du sujet de façon franche et honnête et mettre en place un plan financier clair avant de prononcer leurs voeux. Il devrait y avoir une source de revenus stable et sûre. L'homme devrait pour le moins avoir un emploi stable. Aucune femme ne devrait épouser un homme qui ne travaille pas et ce, même si elle suit sa propre carrière et envisage de continuer à travailler. Auquel cas, c'est certainement elle qui finira par subvenir à ses besoins plutôt que l'inverse. Les difficultés financières restent l'une des principales causes d'échec d'un mariage. Il ne faut jamais sous-estimer l'importance de la stabilité financière dans la réussite d'un mariage.

Les difficultés financières restent l'une des principales causes d'échec d'un mariage.

Évaluer Vos "Aptitudes Au Mariage"

En plus de ces pierres de fondation, il y a plusieurs "aptitudes au mariage" à prendre en considération – des qualités de la personnalité et du caractère qui contribueront à la construction d'un mariage fort. Vérifiez ces points et regardez où vous en êtes. J'en ai relevé huit.

1. La capacité d'adaptation. Il s'agit simplement de la capacité à s'adapter à des changements de conditions. Quel que soit le soin que nous avons mis dans notre préparation au mariage, il nous est impossible de tout prévoir. Des situations inattendues surgiront avec une fréquence déconcertante, nous obligeant à modifier nos plans. Le simple fait de réunir deux personnes totalement différentes en une seule demandera inévitablement de la flexibilité. Donc, soyez flexibles. Attendez-vous à l'inattendu. Considérez-le comme une opportunité pour grandir et pour prendre une direction que vous n'auriez jamais envisagée autrement.

2. L'empathie. C'est la sensibilité aux besoins, aux blessures et aux désirs des autres – la capacité de ressentir les choses avec eux et d'expérimenter le monde à travers leur perspective. Un grand nombre de conflits et d'incompréhensions pourraient être évités entre époux si ces derniers essayaient simplement d'augmenter leur mesure d'empathie envers l'autre, de se mettre à la place de l'autre de temps en temps.

3. La capacité à faire face aux problèmes. Ce n'est pas la capacité à solutionner les problèmes. Certains problèmes ne peuvent pas être résolus, mais les couples mariés ont besoin de cette capacité à identifier et à analyser les problèmes, à proposer et choisir une solution possible et à la suivre. Ils seront en mesure de régler la plupart des problèmes de cette façon et apprendront à travailler sur ceux qu'ils ne peuvent pas résoudre. L'important est de s'engager à traiter les problèmes plutôt que de s'en éloigner.

4. La capacité à donner et à recevoir de l'amour. Ce n'est pas aussi facile qu'il n'y paraît, en particulier chez la majorité des hommes. Donner de l'amour et en recevoir est plus naturel chez les femmes. Les hommes, en revanche, ont appris de la société qu'être viril ou « macho » signifiait ne montrer aucune sensibilité ouvertement. Par conséquent, nombreux sont les hommes qui ont du mal à exprimer leurs vrais sentiments. Le mariage est un échange constant et cela inclut d'exprimer son amour.

5. La stabilité émotionnelle. C'est être capable de contrôler nos émotions et ne pas les laisser nous échapper. Cela signifie maîtriser nos humeurs et ne pas chercher d'excuses à nos explosions émotionnelles immatures. Un dérapage occasionnel est humain mais un comportement répété révèle un problème plus profond. Quelqu'un qui perd constamment son sang-froid, puis qui dit : « Je ne peux pas m'en empêcher », n'est pas honnête. Si c'est réellement le cas, alors cette personne a besoin de l'aide d'un professionnel. Cependant, le problème ne vient habituellement pas d'une incapacité, mais d'une mauvaise volonté. La stabilité émotionnelle signifie vouloir et pouvoir accepter la responsabilité de nos sentiments, paroles et actions.

6. La capacité à communiquer. Une véritable communication n'est pas facile et n'arrive que rarement. La communication est la capacité de s'assurer que les gens comprennent non seulement ce que vous dites, mais également ce que vous voulez dire. C'est également la capacité à écouter et à comprendre les autres. Développer à la fois ces deux aspects de la communication nécessite beaucoup de temps, de patience et un dur travail.

7. Des ressemblances au sein du couple. Même si chaque mariage est formé de l'union de deux personnes totalement différentes, il devrait cependant exister certaines ressemblances distinctes : des intérêts communs, des hobbies communs, une foi commune ou des opinions politiques similaires, par exemple. Il est nécessaire d'avoir un terrain d'entente commun aux deux individus.

8. Un milieu familial similaire. Bien qu'il ne s'agisse pas d'un facteur de la plus haute importance — car il existe chaque jour des gens de différents milieux qui construisent des mariages réussis — un milieu familial similaire est toujours un atout. Un couple devrait débuter leur mariage avec tous les avantages ou les "plus" possibles ; être issus de milieux familiaux semblables reste assurément un "plus".

Aussi importantes soient-elles, les pierres de fondation sont incomplètes à elles seules. Elles forment simplement la base sur laquelle la structure complète doit être bâtie. Les pierres de fondation — à savoir, l'amour, la vérité, la confiance, l'engagement, le respect, la soumission, la connaissance, la fidélité, la patience et la stabilité financière — ne sont pas une fin en soi. Elles constituent plutôt des bases sur lesquelles construire et exposer le magnifique bijou qu'on appelle mariage — la fusion de deux personnes distinctes en une seule chair, âme et esprit. La réussite et le bonheur n'arrivent pas par accident, mais sont le résultat et la récompense d'une planification délibérée, d'une poursuite diligente et d'une croissance patiente.

PRINCIPES

1. Le mariage est un investissement et sa réussite est proportionnelle à la mesure de connaissance et de temps qui y sont investis.

2. Un mariage réussi est le produit d'une planification minutieuse et d'un design délibéré.

3. Dix pierres de fondation pour construire un mariage réussi :

- L'amour
- La vérité
- La confiance
- L'engagement
- Le respect
- La soumission
- La connaissance
- La fidélité
- La patience
- La stabilité financière

4. Huit "aptitudes au mariage" importantes :

- La capacité d'adaptation
- L'empathie
- La capacité à faire face aux problèmes
- La capacité à donner et à recevoir de l'amour
- La stabilité émotionnelle
- La capacité à communiquer
- Des ressemblances au sein du couple
- Un milieu familial similaire

CHAPITRE 6

Se Libérer De Ces Liens Qui Nous Retiennent

Tout conseiller expérimenté vous dira que les problèmes conjugaux surpassent en nombre tous les autres problèmes de la vie et les problèmes relationnels réunis. Les problèmes qui surgissent dans le mariage sont beaucoup plus nombreux que ceux qui surviennent à cause de la drogue, du crime, de difficultés financières ou de désordres psychologiques ou émotionnels. Voir que de nos jours, une institution aussi cruciale que le mariage dans notre culture et notre civilisation puisse être à un tel point en crise est un signe qui donne à réfléchir.

L'un des défis les plus durs auxquels font face les jeunes mariés en s'adaptant à leur nouvelle vie à deux, c'est d'apprendre à interagir avec leurs parents et leurs familles d'origine à la lumière de leurs nouvelles circonstances. Le mariage apporte des changements fondamentaux dans les relations qui existent entre un couple et les familles dans lesquelles ils ont grandi. Beaucoup de jeunes mariés ont du mal à se libérer des liens qui les retiennent prisonniers de leurs parents et du style de vie qu'ils avaient en tant que célibataires. Ils sont souvent déchirés entre leurs responsabilités envers leur nouveau conjoint et la responsabilité qu'ils ressentent envers leurs parents. Cette tension crée des conflits dans le mariage, particulièrement lorsqu'il est plus difficile pour l'un des partenaires de lâcher prise.

Les ajustements à la vie maritale peuvent être tout aussi difficiles pour les parents des jeunes mariés que pour le couple lui-même. Parfois les parents aggravent le problème en essayant de retenir leurs enfants mariés, du moins émotionnellement. Consciemment ou inconsciemment, plusieurs parents essaient de faire porter la culpabilité à leurs enfants lorsqu'ils essaient de voler de leurs propres ailes. Ils luttent avec l'idée de leur "bébé" qui quitte le nid. S'ils sont devenus émotionnellement ou financièrement dépendants de cet enfant, ils craignent les changements qui peuvent s'opérer dans cette relation à cause de cette nouvelle personne qui est entrée dans la vie de leur enfant.

Peu importe d'où elle vient, la confusion concernant la façon dont de jeunes mariés se comportent envers leurs parents et leurs familles, apportera du stress dans leur mariage. À moins qu'ils apprennent comment les gérer, les "liens qui nous retiennent" peuvent devenir un nœud coulant étouffant qui asphyxie leur relation.

Le Mariage Est La Première Des Relations Humaines

Selon la Bible, la relation la plus élevée et la plus importante de toutes est celle qui existe entre un être humain et Dieu. C'est une relation spirituelle essentielle et fondamentale. Dans le monde naturel et en second seulement après la relation divin/humain, vient la relation conjugale entre un homme et une femme. La relation mari/femme est la première des relations humaines. Les problèmes surgissent toujours lorsque l'une des parties de cette relation est retirée de sa position prioritaire. La plupart des causes profondes des problèmes de la vie proviennent de personnes qui placent une autre personne ou une autre chose au-dessus de Dieu ou de leur conjoint dans leurs priorités.

La relation entre un mari et sa femme est fondamentale, car Dieu l'a établie en premier comme étant la relation humaine la plus basique.

Alors l'Éternel Dieu fit tomber un profond sommeil sur l'homme qui s'endormit ; il prit une de ses côtes et referma la chair à sa place. L'Éternel Dieu forma une femme de la côte qu'il avait prise à l'homme et il l'amena à l'homme. Et l'homme dit : Cette fois c'est l'os de mes os, La chair de ma chair. C'est elle qu'on appellera femme, Car elle a été prise de l'homme. C'est pourquoi l'homme quittera son père et sa mère et s'attachera à sa femme, et ils deviendront une seule chair. (Genèse 2:21-24, La Colombe)

Remarquez que lorsque Dieu a créé la race humaine, Il a commencé avec un mari et une femme, et non avec un parent et son enfant. Dans la conception de Dieu, la relation époux/épouse précède et détient la priorité sur la relation parent/enfant. Le verset 24 dit qu'un homme doit quitter son père et sa mère et doit être uni à sa femme. Le mot "quitter" suggère un état temporaire, alors que le mot "uni" indique une condition permanente. Dans le mariage, la responsabilité principale d'un mari et d'une femme est celle qu'ils ont l'un envers l'autre, pas envers leurs parents ou leurs frères et soeurs.

La relation mari/femme est fondamentale, elle est la clé de toute autre relation dans la vie. Adam et Ève étaient mari et femme avant d'être parents. L'une des raisons pour lesquelles la relation dans le mariage prend la priorité sur la relation parent/enfant, c'est parce qu'un mari et une femme ont fait une alliance lors de laquelle ils se sont promis de pourvoir aux besoins essentiels de l'autre. Une telle alliance n'existe pas entre des parents et leurs enfants. Les parents ont la responsabilité d'aimer, de prendre soin de leurs enfants et de pourvoir à leurs besoins physiques, émotionnels et spirituels, mais ceci est foncièrement différent de "l'unité" qu'ils partagent en tant que mari et femme.

La relation parent/enfant est temporaire et doit être brisée, alors que la relation mari/femme est permanente et ne doit pas être brisée.

Pour l'essentiel, la relation parent/enfant est temporaire et doit être brisée, alors que la relation mari/femme est permanente et ne doit pas être brisée. Les parents devraient élever leurs enfants avec l'objectif délibéré de les voir devenir des adultes matures et indépendants. Une fois que les enfants ont grandi et qu'ils sont devenus indépendants, un changement capital s'opère dans leur relation avec leurs parents. Ce changement est encore plus prononcé lorsque les enfants se marient. Bien que les parents doivent toujours être aimés, honorés et respectés, ils n'ont plus la place prédominante dans la vie et dans les priorités de leurs enfants. Ces enfants mariés ont une nouvelle priorité qui prend la préséance sur leurs parents : leur conjoint. C'est ainsi que cela devrait être. La relation temporaire parent/enfant laisse la place à la relation permanente mari/femme.

Le Mariage Signifie Quitter La Maison

Dans certaines cultures, il est coutumier de penser au mariage comme étant un lien qui réunit deux familles en une. L'époux représente sa famille d'origine, l'épouse représente la sienne et ensemble, eux et leurs proches deviennent membres d'une grande famille heureuse. Aussi commune que cette mentalité puisse être à certains endroits, elle est incorrecte et non scripturaire. Le mariage ne réunit pas deux familles en une, mais il en crée une troisième. Lorsqu'un mari et sa femme se mettent ensemble, ils forment une unité familiale distincte, séparée, complète et individuelle qui est indépendante de leurs familles d'origine respectives. C'est pourquoi Genèse 2:24 dit : « C'est pourquoi un homme *quittera son père et sa mère* et il s'unira à sa femme et ils deviendront une seule chair.» (emphase ajoutée). Dans le mariage, un homme et une femme de deux familles distinctes s'unissent pour former une troisième famille qui est séparée des deux autres.

Même si ce verset parle spécifiquement du mari qui quitte son père et sa mère, il inclut également la femme. Comment un homme pourrait-il être uni à sa femme si elle ne quitte pas aussi sa maison ? Ce n'est que lorsque tous les deux quittent leurs parents qu'ils peuvent établir leur propre foyer avec succès. Ce verset met l'accent sur l'homme parce qu'il est celui qui deviendra le chef de la nouvelle famille, la nouvelle unité de prise de décision établie par ce mariage.

L'un des chemins les plus rapides qui mène au conflit dans le mariage, c'est lorsqu'un mari doit entrer en compétition avec les parents de sa femme pour avoir la priorité dans leur relation. La même chose est vraie pour une femme dont le mari a du mal à couper les liens. C'est pourquoi l'instruction des Écritures est si puissante et si spécifique lorsqu'elle dit qu'ils doivent quitter leurs pères et leurs mères et qu'ils s'uniront l'un à l'autre.

Quitter la maison est un principe fondamental du mariage. Le premier ordre en lien avec le mariage qu'on trouve dans la Bible est le commandement de "quitter". Bien que l'idée principale est de quitter la maison, elle va plus loin que le simple fait du départ physique. Lorsqu'un homme et une femme se marient, ils doivent quitter leurs familles d'origine non seulement physiquement, mais aussi mentalement, financièrement et émotionnellement. Cela ne signifie pas qu'ils doivent rompre toutes les futures connexions avec leurs familles, mais cela veut dire que leurs familles ne doivent pas jouer un rôle significatif dans les décisions qu'ils prennent en tant que couple ou dans leur façon de construire leur foyer et leur mariage. Quitter signifie qu'un couple marié n'est pas un fardeau, ni ne porte le fardeau de leurs parents.

Lorsqu'un homme et une femme se marient, ils doivent quitter leurs familles d'origine non seulement physiquement, mais aussi mentalement, financièrement et émotionnellement.

Le mot "quitter" implique que la famille d'origine accepte ou n'accepte pas de les laisser partir. Beaucoup de parents luttent avec cette chose-là, trouvant cela difficile de laisser partir leurs enfants et de leur permettre de vivre leur propre vie d'adultes matures et indépendants. C'est pourquoi Dieu dans sa sagesse ne laisse pas l'option aux parents. Lorsqu'un enfant adulte se marie et quitte le nid, il ou elle dit alors : « Je suis prêt(e) à vivre ma propre vie maintenant. J'ai choisi cette personne avec qui je partagerai le reste de ma vie. Je vous aime, mais je dois prendre mes propres décisions. Peu importe ce que vous ressentez, je pars. Votre opinion compte pour moi mais je ne peux pas la laisser être le facteur déterminant dans ce que je fais. Je dois choisir ce qui est bon pour moi. »

Plusieurs jeunes personnes ne quitteraient pas la maison tant qu'elles n'ont pas eu le consentement de leurs parents. Bien que ce ne soit pas une condition scripturaire, il n'y a certainement rien de mal à cela. Partir de la maison avec la bénédiction de vos parents est toujours bien, mais c'est également correct de quitter la maison sans cela. La principale considération est de faire la volonté de Dieu. Il est plus important d'obéir à Dieu qu'obéir aux désirs de vos parents. Rester à la maison pour satisfaire les désirs de vos parents alors que Dieu vous a dit de partir, c'est désobéir à Dieu.

Cultiver l'Amitié

Il existe plusieurs raisons pour lesquelles il est essentiel pour les jeunes mariés de quitter la maison physiquement et émotionnellement. L'une des plus importantes est d'avoir l'opportunité depuis le tout début de leur mariage de cultiver l'amitié entre eux. L'amitié est la base de tous les mariages heureux. La relation parent/enfant est établie par naissance ou adoption, mais la relation mari/femme est établie par alliance et il y a une différence. Parce que le mariage est une alliance établie par Dieu et scellée par le Saint-Esprit, elle prédomine sur les liens de sang. Le sang peut être plus épais que l'eau, mais il n'est pas plus épais que la promesse.

La relation parent/enfant est établie par naissance ou par adoption, mais la relation mari/femme est établie par alliance.

Dans le mariage, notre conjoint est plus important que n'importe quelle autre personne sur terre. Hormis le Seigneur, personne, et je dis bien personne, ne devrait prendre la préséance sur votre mari ou sur votre femme, tant dans votre attention que votre affection. Nous devrions avoir l'un pour l'autre de la déférence, avant les parents, les frères et sœurs ou tout autre lien de sang ou de famille. Les opinions, les désirs ou les demandes des membres de la famille ne prévalent plus désormais. Les conjoints doivent donner l'un à l'autre la première place. Ils doivent passer du temps seuls tous les deux pour apprendre à se connaître l'un l'autre, non seulement en tant que conjoints et amants, mais aussi en tant qu'amis et compagnons tout au long de leur vie. L'amitié dans le mariage est plus importante que les circonstances de sang ou de naissance.

L'amitié dans le mariage est plus importante que les circonstances de sang ou de naissance.

Comme tout autre effort utile, construire une amitié requiert de la patience, du temps et un dur labeur. L'amitié doit être cultivée. Quiconque souhaite avoir un beau jardin doit être désireux de prendre le temps de retourner et de préparer la terre, d'ajouter de l'engrais, de planter des graines, d'arroser avec soin, d'arracher assidûment les mauvaises herbes et de donner une attention quotidienne et patiente aux nouveaux plants. L'amitié dans le mariage doit être nourrie avec le même degré d'attention. Elle ne va pas se développer du jour au lendemain ou accidentellement. Toute "mauvaise herbe" qui pourrait étouffer la fleur épanouie de l'amitié devrait être déracinée.

L'une de ces "mauvaises herbes" qui perturbent beaucoup trop de mariages est l'interférence bien intentionnée mais inappropriée des membres de la famille dans les affaires quotidiennes de la vie et de la relation du couple. Une fois qu'un homme et une femme sont mariés, la seule chose qu'ils devraient recevoir de leurs parents, c'est leur conseil, leur avis et ce, uniquement lorsqu'ils le demandent. Les parents ne devraient pas donner leur opinion ou leur conseil sans qu'on le leur demande. Agir ainsi sape le développement du leadership et de l'auto-détermination du couple. Lorsqu'ils se marient, le leadership et les responsabilités dans la prise de décision sont transférés de leurs anciennes maisons au nouveau foyer qu'ils construisent ensemble. Tout le leadership leur est délégué maintenant. Ils sont responsables de prendre leurs propres décisions. L'un des aspects de la culture de l'amitié, c'est d'apprendre à exercer ces responsabilités efficacement et ensemble.

À quel point ce principe d'indépendance est-il crucial pour le succès d'un nouveau mariage ? Il est si vital que le couple, même au risque de sembler impoli ou de heurter les susceptibilités, doit faire tout ce qui est nécessaire pour empêcher leurs parents ou tout autre membre de la famille d'imposer leur opinion ou conseil qui n'est pas le bienvenu. Ce ne sera sûrement pas facile, mais c'est nécessaire afin d'être obéissant à la Parole de Dieu.

Les Enfants Doivent-Ils Aider Leurs Parents ?

Nombre de jeunes mariés qui commencent tout juste leur vie de couple, ont du mal à comprendre quelles responsabilités ils ont maintenant envers leurs parents. Là où je vis aux Bahamas, l'attitude commune des parents est d'attendre de leurs enfants adultes, même ceux qui sont mariés, de les soutenir dans les finances et dans d'autres domaines de manière continue. Après tout, il est aussi juste que les enfants "remboursent" leurs parents du fait de les avoir élevés et d'avoir pris soin d'eux. Cette attitude n'est pas spécifique aux Bahamas ou au Tiers-Monde. À divers degrés, on la rencontre dans chaque culture, particulièrement dans les familles et les groupes ethniques où les liens traditionnels entre les générations sont très forts.

Cette attitude est-elle correcte ? Les enfants mariés sont-ils responsables d'aider leurs parents ? Pour trouver la réponse, nous avons besoin de regarder la Bible, la Parole du Dieu qui, à l'origine, a conçu le mariage et la famille. Observez ce que Paul, le chrétien missionnaire du Ier siècle, théologien et écrivain en a dit :

Me voici prêt à me rendre chez vous pour la troisième fois. Et à nouveau, je ne serai pas à charge, car ce ne sont pas vos biens que je recherche, c'est vous-mêmes. En effet, ce n'est pas aux enfants d'épargner pour leurs parents : ce sont les parents qui doivent le faire pour leurs enfants. (2 Corinthiens 12:14)

La vraie indépendance marche dans les deux sens : Les enfants ne sont pas dépendants de leurs parents, et les parents ne sont pas dépendants de leurs enfants.

Bien que dans le contexte Paul faisait référence aux croyants de l'église de Corinthe comme ses "enfants" spirituels, le principe s'applique également dans le domaine des relations humaines de la famille : « ce n'est pas aux enfants d'épargner pour leurs parents : ce sont les parents qui doivent le faire pour leurs enfants. » Paul promet à l'église de Corinthe qu'il ne sera pas une charge pour eux lorsqu'il les visitera. De la même manière, les parents ne doivent pas être un fardeau pour leurs enfants, que ce soit financièrement ou de toute autre façon. Au contraire, ce verset dit que les parents doivent « épargner » pour leurs enfants. Les parents ont la responsabilité d'aider leurs enfants et de faire tout ce qui est en leur pouvoir pour leur permettre de devenir des adultes matures, productifs et indépendants. La vraie indépendance marche dans les deux sens : les enfants ne sont pas dépendants de leurs parents, comme les parents ne sont pas dépendants de leurs enfants.

S'adapter à la vie maritale comporte suffisamment de défis pour ne pas encore faire reposer sur le couple la pression de la culpabilité ou la coutume d'aider leurs parents. Ils ont besoin de liberté pour établir leur propre foyer, organiser leur propre budget et déterminer leurs propres priorités. Cela ne signifie pas qu'ils ne sont pas concernés par le bien-être de leurs parents. Si leurs parents sont vraiment dans le besoin et si le couple a réellement les moyens d'aider, c'est bien. Cependant, la décision d'aider doit être un choix délibéré du couple, choix fait à deux et non imposé de l'extérieur, comme une coutume ou une attente.

En même temps, la Bible indique clairement que les enfants portent une certaine responsabilité concernant le bien-être de leurs parents, particulièrement ceux qui sont veufs ou qui n'ont aucun moyen légitime pour subvenir à leurs besoins. Jésus Lui-même, alors même qu'Il était cloué sur la Croix, a pris la peine en tant que fils aîné de sa famille terrestre de confier sa mère aux soins de Jean, son disciple et son ami proche (voir Jean 19:26-27). Jacques parle de la responsabilité des croyants d'« aider les orphelins et les veuves dans leurs détresses » (Jacques 1:27b). Les orphelins et les veuves représentaient la plus basse classe, celle qui était la moins puissante de la société à l'époque — des gens qui n'avaient personne qui parlait pour eux. Bien que les instructions de Jacques soient adressées à l'Église en tant qu'entité, sans aucun doute, certains de ces orphelins et de ces veuves avaient des enfants ou d'autres parents dans l'église.

Dans le cinquième chapitre de sa première lettre à Timothée, Paul donne des conseils pratiques pour traiter des situations spécifiques impliquant les veuves.

Occupe-toi des veuves avec respect, je veux dire de celles qui sont réellement privées de soutien. Si une veuve a des enfants ou des petits-enfants, ceux-ci doivent apprendre, avant tout, à traduire leur attachement à Dieu dans l'attachement à leur propre famille. Qu'ils s'acquittent de leur dette envers leurs parents, car cela plaît à Dieu...
Si quelqu'un ne prend pas soin des siens, en particulier des membres de sa famille proche, il a renié la foi et il est pire qu'un incroyant.
(1 Timothée 5:3-4, 8)

L'Église, dans ce cas précis, avait la responsabilité et le ministère de prendre soin des veuves qui étaient « réellement privées de soutien ». C'étaient des femmes qui, sans leur mari, n'avaient personne pour prendre soin d'elles. Plusieurs de ces hommes sont morts en tant que martyrs pour leur foi. La persécution pouvait enfler à tel point le rang des veuves dans le besoin, que les ressources de l'église en étaient sévèrement éprouvées. Paul disait que la responsabilité première de l'Église allait à ces veuves qui n'avaient personne — pas même d'enfants ou de petits-enfants — pour prendre soin d'elles. Les veuves qui avaient des enfants ou des petits-enfants dans l'Église étaient sous la responsabilité de ces enfants ou petits-enfants.

En d'autres termes, les enfants ou petits-enfants sont responsables devant Dieu de prendre soin des parents ou des grands-parents qui, à cause d'un souci de santé, de pauvreté ou d'autres raisons, ne peuvent pas subvenir à leurs propres besoins. Les parents qui sont en bonne santé et qui ont les moyens de subvenir à leurs besoins ne doivent pas devenir des fardeaux pour leurs enfants. Les enfants, par ailleurs, ont la responsabilité de pourvoir au bien-être des parents qui ne peuvent plus être autonomes.

Établir à l'Avance les Paramètres de la Relation

Bien des conflits et des malentendus entre des époux et leurs familles respectives peuvent être évités en prenant tout simplement le temps, dès le début, d'établir des paramètres clairs sur la façon dont ces familles vont se côtoyer et en s'assurant que chaque personne impliquée ait bien compris ces paramètres. Il s'agit d'un objectif important pour la période des fiançailles. Les fiançailles, ce n'est pas seulement un temps que le couple s'accorde pour apprendre à se connaître et préparer leur mariage. C'est également un moment qui permet aux membres des deux familles concernées de faire connaissance.

Un couple marié devrait prendre le temps, dès le début d'établir des paramètres clairs sur la façon dont leurs familles vont se côtoyer et s'assurer que chaque personne impliquée ait bien compris ces paramètres.

Durant la période de fiançailles, le couple devrait discuter en profondeur de leur philosophie de vie et s'accorder sur les principes qui guideront leur mariage. Ils doivent partager leurs rêves, identifier leurs objectifs et planifier leur stratégie pour réaliser ces rêves et objectifs. Ils doivent arriver à une compréhension mutuelle en ce qui concerne l'organisation des finances, incluant les investissements, les économies et un budget familial continu. Tout ce que fait le couple durant cette période de planification devrait être dans le but d'établir des garde-fous pour les protéger eux et leur mariage.

Il est important pour les membres des deux familles de comprendre que ce mariage créera une nouvelle famille à part, résultant en certains changements fondamentaux dans la façon dont le couple communique avec eux. Observons quelques scénarios communs qui peuvent causer de graves problèmes pour tout le monde s'ils ne sont pas correctement gérés.

Supposons qu'avant de se marier, un jeune homme (appelons-le Jean) avait un bon métier et aidait ses parents à régler leurs factures et d'autres dépenses. Il n'y a rien de particulièrement inhabituel à cet arrangement, surtout s'il vivait chez eux. Si ses parents en sont venus à compter sur cette aide financière, l'approche de son mariage peut créer une crise pour eux. Que vont-ils faire ? Comment vont-ils faire si leur fils ne les aide plus ? Un jour, peu après le mariage, Jean reçoit un appel téléphonique de sa mère. « Jean, dit-elle, « tu as toujours été si bon pour nous aider lorsque nous en avions besoin. Notre facture d'électricité doit être réglée et nous sommes un peu à court d'argent. Peux-tu nous aider ?» À ce point, Jean a trois options. Il peut dire non, il peut dire oui ou il peut dire : « Laissez-moi en parler à Sarah [sa femme]. Nous devons voir si ça entre dans notre budget. » Si la relation que Jean a avec sa mère a de la valeur, il ne lui dira probablement pas un « non » catégorique. S'il a de l'estime pour la paix et l'harmonie dans son mariage, il ne lui dira pas un « oui » immédiat. S'il est intelligent, il parlera de sa requête à Sarah avant de prendre une décision finale. Comme Jean et Sarah ont travaillé ensemble sur leur plan financier et qu'ils ont établi leur budget ensemble, ils devraient décider ensemble de tout changement de plan. Leur première priorité est la force et la stabilité de leur propre foyer et de ses circonstances. Si leur budget leur permet de régler la facture d'électricité de la mère de Jean et qu'ils sont tous les deux d'accord à ce sujet, OK. Alors, l'aide vient de chacun des deux et non juste du "petit garçon à maman". Sinon, ils doivent lui dire gentiment mais clairement : « Je suis désolé mais nous ne pouvons pas t'aider cette fois.» Lorsque Jean et Sarah se sont mariés, ils sont devenus l'un pour l'autre la priorité numéro un. S'ils ont établi cette compréhension en amont ensemble et avec leurs parents, ils éviteront beaucoup de maux de tête et d'amertume.

Un autre problème courant que les jeunes mariés rencontrent quelquefois, c'est lorsque les parents ou d'autres membres de la famille "débarquent" sans avoir été invités, se sentent comme chez eux et se permettent de donner des opinions ou des avis non sollicités. Il y a des moments où les couples mariés veulent simplement être seuls ensemble, et durant un tel moment, rien n'augmente autant le niveau de tension que l'arrivée inattendue de la famille.

Supposons que la mère et la sœur de Jean arrivent sans être invitées. La sœur se dirige d'emblée vers le réfrigérateur et se sert de quelques restes. La maman de Jean regarde le nouveau tapis sur le sol et dit : « Je n'aime pas ce tapis. Je pense que tu devrais en acheter un autre ». À ce moment-là, Jean est dans un dilemme. Il ne veut pas blesser sa mère ou sa sœur, cependant Sarah se tient tranquillement dans un coin de la pièce et rage intérieurement. La sœur de Jean a envahi sa maison sans prévenir et vide son réfrigérateur sans y avoir été invitée. Pire encore, la mère de Jean a simplement critiqué le nouveau tapis que Sarah a choisi elle-même, critiquant par là-même Sarah et ses goûts. Une explosion potentielle s'annonce. La situation ne va pas s'aggraver tant que la mère et la sœur de Jean seront là, mais elle explosera après leur départ. Si Sarah se plaint, Jean se défendra sûrement et empirera les choses. Après tout, c'est sa famille qu'elle est en train de critiquer. Si Jean ne traite pas le problème, le ressentiment de Sarah peut aller grandissant jusqu'à la prochaine fois qu'elle verra sa mère et sa sœur, lorsqu'elle leur "en parlera". C'est un poison garanti pour la relation de Sarah avec la famille de Jean. Dans ce genre de désagréments, la pire des choses à faire est de laisser le partenaire opposé confronter la famille. Ce que Jean doit faire, c'est aller voir sa mère et sa sœur et dire : « Je n'ai pas apprécié votre venue à l'improviste à la maison. Maman, ton commentaire à propos du tapis était déplacé et il a heurté la sensibilité de Sarah. Ma sœur, tu n'as pas le droit de te servir comme ça dans notre nourriture quand tu viens à la maison. » Elles peuvent se fâcher et bouder un moment, mais au moins Jean fait partie de la famille et en confrontant lui-même le problème avec elles, il a protégé Sarah et l'a préservée d'être le centre de leur colère et de leur ressentiment.

Ce sont seulement deux exemples de problèmes communs impliquant la relation d'un couple marié avec leurs familles, mais le principe devrait être clair.

La priorité des priorités pour un mari est de protéger sa femme et la priorité des priorités pour une femme est de protéger son mari. Ensemble, ils s'engagent à se protéger l'un l'autre, préservant leur mariage et cultivant leur amitié. Se détacher des liens qui unissent un mari et une femme à leurs familles n'est pas toujours facile mais nécessaire. Établir des paramètres à l'avance pour se détacher de ces liens rendra le processus plus aisé pour chacun et donnera au nouveau mariage l'un de ces "plus" qui est si important pour le succès.

PRINCIPES

1. La relation mari/femme est la première des relations humaines.

2. La relation entre le mari et la femme est fondamentale et représente la clé pour toute autre relation dans la vie.

3. Quitter la maison est un principe fondamental du mariage.

4. L'amitié est la base de tous les mariages réussis.

5. L'amitié dans le mariage est plus importante que les circonstances de sang ou de naissance.

6. Les parents qui sont en bonne santé et qui ont les moyens de subvenir à leurs propres besoins ne devraient pas devenir des fardeaux pour leurs enfants. Les enfants, de l'autre côté, ont la responsabilité de pourvoir au bien-être des parents qui ne peuvent plus être autonomes.

7. Au début d'un mariage, le couple doit établir des paramètres clairs sur la façon dont leurs familles vont se côtoyer.

8. La priorité des priorités pour un mari est de protéger sa femme et la priorité des priorités pour une femme est de protéger son mari. Ensemble, ils s'engagent à se protéger l'un l'autre, préservant leur mariage et cultivant leur amitié.

CHAPITRE 7

Vive La Différence !

Soyons réalistes, hommes et femmes sont différents. Cela ne fait aucun doute. Bien que l'on ait, depuis le tout début, noté et apprécié les différences physiques évidentes qui existaient entre hommes et femmes, ce n'est que depuis la dernière génération environ, que la plupart des différences psychologiques et émotionnelles ont été identifiées et confirmées scientifiquement.

Le mâle et la femelle de l'espèce humaine sont "programmés" de manière différente. Ils ne pensent, ne parlent ni n'agissent de la même façon en réponse à un même stimulus. Hommes et femmes envoient, reçoivent et traitent l'information différemment. Parce qu'ils ne perçoivent pas le monde au travers des mêmes "filtres" mentaux et émotionnels, tous deux peuvent regarder quelque chose et la voir sous un angle complètement différent. Ils peuvent recevoir la même information et en tirer des conclusions totalement dissemblables. Face aux mêmes données, leur interprétation sera diamétralement opposée.

Inutile de dire que cette différence fondamentale dans la manière de penser et d'agir des hommes et des femmes, est au cœur de la plupart des conflits, de la confusion et de l'incompréhension survenus entre les deux sexes depuis des siècles. Les problèmes de communication entre hommes et femmes sont tellement banals qu'ils en deviennent proverbiaux. Cette phrase vous paraît-elle familière ? « Je n'arrive pas à le (ou la) comprendre. À chaque fois qu'on essaie de discuter, c'est comme si on était sur des longueurs d'ondes différentes ». Ou avez-vous déjà entendu dire : « Ça, c'est bien les femmes !» ou « Il agit bien là comme un homme !».

Comme pour toute autre chose, la connaissance peut bannir la confusion dans le domaine des relations hommes/femmes. Afin d'améliorer leur communication ainsi que leur relation à tout niveau, il est non seulement vital de comprendre qu'hommes et femmes sont différents mais aussi de savoir en quoi ils sont différents. Cette connaissance est d'une importance capitale particulièrement pour les jeunes couples qui veulent que leur mariage soit assuré des plus grandes chances de réussite et de bonheur.

Au commencement, Dieu créa l'esprit de l'homme qu'il plaça dans deux "maisons" de chair et de sang — mâle et femelle. Cette "union" des "maisons" mâle et femelle est la seule méthode décrétée par Dieu pour produire de nouvelles "maisons". L'objectif basique des "maisons" mâle et femelle consiste à produire de nouvelles maisons.

Un esprit n'a pas de genre. Qu'ils soient hommes ou femmes, tous les membres de la race humaine ont le même esprit, la même essence. Toutefois, hommes et femmes possèdent des différences d'ordre biologique et psychologique basées sur le modèle de Dieu. Il a créé la maison mâle différente de la maison femelle en raison de leurs différences de fonctions.

L'homme est "programmé" pour la logique. La femme, quant à elle, est "programmée" pour une réponse émotionnelle.

Mâles et femelles ont un équilibre chimique et hormonal différent qui les conduit à penser et à se comporter différemment. Parce que Dieu a voulu placer l'homme à la tête de la famille, Il l'a équipé chimiquement et hormonalement pour penser de façon logique. L'homme est "programmé" pour la logique. La femme, quant à elle, est "programmée" pour une réponse émotionnelle. L'équilibre chimique et hormonal de son organisme la conduit à fonctionner à partir d'un centre émotionnel. Comme les deux genres possèdent à la fois des hormones mâles et femelles, les mâles "logiques" ont un côté "émotionnel" et les femelles "émotionnelles" ont un côté "logique". Cependant, en règle générale, mâles et femelles voient le monde en fonction de la façon dont ils sont "programmés" — les mâles à partir d'un centre logique et les femelles, d'un centre émotionnel.

Quinze Différences Essentielles Entre Hommes et Femmes

Nombreux sont les époux qui souffrent inutilement de confusion, d'incompréhension et de blessures émotionnelles, simplement parce qu'ils ne comprennent pas les différences fondamentales de l'autre. Considérons quinze points spécifiques de différences entre hommes et femmes, susceptibles d'avoir une profonde répercussion sur leur façon de se comporter l'un envers l'autre, particulièrement dans le contexte du mariage. Ces quinze affirmations n'ont pas pour but de mettre aveuglément hommes et femmes dans un groupe ou un autre — il y a toujours des exceptions à la règle — mais en général, elles se vérifient chez la plupart des hommes et des femmes en raison de leur constitution psychologique et émotionnelle.

1. L'homme est logique, tandis que la femme est émotionnelle.
Être logique signifie penser de manière raisonnée, organisée et ordonnée. Quelqu'un qui pense logiquement possède un esprit analytique qui fonctionne comme un ordinateur, traitant et évaluant l'information selon un schéma précis et prévisible. Si un plus un font deux, alors deux coupé en deux donnent deux unités ; c'est logique. Généralement, les hommes pensent de cette façon. Ils recherchent les faits et agissent en conséquence.

Les femmes sont émotionnelles. Elles abordent beaucoup plus les problèmes avec leurs émotions qu'avec leur raison. Ce n'est pas une mauvaise chose. Fonctionner à partir de ses émotions n'est ni pire, ni mieux que de fonctionner à partir de sa logique ; c'est simplement différent. Une autre façon de voir la chose serait de dire qu'un homme dirige avec sa tête alors qu'une femme dirige avec son cœur.

Bien que la logique et l'émotion puissent paraître incompatibles en surface, il s'avère en réalité qu'elles se complètent très bien. Comment serait le monde si tout était exclusivement logique ? La vie serait plutôt vide, sans esprit, ni passion, ni feu, ni art ou très peu. En même temps, l'émotion sans la logique aboutirait à une vie dépourvue d'ordre. La logique et l'émotion sont tous deux nécessaires non seulement à l'épanouissement, mais aussi à la survie. Ceci révèle le génie du design de Dieu.

Un homme dirige avec sa tête, alors qu'une femme dirige avec son cœur.

Voici un exemple. Jean et Sarah sont dans le salon et Jean s'aperçoit que le fauteuil empêche d'accéder facilement à la climatisation. Il dit : « Ce fauteuil est dans le passage. On doit le déplacer ». Il pense de manière logique. En même temps, Sarah songe à la façon dont le fauteuil s'harmonise avec le canapé et les rideaux et qu'un vase de fleurs serait magnifique en bout de table à ses côtés. Elle pense de manière émotionnelle. Il n'y a pas un point de vue vrai et l'autre faux, ni un meilleur que l'autre. Ce sont deux points de vue différents. Si Jean et Sarah comprennent qu'ils voient la même situation de deux façons différentes, ils pourront arriver à un accord commun. En règle générale, les hommes sont logiques et les femmes sont émotionnelles.

2. Pour une femme, le langage parlé est une expression de ce qu'elle ressent. Pour un homme, le langage parlé est une expression de ce qu'il pense.

Une femme dit ce qu'il y a sur son cœur, alors qu'un homme dit ce qu'il pense. Voici une autre expression de la dichotomie émotion/logique entre les façons de penser des hommes et des femmes. Les femmes sont émotionnelles et leurs paroles doivent être comprises dans ce cadre de référence. Les hommes sont logiques et souvent, leurs paroles n'expriment pas de manière satisfaisante leurs véritables sentiments. Tous deux peuvent avoir des pensées et sentiments semblables, mais ils les exprimeront différemment. Tant qu'un couple marié ne comprendra pas cette différence, il expérimentera des problèmes de communication.

Une femme dit ce qu'elle a sur son cœur alors qu'un homme dit ce qu'il pense.

Supposons que Jean ait promis à Sarah de venir la chercher à 17:00, juste après son travail. Jean est en retard et plus il est en retard, plus Sarah s'impatiente. Elle trépigne, furieuse, en ressassant le discours qu'elle tiendra à John quand elle le verra. Finalement, Jean arrive à 18:00. Avec un sourire penaud, il dit à Sarah : « Salut. Je suis désolé d'être en retard ». Jean pense vraiment ce qu'il dit ; il est désolé d'être en retard. Il dit à Sarah ce qu'il pense. Peut-être qu'il a des difficultés à montrer à quel point il est désolé, mais il a au moins pensé à présenter ses excuses. Ignorant ses paroles, Sarah se glisse sur le siège passager, claque la porte et s'assoit aussi loin que possible de Jean. Elle ne dit pas un mot, pendant que Jean démarre. Après quelques minutes de silence absolu, Jean demande : « Qu'est ce qui ne va pas ? ». Pour lui, le problème est réglé. Il a eu du retard, il a présenté ses excuses, fin de l'histoire. Tout le monde a le droit d'arriver en retard une fois de temps en temps. Telle est sa façon logique de penser. « Rien », répond Sarah, d'un ton sec. Après quelques minutes de silence supplémentaires, Jean essaie de nouveau : « On pourrait sortir dîner ? Je t'emmène dans un endroit vraiment sympa.
— Non. Je n'ai pas envie de sortir. »
S'arrêtant devant le fleuriste, Jean fait une nouvelle tentative : « Je cours prendre quelques fleurs ».
— Pour qui ? Si tu m'aimais, tu serais venu à 17:00 comme tu l'avais dit. »
Dans toute cette histoire, Jean devrait accorder moins d'attention aux paroles de Sarah qu'à ses sentiments. Parfois, quand une personne essaie d'exprimer ce qu'elle ressent, ses mots ne sortent pas correctement. Jean le logique a besoin de comprendre Sarah l'émotionnelle. En même temps,

Sarah doit réaliser que Jean a déjà dit ce qu'il pensait. Tous deux sont responsables de discerner ce qui se cache au-delà des paroles prononcées et de prendre soin l'un de l'autre.

3. Le langage entendu par une femme est une expérience émotionnelle. Le langage entendu par un homme est reçu comme une information.

L'homme, en entendant une femme parler, recevra généralement ce qu'elle dit comme une information, souvent à un niveau impersonnel et ce, malgré le fait qu'elle pourrait être en train d'exprimer ce qu'elle ressent. Une femme quant à elle, ramènera généralement les paroles qu'elle reçoit d'un homme à un niveau personnel et émotionnel beaucoup plus profond, même si l'homme n'a fait que dire ce qu'il avait en tête.

Pour cette raison, il est facile d'entrevoir comment pourraient se développer les conflits. Jean propose à Sarah de sortir pour dîner, mais elle répond : « Non. Je n'ai pas envie de sortir ». Jean entend l'information suivante : « OK, elle ne veut pas sortir ». Le problème c'est que Sarah n'est pas en train de dire ce qu'elle pense, mais ce qu'elle ressent. Sarah pense : « Je suis tellement furieuse contre toi. Tu m'as fait attendre une heure et maintenant tu as l'audace de me suggérer d'aller dîner comme si de rien n'était ? Pas si vite, monsieur. »

Entendre ne veut pas dire comprendre. Ce qu'une personne dit peut ne pas être ce que l'autre personne entend.

Parce que le langage parlé est reçu par Jean comme une information, il est complètement passé à côté du niveau plus profond où Sarah se situe émotionnellement. Elle, de son côté, interprète les paroles de Jean comme étant superficielles, insensibles et inappropriées. Tous deux essaient de communiquer de façon sincère, mais ils ne sont pas connectés, parce qu'ils ne comprennent pas le cadre de référence de l'autre. Entendre ne veut pas dire comprendre. Ce qu'une personne dit peut ne pas être ce que l'autre personne entend. C'est pourquoi la communication est véritablement un art. Les maris ont besoin de se rappeler que chacune de leurs paroles sera reçue par leurs femmes comme une expérience émotionnelle. Les femmes doivent garder à l'esprit que chaque mot qu'elles prononcent sera reçu par leurs maris comme une information. Pour mieux se comprendre, mari et femme devraient apprendre à penser à la façon dont l'autre reçoit et interprète leurs paroles et y adapter leur discours.

4. Les femmes ont tendance à tout prendre personnellement. Les hommes ont tendance à tout prendre impersonnellement.

Cette différence est directement liée à la manière dont les hommes et les femmes sont "programmés" : les hommes sont logiques et les femmes sont émotionnelles. Une femme interprète tout depuis une perspective émotionnelle, tandis qu'un homme recherche l'information. Jean fait remarquer à Sarah : « Chérie, je n'aime pas comment tu es coiffée aujourd'hui ». Jean partage une information et même s'il précise « aujourd'hui », Sarah ne l'entend pas. Tout ce qu'elle entend c'est : « Je n'aime pas comment tu es coiffée ». L'information que Jean a communiquée, Sarah l'interprète émotionnellement, ce qui la met en colère et la blesse. Il se pourrait ensuite qu'elle se précipite chez le coiffeur pour se faire une nouvelle coupe ou changer de style, pendant que Jean reste là à se demander pourquoi elle en fait toute une montagne. C'est parce qu'elle a pris la remarque personnellement.

Si Sarah disait à Jean : « Ce pantalon ne te va pas. La coupe n'estpas bonne ». La réponse de Jean serait peut-être : « OK, ce n'est pas grave. Je le changerai demain, quand je changerai de vêtements ». Il a reçu sa critique comme une information et l'a gardée en mémoire comme le ferait un ordinateur. Il va probablement agir en réponse au commentaire de Sarah, mais sans le prendre personnellement.

Parce que les femmes ont tendance à tout prendre personnellement, les hommes devraient apprendre à faire attention à ce qu'ils leur disent et à comment ils le disent. Une femme se souviendra d'une action qui l'a énervée ou d'un commentaire déplacé pendant des années. De leur côté, parce que les hommes prennent les choses impersonnellement, les femmes doivent faire attention à la façon dont elles interprètent leurs réponses. Ce n'est pas parce qu'un homme ne réagit pas comme une femme sur le plan émotionnel, qu'il n'a pas de sentiments ou qu'il est indifférent. Il recherche l'information et essaie de déterminer une façon appropriée d'y répondre.

5. Les femmes s'intéressent aux détails, aux petites choses. Les hommes s'intéressent au principe, à l'abstrait ou à la philosophie.

Sarah demande à Jean : « Comment s'est passée ta journée ?», et Jean répond : « Bien ». Ce n'est pas le genre de réponse que Sarah attend. Elle veut entendre les détails de sa journée, étape par étape, moment par moment. Ce n'est pas qu'elle essaie d'être intrusive ; c'est juste sa manière de fonctionner. La réponse simple de Jean reflète également la sienne : « J'ai eu une bonne journée, c'était bien. Maintenant, on peut passer à autre chose ». Jean s'intéresse au principe (il a eu une bonne journée) et non aux petits détails (j'ai fait ci et ça et puis, ça...).

Supposons que Jean invite un autre couple à dîner. Il se concentre sur le principe, celui de faire preuve d'hospitalité envers ses amis. Aussitôt qu'il l'annonce à Sarah, elle pense immédiatement à tous les détails. Qu'allons-nous faire à manger ? Quel service utiliser ? Comment allons-nous dresser la table ? Que faire du tapis usé du salon ? Les rideaux sont sales ; peut-on les faire laver ? Et cette tache sur le mur ? La seule chose à laquelle Jean pense, c'est d'accueillir leurs amis pour une bonne soirée. Il ne s'inquiète ni des rideaux, ni du mur sale, ni du tapis usé, ni de la vaisselle. Un principe simple à ses yeux peut devenir un supplice de détails pour Sarah.

Les leaders doivent penser en terme de principes et de concepts, non en terme de petits détails. Les patrons et présidents d'entreprises n'ont pas le temps de se concentrer sur les détails. Leur responsabilité est de considérer les principes, la philosophie directrice de l'entreprise et de déterminer les objectifs. Un leader présente la vision et la direction, ses subordonnés s'occupent des détails pour que la vision s'accomplisse. Selon le modèle de Dieu pour le foyer, le mari soumet la vision et la direction — les principes. C'est à la fois son don et son rôle. La femme est douée pour savoir comment amener la vision à se réaliser — les détails. Ensemble, ils forment une puissante équipe.

6. S'agissant des choses matérielles, les femmes ont tendance à regarder uniquement aux objectifs. Les hommes veulent connaître les détails pour y arriver.

Sarah rêve de toutes les choses qu'elle aimerait avoir pour elle et pour sa famille : de nouveaux bijoux, un nouveau frigo, une nouvelle voiture une nouvelle maison. Bien que Jean ait peut-être les mêmes rêves et désirs, il ne les exprime pas aussi ouvertement, car dans sa façon logique et analytique de penser, il se focalise sur les aspects pratiques et les challenges qu'entraînent ces rêves. Comment va-t-on faire ? Où allons-nous trouver l'argent ? Est-ce que notre budget nous permet l'achat d'un nouveau frigo en ce moment ? A-t-on les moyens d'acheter une nouvelle voiture ?

Il est facile de voir comment ceci pourrait créer des conflits et des incompréhensions dans un mariage. Sarah se frustre et se met en colère parce que Jean n'a pas l'air de partager son rêve avec le même degré d'enthousiasme. Selon elle, il traîne les pieds comme si le fait de réaliser ou non leurs rêves lui importait peu. En même temps, Jean est frustré parce que Sarah ne semble pas prendre conscience des réalités financières. « Qu'est-ce qui cloche chez cette femme ? Est-ce qu'elle croit que l'argent pousse sur les arbres ? » Ce n'est pas que Jean ne partage pas les rêves de Sarah ; il se soucie des détails pratiques et de la façon de concrétiser ces rêves.

Pour ce qui est des choses matérielles, les femmes regardent au quoi et les hommes au comment.

En ce qui concerne les choses matérielles, les femmes s'intéressent aux objectifs tandis que les hommes se préoccupent de la façon dont ils vont y arriver. Formulé autrement, les femmes regardent au quoi et les hommes au comment.

7. S'agissant des choses spirituelles ou abstraites, les hommes regardent aux objectifs. Les femmes veulent savoir comment y arriver.

Dans la sphère spirituelle, les hommes se concentrent sur le but à atteindre, tandis que les femmes veulent connaître les détails. Une fois encore, cette différence entre hommes et femmes fait partie intégrante du design de Dieu. Spirituellement, le mari est supposé être la tête du foyer ; par conséquent il a besoin de connaître la direction, les buts et les objectifs en vue de la croissance spirituelle et du développement de la famille. La femme s'intéresse aux détails et aux précisions sur la façon dont ils vont atteindre leurs objectifs spirituels. C'est exactement l'opposé de ce qui se passe dans la sphère matérielle. Ici, les hommes regardent au "quoi" et les femmes au "comment".
Jean annonce à Sarah que leur but en tant que famille, c'est de se rapprocher du Seigneur. C'est la vision, le principe. Lorsque Sarah demande : « Comment ?», Jean suggère : « Prions ensemble et avec les enfants chaque matin avant d'aller travailler et étudions la Bible ensemble pendant une heure tous les soirs ». Voici un bon plan qui portera du fruit aussi longtemps qu'ils l'appliqueront. Si à un moment donné, Jean ne le suit plus, Sarah sera frustrée.

Pour ce qui est des choses spirituelles, les hommes regardent au quoi et les femmes au comment.

L'échec des hommes à prendre la direction spirituelle et à la maintenir dans leur maison et dans leur mariage constitue l'un des plus gros problèmes dans la famille aujourd'hui. On ne compte plus le nombre de femmes qui, par défaut, ont dû assumer le rôle de leader spirituel dans leur maison, parce que les maris ne voulaient ou ne pouvaient endosser ce rôle. Il ne devrait pas en être ainsi. Les femmes peuvent être des aides d'une valeur inestimable dans la planification des détails spécifiques qui permettront d'atteindre les objectifs spirituels du mariage et de la famille, mais le mari devrait être le visionnaire, celui qui détermine la direction et la cadence.

8. L'esprit d'un homme est comme un meuble à tiroirs. Celui d'une femme est comme un ordinateur.

Soumettez un problème ou une tâche à accomplir à un homme et vous verrez qu'il se saisira de l'information, la classera dans un coin de sa tête, fermera le tiroir et s'en occupera dès que possible. En attendant, il s'affairera à d'autres choses. Une femme identifiera un problème ou une tâche et, comme un ordinateur qui fonctionne en continu, sera incapable de se détendre tant que le problème ne sera pas réglé ou la tâche accomplie.

Sarah vient voir Jean et lui dit : « Les murs de la salle de bains ont besoin d'être repeints ». Jean répond : « OK », et classe l'information. Il ne l'oublie pas, mais il attend un moment meilleur ou plus opportun pour le faire. Pour Jean, l'affaire est en attente. Sarah a identifié la tâche, l'a confiée à Jean, et il a traité l'information. Il va le faire. Deux jours passent. Sarah dit : « Les murs de la salle de bains n'ont toujours pas été peints ». Son esprit ne se reposera pas tant que le travail n'aura pas été fait. Jean, cependant, est un peu agacé par le fait qu'elle le lui rappelle. « Je sais. Je n'ai pas oublié. Je le ferai. Donne-moi juste un peu de temps ». Une femme devrait être compréhensive envers son mari et sa manière de penser type « meuble à tiroirs » et lui laisser de l'espace pour faire les choses qu'il a promises de faire. Un mari, de son côté, devrait être sensible à la façon dont l'esprit de sa femme fonctionne et essayer d'y répondre dans les meilleurs délais possibles. Cela demande beaucoup de concessions des deux côtés.

9. La maison d'une femme est un prolongement de sa personnalité. Le travail d'un homme est un prolongement de sa personnalité.

Il est facile pour une femme d'être absorbée par sa maison sans que son mari n'en comprenne la raison, et pour un homme d'être pris dans son travail au point de rendre sa femme tout aussi perplexe. Une femme peut travailler pendant des années sans jamais s'attacher à son travail. Pour un homme, c'est différent. Son travail devient une partie de lui, de son identité propre. La carrière d'un homme est un prolongement de sa personnalité. Une femme peut se détacher de son travail et s'immerger dans sa maison. Un homme va souvent ramener son travail avec lui à la maison, au moins dans sa tête et dans son attitude, si ce n'est physiquement. Le travail de Jean symbolise sa virilité, son amour-propre et sa capacité à pourvoir aux besoins de Sarah et de leurs enfants. Sarah devrait être sensible à cela et veiller à ne jamais rabaisser ni dénigrer Jean quand il s'agit de son travail. Si elle critique son travail ou le choix de sa carrière, elle le critique lui.

De la même façon, la maison d'une femme est un prolongement de sa personnalité. Tout ce qui touche à la maison d'une femme la touche personnellement, parce que sa maison représente qui elle est et comment elle se voit. C'est pourquoi une femme est généralement très sensible à l'état et à l'apparence de sa maison. Assez souvent, c'est quelque chose d'assez incompris par les maris. Ils ne réalisent pas pleinement l'importance de l'aspect de leur maison sur le sentiment de fierté et d'estime de soi de leur épouse. Lorsqu'une femme parle de sa maison, elle parle d'elle-même. Si Sarah dit à Jean qu'ils ont besoin de nouveaux rideaux dans le salon, Jean devrait se montrer sensible à ce qu'elle est réellement en train de dire. Les rideaux peuvent lui sembler bien, mais Sarah peut voir des choses qui lui échappent. À son égard, Jean doit apprendre à regarder leur maison à travers les yeux de Sarah et pas uniquement à travers les siens.

10. Les hommes peuvent être nomades. Les femmes ont besoin de sécurité et de racines.

Une femme a constamment besoin d'être rassurée quant à la solidité et à la sécurité de sa relation maritale. Elle a continuellement besoin d'entendre qu'elle est la personne la plus importante dans la vie de son mari. Il doit lui exprimer son amour souvent et de façon régulière. Présumer qu'elle le sache ne suffit pas ; elle a besoin de l'entendre. Cela ne signifie pas qu'elle doute de son mari ou qu'elle ne lui fait pas confiance, elle est juste faite comme ça. L'homme n'a pas besoin du même remontant émotionnel que la femme.

Rassurer constamment amène la sécurité.

L'homme peut comme le chameau "boire" une fois et tenir longtemps.

La femme, comme la biche du Psaume 42:1, « soupire après des courants d'eau ». Elle a besoin de "boire" plus souvent. En raison de leur nature nomade, les hommes vont généralement avoir plus de facilité à être livrés à eux-mêmes que les femmes. Les épouses ont souvent du mal à comprendre que parfois, leurs maris veulent simplement rester seuls quelque temps. Une femme un peu incertaine dans sa relation avec son mari, pourrait se sentir rejetée ou interpréter ce désir comme un signe qu'elle ne le satisfait plus. Voilà pourquoi l'homme devrait être sensible et veiller à la rassurer de son amour à la fois par ses paroles et par ses actions. Rassurer constamment amène la sécurité.

La plupart des hommes peuvent mettre les voiles et bouger facilement, mais les femmes ont besoin de racines. Elles veulent s'établir. S'il est facile pour un homme de lever le camp et de changer, ça ne l'est pas autant pour une femme. Parce qu'elle est émotionnelle, la femme, plus que l'homme, a tendance à davantage s'attacher aux lieux et aux choses. Sachant ceci, un mari doit réaliser qu'il ne peut pas simplement se lever et bouger sans tenir compte du besoin de sécurité et de "racines" de son épouse.

11. Les femmes ont tendance à culpabiliser. Les hommes ont tendance à avoir du ressentiment.

Parce qu'elle fonctionne sur la base de ses émotions, la femme est prédisposée à se blâmer et à porter la responsabilité pour tout ce qui ne va pas dans une relation, même si ce n'est pas vraiment de sa faute. Parfois, elle se remémorera encore et encore toutes les raisons pour lesquelles elle est à blâmer. Beaucoup de femmes vivent chaque jour sous un nuage de culpabilité qu'elles ont elles-mêmes placé là le plus souvent et qui généralement est injustifié. Lorsque des problèmes se présentent dans leurs relations, les femmes ont tendance à se demander. « Qu'est-ce que j'ai pu dire pour le rendre aussi furieux ? Qu'est-ce que j'aurais dû faire pour nous éviter une querelle ?» Très souvent, ce n'est pas du tout de sa faute, mais la femme a toujours du mal à l'accepter.

L'homme est différent. Quand quelque chose ne va pas dans une relation, il éprouvera du ressentiment à l'égard de la femme ou même d'un autre homme avant d'admettre sa propre responsabilité. Beaucoup d'hommes seraient presque prêts à tout afin d'éviter de porter sur eux un sentiment de culpabilité personnel. Ils préféreraient faire éclater leur colère plutôt que d'accepter le blâme.

Ces deux réponses s'opposent et s'alimentent réciproquement. Un homme va refuser la culpabilité tandis qu'une femme prendra sur elle une culpabilité qui ne lui appartient même pas. C'est alors qu'elle devient un objet de colère et de ressentiment pour l'homme, une cible de mépris facile devant la culpabilité qu'il refuse d'assumer. Les couples mariés devraient se montrer très alertes et vigilants face à ces tendances qui peuvent détruire une relation plus vite que tout autre chose.

12. Les hommes sont stables et constants. Les femmes changent continuellement.

Une fois encore, cette différence entre hommes et femmes est due à l'équilibre chimique et hormonal spécifique à leur organisme ainsi qu'au cadre de référence particulier — logique ou émotionnel — à partir duquel ils agissent. Beaucoup d'hommes diront que peu de choses ne les exaspèrent autant qu'une femme qui change sans cesse d'avis. De leur côté, les femmes soutiennent que les hommes paraissent souvent impassibles — même froids ou durs — quoi qu'il arrive. Il s'agit essentiellement d'une différence de perspectives.

En règle générale, un homme peut prendre une décision et s'y tenir, même jusqu'à l'entêtement. Une femme peut lui dire une chose, puis quelques minutes après, déclarer : « J'ai changé d'avis. » Il n'y a pas un trait meilleur qu'un autre ; ils révèlent simplement que l'homme et la femme procèdent mentalement de façon différente.

Supposons que Jean et Sarah se préparent pour un banquet. Jean choisit son costume gris et l'enfile. À présent, il attend pendant que Sarah essaie d'abord sa robe bleue, puis la rouge, puis celle couleur lavande... pour enfin revenir à la robe bleue qu'elle a essayée en premier. Comme pour la maison, les vêtements que porte Sarah en disent long sur elle. Tout doit être parfait ; elle doit être impeccable. Pendant ce temps, Jean s'agite et pense : « Choisis quelque chose, pour l'amour du ciel, et allons-y ! » Tant que son costume est propre et que sa cravate est droite, tout va bien pour lui.

Stabilité et spontanéité, sont tous deux des éléments importants pour une relation saine et épanouie.

Une autre façon de voir cette différence revient à dire que les hommes sont plus stables ou impassibles et les femmes plus spontanées. Stabilité et spontanéité sont tous deux des éléments importants pour une relation saine et épanouie. La stabilité pourvoit la fondation nécessaire, alors que la spontanéité ajoute une dose saine d'aventure.

13. Les femmes ont tendance à s'investir plus facilement et plus rapidement que les hommes. Les hommes ont tendance à rester en retrait et à évaluer avant de s'investir.

Parce que centrées sur leurs émotions, les femmes sont plus aptes que les hommes à s'investir rapidement dans une cause, un mouvement ou un projet. Les femmes ont tendance à diriger avec leur cœur. Il suffit qu'elles voient un besoin ou qu'elles soient touchées par une noble cause et les voilà parties. Les hommes, quant à eux, conduits par leur logique, dirigent avec leur tête et ont tendance à se tenir à l'écart et à distance pour observer attentivement et évaluer avant de s'engager. En raison de leur approche logique, les hommes tendent à être sceptiques et doivent analyser une chose sous tous ses angles avant d'y adhérer. Bien que l'homme prenne plus de temps que la femme avant de s'investir, il se montrera aussi engagé qu'elle, une fois sa décision prise. Peut-être qu'hommes et femmes voyagent en empruntant des chemins différents, mais ils parviennent finalement à la même destination.

Raison et émotion sont complémentaires.

Là encore, on retrouve tout le génie dans la façon dont Dieu a conçu les choses. Raison et émotion sont complémentaires. Ensemble, elles viennent compléter la vie et la foi. La logique sans passion est asséchée, austère et dépourvue de vie. La passion sans logique manque d'ordre et de stabilité. Les couples mariés qui comprennent et apprécient l'interconnexion entre la logique et l'émotion, possèdent un plus haut degré de probabilité de bâtir un mariage stable caractérisé par la force, l'amour avec un zeste de passion pour la vie.

14. Les hommes ont besoin qu'on leur répète sans cesse. Les femmes n'oublient jamais.

L'esprit d'un homme fonctionne comme un meuble à tiroirs ; il classe tout ce qu'on lui dit pour pouvoir le traiter ultérieurement. Le fait qu'il n'agisse pas immédiatement ne signifie pas qu'il a oublié ou ignoré ce qu'on lui a dit. Il l'a tout simplement classé. C'est pourquoi on a si souvent l'impression qu'un homme a besoin qu'on lui dise ou qu'on lui rappelle les choses encore et encore. L'esprit d'une femme fonctionne comme un ordinateur, qui n'oublie jamais rien mais garde tout disponible en vue d'une demande immédiate. Les femmes n'oublient jamais ce qu'elles disent à un homme, ni ce qu'un homme peut leur dire, elles font également en sorte qu'il n'oublie pas.

Selon la situation, ces qualités peuvent présenter un côté négatif ou positif. Parce qu'ils ont tendance à prendre les choses impersonnellement, les hommes sont plus aptes à survoler ou à oublier les remarques désobligeantes qu'ils ont faites ou qu'ils ont reçues. En général, les hommes sont moins disposés à garder rancune. Néanmoins, le côté négatif de cette "tendance à oublier", c'est qu'elle peut conduire les hommes à devenir terriblement insensibles et détachés face aux besoins de leur femme et de leurs enfants.

Parce qu'une femme reçoit tout avec ses émotions et qu'elle garde à coeur paroles et sentiments, elle sera naturellement plus sensible et plus réactive aux besoins qui l'entourent. D'un autre côté, sa tendance à se rappeler de tout et à tout prendre personnellement, peut l'amener à laisser une blessure, une insulte ou une offense s'installer et se développer pendant des semaines, des mois voire même des années, créant ainsi un état permanent de stress, de colère et de peine.

Comment maris et femmes pourraient-ils concilier efficacement ces différences dans leurs relations ? Maris, faites attention à ce que vous dites et à la façon dont vous le dites, en vous remémorant le sage conseil du livre des Proverbes : « Une réponse douce apaise la colère, mais une parole blessante excite l'irritation » (Proverbes 15:1). Femmes, apaisez vos souvenirs avec une mesure de grâce, conformément aux paroles de Paul : « [L'amour] ne s'irrite pas, il ne médite pas le mal » (1 Corinthiens 13:5 b, La Colombe).

15. Les hommes ont tendance à se rappeler de l'idée générale plutôt que des détails. Les femmes ont tendance à se rappeler des détails et à parfois déformer l'essentiel.

Voici le coeur de la vieille controverse "il a dit, elle a dit". Les hommes ont tendance à se rappeler des conversations ou des événements dans leur ensemble, alors que les femmes se souviennent de détails spécifiques avec la précision d'un laser. Les femmes accusent parfois les hommes de se défiler sur ce qu'ils ont promis de faire, alors qu'en réalité les hommes ne parviennent simplement pas à se rappeler des détails de la conversation. Le sens général de ce qui a été dit est clair pour un homme, mais les détails leur paraissent moins importants. Les femmes sont précises quand il s'agit des détails, mais parfois elles ne se rappellent pas de l'idée générale avec autant de clarté.

Ces deux tendances peuvent conduire à déformer la vérité. Se rappeler de l'essentiel sans les détails reviendrait à tenter de décrire un éléphant aperçu vaguement au milieu du brouillard : « Tout ce que je sais, c'est que c'était immense». Se focaliser sur les détails serait comme essayer de décrire ce même éléphant par quatre personnes, les yeux bandés, en n'utilisant que leur toucher. L'une d'entre elle touche l'un des membres, l'autre la trompe, la troisième la queue et la quatrième une oreille. On risquerait d'obtenir des descriptions assez différentes les unes des autres.

Cette différence entre les hommes et les femmes dans leur manière de se rappeler les choses est l'une des causes les plus basiques aux problèmes de communication entre eux. Sarah rappelle à Jean une conversation passée et il admet : « Oui, je crois avoir dit quelque chose comme ça.

— Non, rétorque Sarah, c'est exactement ce que tu as dit.

— Eh bien, ce n'est pas ce que j'ai voulu dire.

— Peut-être, mais c'est ce que tu as dit.»

Jean se souvient de l'essentiel de la conversation et Sarah se rappelle des détails. Il y a une phrase qui résume assez bien ce genre de confusion dans la communication : « Je sais que tu as cru comprendre ce que j'ai dit, mais je ne suis pas sûr que tu réalises que ce que tu as entendu n'est pas ce que j'ai voulu dire. »

Comme toujours, la patience et la compréhension vont de pair pour apaiser la tension et le stress créés par les différences naturelles qui distinguent les hommes des femmes et leur façon de penser.

Dans les problèmes relationnels entre hommes et femmes, on retrouve couramment la complainte suivante : « Tu ne me comprends pas », ou en d'autres mots, « Tu veux que je sois comme toi ». Mais les choses ne sont pas ainsi, et nous ne devrions pas souhaiter qu'il en soit autrement. Hommes et femmes sont différents et remercions Dieu que ce soit le cas.

Un mari ne devrait ni attendre ni souhaiter de sa femme qu'elle commence à penser comme lui, de façon logique et analytique. De même, une femme ne devrait pas espérer de son mari qu'il voit les choses à travers son cadre émotionnel. Tous deux doivent apprendre à estimer et à célébrer les différences vitales que Dieu a placées dans chaque genre formant l'espèce humaine.

Regardez comment ces différences sont complémentaires. Un monde de logique sans émotions serait un monde peuplé de robots sans âme, ni coeur. Dieu n'a pas créé des robots. Il a créé l'homme — mâle et femelle — et les a dotés de qualités variées et complémentaires, nécessaires à une vie riche et remplie. Hommes et femmes sont différents pour une bonne raison.

Célébrez la différence !

PRINCIPES

1. L'homme est logique, tandis que la femme est émotionnelle.

2. Pour une femme, le langage est une expression de ce qu'elle ressent. Pour un homme, le langage est une expression de ce qu'il pense.

3. Le langage entendu par une femme est une expérience émotionnelle. Le langage entendu par un homme est reçu comme une information.

4. Les femmes ont tendance à tout prendre personnellement. Les hommes ont tendance à tout prendre impersonnellement.

5. Les femmes s'intéressent aux détails – aux petites choses. Les hommes s'intéressent au principe – l'abstrait ou la philosophie.

6. S'agissant des choses matérielles, les femmes ont tendance à regarder uniquement aux objectifs. Les hommes veulent connaître les détails pour y arriver.

7. S'agissant des choses spirituelles ou abstraites, les hommes regardent aux objectifs. Les femmes veulent savoir comment y arriver.

8. L'esprit d'un homme est comme un meuble à tiroirs. Celui d'une femme est comme un ordinateur.

9. La maison d'une femme est un prolongement de sa personnalité. Le travail d'un d'homme est un prolongement de sa personnalité.

10. Les hommes peuvent être nomades. Les femmes ont besoin de sécurité et de racines.

11. Les femmes ont tendance à culpabiliser. Les hommes ont tendance à avoir du ressentiment.

12. Les hommes sont stables et constants. Les femmes changent continuellement.

13. Les femmes ont tendance à s'investir plus facilement et plus rapidement que les hommes. Les hommes ont tendance à rester en retrait et à évaluer avant de s'investir.

14. Les hommes ont besoin qu'on leur répète sans cesse. Les femmes n'oublient jamais.

15. Les hommes ont tendance à se rappeler de l'idée générale plutôt que des détails. Les femmes ont tendance à se rappeler des détails et à parfois déformer l'essentiel.

CHAPITRE 8

L'Amitié : La Relation La Plus Élevée De Toutes

La relation mari/femme est la plus ancienne et la plus prééminente de toutes les relations humaines. Elle précède et devance toute relation, incluant la relation parent/enfant, mère/fille, père/fils et frère/soeur. Aucune autre relation ne doit être plus étroite, plus personnelle ou plus intime que celle qui existe entre un mari et sa femme. Une telle intimité implique non seulement l'amour, mais aussi la connaissance. Un mari et sa femme devraient se connaître l'un l'autre mieux que n'importe qui au monde. Ils doivent savoir ce que l'autre aime ou n'aime pas, ses manies et ses bêtes noires, ses forces et ses faiblesses, ses qualités et ses défauts, ses dons et ses talents, ses préjugés et ses angles morts, ses grâces et ses failles de caractère. En bref, un mari et une femme devraient tout savoir l'un de l'autre, même ces traits indésirables qu'ils se cachent l'un à l'autre.

La relation ne garantit pas la connaissance.

Ce genre de connaissance n'est pas automatique. Cela n'arrive pas simplement parce que deux personnes se marient. La relation ne garantit pas la connaissance. L'un des plus grands problèmes dans le mariage ou dans toute autre relation humaine réside dans les étiquettes que nous utilisons. Les mots tels que "mari" et "femme", "mère" et "fille", "sœur" et "frère" ou "père" et "fils" décrivent des connexions relationnelles variées au sein d'une famille. Ils supposent également une connaissance ou une intimité qui peut exister ou ne pas exister.

Par exemple, une mère et sa fille peuvent penser qu'elles se connaissent vraiment simplement parce que leurs "étiquettes" impliquent une relation étroite. Une mère connaît certainement sa fille et une fille sa mère. Ce n'est pas forcément vrai. On pourrait dire la même chose concernant d'autres connexions relationnelles. Si je t'appelle mon frère ou ma sœur, je suppose que je te connais déjà. Je déclare que parce que nous sommes parents, nous n'avons pas besoin de passer du temps ensemble pour apprendre à mieux nous connaître.

Le mariage est un long voyage dans l'intimité, mais aussi dans l'amitié.

Les étiquettes qui impliquent la proximité et la connaissance intime peuvent en réalité entraver la construction d'une vraie relation. Un mari et sa femme peuvent croire qu'ils se connaissent simplement parce qu'ils sont mariés. Par conséquent, ils ne font rien de plus que gratter la surface, en ne sondant jamais les profondeurs des personnalités de chacun pour obtenir une vraie connaissance et construire une relation profonde et intime.

Le mariage est un long voyage dans l'intimité, mais aussi dans l'amitié. Un mari devrait être le meilleur ami de sa femme et vice versa. Il n'existe pas de relation plus élevée. Après tout, qui nous connaît mieux que nos amis ? La plupart d'entre nous partageons avec nos amis des choses à notre sujet que nous ne révélerions même pas à nos propres familles. Un mari et une femme ne devraient avoir aucun secret l'un pour l'autre. Alors que leur relation grandit, ils doivent devenir de vrais amis qui connaissent tout ce qui doit être su à propos de l'autre, de bon et de mauvais, et qui cependant s'aiment et s'acceptent l'un l'autre quoi qu'il en soit.

Plus Des Serviteurs Mais Des Amis

Selon le point de vue biblique, la plus haute de toutes les relations est la relation "amicale". Il n'existe aucun témoignage plus grand de la vie d'une personnalité biblique que de dire qu'il ou elle était « l'ami de Dieu ». Abraham convenait à cette description : « Abraham crut à Dieu, et cela lui fut compté comme justice ; et il fut appelé ami de Dieu » (Jacques 2:23, La Colombe). Moïse aussi connaissait Dieu comme un ami : « L'Éternel parlait avec Moïse face à face, comme un homme parle à son ami » (Exode 33:11a, La Colombe). David, le second roi d'Israël, était connu comme un homme selon le coeur de Dieu (voir 1 Samuel 13:14). C'est une autre façon de dire que David était l'ami de Dieu.

Dans la Bible, la relation la plus élevée de toutes, c'est celle « d'ami ».

Jésus a été clair dans son enseignement sur la place d'honneur de l'amitié. Dans le quinzième chapitre de l'évangile de Jean, après avoir dit à ses disciples que leur intimité avec Lui était comme celle des branches avec le cep, Jésus a lié cette intimité à l'amitié.

Voici quel est mon commandement : aimez-vous les uns les autres comme moi-même je vous ai aimés. Il n'y a pas de plus grand amour que de donner sa vie pour ses amis. Vous êtes mes amis, si vous faites ce que je vous commande. Je ne vous appelle plus serviteurs, parce qu'un serviteur n'est pas mis au courant des affaires de son maître. Je vous appelle mes amis, parce que je vous ai fait part de tout ce que j'ai appris de mon Père.
(Jean 15:12-15)

Dans ces versets, Jésus annonce que sa relation avec ses disciples entre dans une nouvelle dimension, s'élevant à un plus haut niveau. Un changement fondamental a lieu dans la façon dont ils vont maintenant se côtoyer. Commençant par le commandement de "s'aimer les uns les autres", Jésus décrit ensuite cet amour, déclarant que le plus grand amour de tous, c'est lorsqu'une personne désire « donner sa vie pour ses amis ». Jésus a démontré ce genre d'amour dès le lendemain lorsque Il est allé à la croix. Il est significatif ici que Jésus ait dit « amis » et non « famille ». Il existe une qualité de la vraie amitié qui transcende et s'élève au-dessus même des liens existant dans les relations familiales. Dans l'Ancien Testament, David, le futur roi d'Israël, et Jonathan, le fils de Saül, le roi de l'époque, partageaient une amitié qui était plus profonde qu'un lien de parenté. Même si Saül cherchait à faire mourir David, Jonathan protégeait David parce qu'il « s'était profondément attaché à David et s'était mis à l'aimer comme lui-même. » (1 Samuel 18:1b).

Jésus établit ensuite la nature nouvelle et plus profonde de la relation : « Vous êtes mes amis, si vous faites ce que je vous commande. » L'obéissance est le test de l'amitié avec Jésus ; c'est aussi le test de l'amour. Jésus ne cherche pas l'obéissance basée sur l'obligation telle que celle rendue par un serviteur, mais l'obéissance basée sur l'amour qui grandit dans le contexte de l'amitié. La première sorte d'obéissance est imposée de l'extérieur, tandis que la seconde sorte d'obéissance est choisie libéralement de l'intérieur. Il y a un monde de différence entre les deux.

L'obéissance est le test de l'amitié avec Jésus ; c'est aussi le test de l'amour.

Dans la suite du passage, Jésus dresse un contraste clair et précis entre l'ancienne et la nouvelle manière dont Lui et ses disciples vont se côtoyer.

« Je ne vous appelle plus serviteurs, parce qu'un serviteur n'est pas mis au courant des affaires de son maître. Je vous appelle mes amis, parce que je vous ai fait part de tout ce que j'ai appris de mon Père. » Les serviteurs n'ont pas la liberté de choisir. Ils ne pouvaient pas exercer leur propre volonté, mais ils étaient obligés de faire la volonté de leur maître. Rarement — voire jamais — étaient-ils dans le secret et avaient-ils connaissance des aspects profonds et intimes de la vie de leur maître et de sa famille. Bien qu'ils vivaient, travaillaient, mangeaient et dormaient dans la maison de leur maître, ils ne savaient rien de ses affaires. C'était différent avec la famille et les amis. Ils avaient le privilège de marcher dans son cercle privé et de partager les dimensions les plus personnelles de sa vie.

Jésus a dit : « Je ne vous appelle plus serviteurs... Je vous appelle mes amis... » Il disait à ses disciples : « Je ne veux pas ce genre de relation dans laquelle vous vous engagez envers Moi par obligation. Plus de mentalité d'esclave. Vous êtes mes amis, et je partage tout avec mes amis — tout ce que j'ai appris de mon Père. »

À quoi Jésus faisait-Il allusion quand Il a dit: « Je vous ai fait part de tout ce que j'ai appris de mon Père »? Qu'a dit Jésus à ses disciples — ses amis les plus proches et ses disciples — qu'Il n'a révélé à personne d'autre ? Il leur a ouvert son cœur et son âme. Il a tout accompli. Jésus a parlé en paraboles à la multitude mais plus tard, il a discuté en privé avec ses amis, Il leur a tout expliqué clairement et plus en détail (voir Marc 4:33-34). Il a vécu et a œuvré intimement avec eux pendant trois années, les formant et les préparant à continuer après son départ.

Des amis se partagent tout, le bon comme le mauvais, la joie comme la tristesse.

L'une des caractéristiques importantes chez des amis, c'est qu'ils se partagent tout, le bon comme le mauvais, la joie comme la tristesse. Cette qualité, c'est ce qui différencie les amis de simples connaissances et, souvent, des membres de la famille. Depuis les premiers moments passés ensemble, Jésus a partagé à ses amis toutes les mauvaises choses ou les choses désagréables qui allaient se passer à cause de leur amitié. Il leur a dit qu'Il serait trahi, arrêté, battu, fouetté et qu'on lui arracherait sa barbe. Qu'Il allait être crucifié, qu'Il mourrait et qu'Il serait enseveli et que le troisième jour Il ressusciterait des morts. Jésus a informé ses disciples qu'à cause de l'amitié qu'ils partageaient avec Lui, ils seraient détestés, méprisés, persécutés et même tués. Il leur a assuré égalementqu'Il sera toujours là avec eux et qu'ils vivront et marcheront dans sa puissance et son autorité. Jésus ne leur a rien caché. Il n'y est pas allé par quatre chemins et n'a pas mâché ses mots. Ce genre d'ouverture d'esprit et de transparence est la marque d'une vraie amitié.

Les Amis Sont Ouverts et Honnêtes Les Uns Envers Les Autres

Jésus voulait que ses amis sachent tout cela à l'avance, afin que lorsque ces choses arrivent, ils soient préparés. « Je vous ai dit tout cela pour que vous soyez préservés de toute chute... Je vous ai annoncé tout cela d'avance pour que, lorsque l'heure sera venue pour eux d'agir ainsi, vous vous rappeliez que je vous l'ai prédit » (Jean 16:1, 4a). Il ne voulait pas qu'ils soient pris par surprise.

Cela illustre une vérité importante : les amis sont ouverts et honnêtes les uns envers les autres. Ce principe est de loin plus important encore dans une relation maritale. L'un des gros problèmes dans bien des mariages, c'est que le mari et la femme ont des désaccords à propos de l'un et de l'autre en tant qu'amis. Ils sont davantage "serviteurs" qu'amis, plus frère et sœur que mari et femme. S'ouvrir l'un à l'autre est tout aussi difficile que s'ouvrir à la famille ou à de simples connaissances. La plupart des gens ne partagent pas leur moi intérieur avec leurs parents ou leurs frères et sœurs. Ils ne parlent pas franchement de leurs plus grands rêves ou de leurs craintes les plus profondes, de leurs plus grandes vertus ou de leurs pires faiblesses. Ils vont, cependant, révéler ces choses à leurs amis. L'amitié entre un mari et sa femme, avec son honnêteté et sa transparence caractéristiques, est absolument essentielle pour un mariage heureux, réussi et prospère.

La plupart des couples commencent leur vie maritale sans avoir tout dit à l'autre à propos d'eux-mêmes. D'une certaine façon, c'est normal. Il est impossible au début d'être complètement ouvert et franc parce que des choses ressortiront seulement lorsque la relation grandira au fil du temps. Néanmoins, dans le couple, l'on devrait connaître un maximum de choses l'un sur l'autre — bonnes ou mauvaises — avant de se tenir ensemble sur l'autel du mariage.

La période de fréquentation et de fiançailles est très utile à ces fins. Trop souvent, cependant, l'homme et la femme focaliseront toute leur attention sur la façon de toujours montrer à l'autre leur meilleur comportement, en prenant soin de ne révéler que leur bon côté. Par crainte de compromettre la relation naissante, ils contourneront les problèmes et éviteront toute allusion à des habitudes ennuyeuses ou à des manies qu'ils pourront observer chez l'un et chez l'autre. S'ils n'apprennent pas à être honnêtes l'un envers l'autre à ce stade de leur relation, ils se préparent à un réveil brutal plus tard lorsque, après qu'ils se sont mariés, ces choses sont inévitablement mises en lumière.

Dans le couple, on devrait connaître un maximum de choses l'un sur l'autre — bonnes ou mauvaises — avant de se tenir ensemble sur l'autel du mariage.

Par exemple, si Jean a un problème avec son tempérament, il doit être honnête avec Sarah à ce propos et ce, le plus tôt possible. « Je me bats vraiment avec mon tempérament. Je sors facilement de mes gonds. Le Seigneur me travaille à ce sujet, mais j'ai encore beaucoup à faire. Je voulais juste te le dire pour que, lorsque mon caractère s'enflammera, tu me pardonnes et ne le prennes pas personnellement.» De cette façon, Sarah ne sera pas totalement prise au dépourvu la première fois que Jean sortira de ses gonds.

Sarah se bat peut-être avec des sentiments de jalousie ou tend à être très critique par rapport aux autres. Si elle est très franche et honnête avec Jean à ce sujet, ils peuvent arrêter toute incompréhension avant que cela ne commence. Ensemble, ils peuvent travailler sur leurs problèmes et s'aider l'un l'autre à grandir au travers de ces problèmes et à les dépasser.

Manifestement, tous les couples doivent se sentir bien ensemble si ce genre d'honnêteté est développé. Créer une telle atmosphère détendue dépend énormément du respect mutuel et de la confiance. Alors que ces deux qualités naissent de cet amour, elles l'alimentent et le nourrissent également. Dans la Bible, l'amitié et l'amour sont étroitement liés. « Un ami aime en tout temps et, quand survient l'adversité, il se révèle un frère » (Proverbes 17:17). « Celui qui a beaucoup de compagnons les a pour son malheur, mais un véritable ami est plus attaché qu'un frère » (Proverbes 18:24). « Son palais est plein de douceurs et toute sa personne est empreinte de charme. Tel est mon bien-aimé, oui, tel est mon ami, ô filles de Jérusalem.» (Cantiques des Cantiques 5:16).

Le mariage est la plus élevée de toutes les relations humaines et l'amitié est le niveau le plus élevé de cette relation. Tout couple marié devrait se donner pour objectif d'atteindre ce niveau et ne jamais se reposer tant qu'ils ne l'ont pas atteint. Et même après que l'objectif est atteint, ils ne doivent pas s'arrêter de grandir. L'amitié authentique a une ampleur et une profondeur qu'aucune valeur de temps ni de croissance ne peut jamais épuiser.

Le mariage est la plus élevée de toutes les relations humaines et l'amitié est le niveau le plus élevé de cette relation.

L'amitié est le catalyseur qui finira par faire fusionner un mari et sa femme en un seul, telle une pierre précieuse. Le mariage est l'image terrestre et charnelle de la relation dans le domaine spirituel non seulement entre Dieu le Père, Dieu le Fils — qui est Jésus-Christ — et Dieu le Saint-Esprit, mais aussi entre Dieu et la race humaine qu'Il a créée. L'amitié caractérise l'unité parfaite et l'intimité qui existent entre le Père, le Fils et le Saint-Esprit, et elle était également la nature de la relation dont Adam et Ève jouissaient avec Dieu et l'un avec l'autre dans le jardin d'Éden.

Le désir de Dieu est de restaurer la relation amicale entre Luimême et l'humanité que le péché a détruite. Le monde moderne a désespérément besoin de voir une image claire et honnête de ce qu'est l'amitié avec Dieu. Aucune relation terrestre n'est aussi proche de cette image que le mariage, et un mariage où le mari et sa femme sont de vrais amis est la relation la plus proche de toutes.

Malgré les attaques et les défis de la société moderne, l'institution du mariage durera aussi longtemps qu'il y aura de la vie sur la terre. Dieu a ordonné et établi le mariage et il durera jusqu'à ce qu'Il amène toutes choses dans le monde physique à leur réalité. Peu importe combien les attitudes morales et sociales peuvent changer, le mariage demeurera le roc solide comme toujours, la meilleure idée dans les relations humaines même à venir, parce qu'il est l'idée de Dieu.

Le mariage est toujours une idée géniale !

PRINCIPES

1. Un mari et sa femme doivent être les meilleurs amis l'un pour l'autre. Il n'existe pas de relation plus élevée.

2. La vraie amitié transcende et s'élève même au-dessus des liens existant dans des relations familiales.

3. La franchise et la transparence sont les marques d'une vraie amitié.

4. Des amis sont ouverts et honnêtes l'un envers l'autre.

5. L'amitié entre un mari et sa femme, avec son honnêteté et sa transparence caractéristiques, est absolument essentielle pour un mariage heureux, réussi et prospère.

6. L'amitié est le catalyseur qui finira par faire fusionner un mari et sa femme en un seul telle une pierre précieuse.

DEUXIÈME PARTIE

Comprendre L'Amour Et Les Secrets Du Cœur

CHAPITRE 1

Cette Chose Qu'on Appelle L'Amour

Un poète a écrit : « Aimer c'est vivre et vivre c'est aimer ». Peut-être a-t-il raison, mais qu'est-ce que cela signifie ? Le poète n'a jamais défini ses termes. Quelle est cette chose qu'on appelle "l'amour" ?

Il n'y a probablement aucune autre dimension d'expérience humaine qui n'ait suscité autant de réflexions, de discussions, de débats, d'analyses et de rêves que la nature du véritable amour. L'amour est partout — dans nos chansons comme dans nos livres, sur nos écrans de télévision ou au cinéma. L'amour est toujours sur le bout de nos lèvres, jamais loin de nos pensées ou de nos conversations.

Pourtant, malgré toutes nos réflexions et paroles, malgré toutes nos discussions et nos débats, combien d'entre nous comprenons vraiment l'amour ? Savons-nous réellement ce qu'est l'amour véritable ? François, Duc de La Rochefoucauld, auteur et moraliste français du 17ème siècle, a fait une observation pertinente quand il a écrit : « Il est du véritable amour comme de l'apparition des esprits : tout le monde en parle, mais peu de gens en ont vu ».

Où se tourner pour une réelle connaissance en matière d'amour ? Le monde offre beaucoup de concepts différents de l'amour, mais sont-ils fiables ? La culture occidentale populaire tend à assimiler l'amour à de vifs sentiments, à de l'attirance physique et à une activité sexuelle. Chaque jour, cette perception de l'amour nous est rabâchée à travers les livres et magazines que nous lisons, les chansons que nous écoutons, et les films et shows télévisés que nous regardons. L'épidémie de relations brisées, de mariages ratés et de familles scindées qui caractérisent si bien notre société moderne, devrait nous révéler que quelque chose ne va décidément pas dans notre façon de voir l'amour.

Le meilleur moyen d'apprendre quelque chose, c'est de consulter un expert. Si nous souhaitons améliorer notre jeu au golf, c'est vers un professionnel du golf que nous allons nous tourner ; si nous voulons jouer du piano, nous irons prendre des cours avec un professeur qualifié. Qui est l'expert de l'amour ? Personne ne comprend mieux l'amour que Dieu. Non seulement Dieu a créé l'amour et l'a établi comme une pierre centrale de fondation de l'expérience humaine, mais Dieu est Lui-même amour selon la

Bible (voir 1 Jean 4:8, 16). L'amour définit la nature même de Dieu.

L'amour définit la nature même de Dieu.

Dans ce cas, que dit Dieu au sujet de l'amour ? Contrairement à la présomption commune du monde en général, l'amour comme présenté dans la Bible n'est pas premièrement une émotion, mais une attitude du coeur. Les émotions ne sont pas susceptibles d'être commandées ; on ne peut ordonner à quelqu'un d'éprouver tel ou tel sentiment envers une personne ou une chose. Pourtant, tout au long de la Bible, le Seigneur ordonne à son peuple d'aimer. L'amour biblique est un commandement. Considérez les exemples suivants :

Tu aimeras l'Éternel ton Dieu de tout ton cœur, de toute ton âme et de toute ta force. (Deutéronome 6:5)

Tu ne te vengeras pas et tu ne garderas pas de rancune envers les membres de ton peuple, mais tu aimeras ton prochain comme toi-même. Je suis l'Éternel. (Lévitique 19:18)

Eh bien, moi je vous dis : Aimez vos ennemis et priez pour ceux qui vous persécutent. (Matthieu 5:44)

Je vous donne un commandement nouveau : Aimez-vous les uns les autres. Oui, comme je vous ai aimés, aimez-vous les uns les autres. (Jean 13:34)

Voici quel est mon commandement : aimez-vous les uns les autres comme moi-même je vous ai aimés. (Jean 15:12)

Ne devez rien à personne, si ce n'est de vous aimer les uns les autres ; car celui qui aime les autres a accompli la loi. (Romains 13:8 La Colombe)

Car la Loi se trouve accomplie tout entière par l'obéissance à cette seule parole : Aime ton prochain comme toi-même. (Galates 5:14)

Jésus lui répondit :

> *— Tu aimeras le Seigneur, ton Dieu, de tout ton cœur, de toute ton âme et de toute ta pensée. C'est là le commandement le plus grand et le plus important. Et il y en a un second qui lui est semblable : Tu aimeras ton prochain comme toi-même. Tout ce qu'enseignent la Loi et les prophètes est contenu dans ces deux commandements.* (Matthieu 22 : 37-40)

S'il nous est ordonné d'aimer, comment faire pour y arriver ? Que signifie aimer Dieu ? Que signifie aimer une autre personne ? Ce sont des questions très importantes au cœur même de la profondeur des relations. Il y a tant d'échecs aujourd'hui dans les relations en raison d'une conception et d'une compréhension inadéquates de l'amour.

L'amour n'est pas essentiellement une émotion, mais une attitude du cœur.

Une partie du problème vient de notre langage limité, du moins dans le monde anglophone. En anglais, nous avons un seul mot pour "aimer", et par conséquent, nous l'utilisons pour décrire nos sentiments ou notre attitude à l'égard d'un vaste champ d'objets. Nous disons « J'aime le cheesecake » ou « J'aime mon chien », mais également « J'aime mes enfants » et « J'aime ma femme » ou « J'aime mon mari ». Nous "aimons" aller à la plage ou au parc ou ailleurs. Dans tous ces cas de figure, nous utilisons le même mot "aimer" pour décrire des sentiments et des attitudes immensément différents, tant en étendue qu'en intensité. Encore heureux que notre "amour" du cheesecake ne soit pas au même niveau que celui que nous avons pour nos enfants ou nos époux/épouses !

Il existe de nombreuses autres langues qui, contrairement à l'anglais, ne sont pas limitées à un seul mot pour amour ; parmi elles, on retrouve plus spécifiquement l'hébreu et le grec, langues originales de la Bible. Le grec ancien utilisait quatre mots différents pour "amour" — *phileo, storge, eros* et *agape* — chacun d'eux identifiant un type ou un degré d'amour séparé et distinct. Seuls deux de ces mots — *phileo* et *agape* — apparaissent dans le Nouveau Testament, mais examiner les quatre types d'amour nous aidera à mieux comprendre ce qu'est et ce que n'est pas l'amour véritable.

Phileo : l'Amour de l'Amitié

Tirant sa racine du mot philos signifiant "ami", *phileo* est le terme le plus général en grec pour amour. Il fait référence à l'amour qu'on a pour un ami ou une connaissance. *Phileo* est l'amour au niveau de la simple amitié, l'affection que nous avons pour quelqu'un de familier.

En raison de sa nature simple et courante, *phileo* n'est pas le type d'amour dont vous avez besoin pour vous marier. Le mariage demande un amour plus profond et plus spécifique que *phileo*. Si un couple marié éprouve l'un envers l'autre les mêmes sentiments qu'envers leurs amis ordinaires, leur mariage s'annonce mal.

Phileo est une expérience commune à tous, car nous sommes par nature des créatures sociales. Nous sommes naturellement attirés vers les gens qui nous paraissent sympathiques ou avec qui nous partageons des intérêts semblables. La véritable amitié donne de la saveur à la vie. Un ami est quelqu'un avec qui nous pouvons partager nos pensées les plus profondes et notre moi intérieur, souvent plus facilement qu'avec les membres de notre famille. Nous avons tous besoin de l'enrichissement qu'apportent les relations sincères que nous développons avec quelques très bons amis. *Phileo* décrit ce genre de relation.

La véritable amitié donne de la saveur à la vie.

Aussi positif et bénéfique à nos vies qu'est cet amour-amitié, *phileo* n'est pourtant ni la plus haute, ni la plus profonde forme d'amour qui puisse exister. En réalité, *phileo* présente souvent certaines caractéristiques qui peuvent engendrer des problèmes dans la relation si on n'y prend pas garde. Parmi elles, on trouve le sentiment d'obligation. Parce que si souvent basé sur l'attirance mutuelle et les similitudes, *phileo* peut facilement devenir une relation du type « Tu me rends ce service et je te revaudrai ça». Nous nous sentons dans l'obligation de répondre à l'autre à cause de la relation.

Une autre caractéristique courante de *phileo* c'est sa tendance à se centrer sur les personnalités et l'attirance physique. C'est quelque chose de naturel et il n'y a rien de mal à cela tant que nous ne le confondons pas avec l'"amour véritable". Les traits de la personnalité et les caractéristiques d'ordre physique changent avec le temps, et ne sont pas à eux seuls des facteurs fiables pour construire une relation permanente et à long terme.

Cette emphase sur la personnalité et l'attirance physique aboutit souvent à une relation de type *phileo* basée sur la compatibilité mutuelle. Une des raisons pour laquelle les amitiés se développent, c'est que les gens se sentent compatibles entre eux d'une manière ou d'une autre. C'est une bonne chose dans le cadre d'une simple amitié, mais beaucoup de gens font de la "compatibilité" un critère dans le choix d'un époux ou d'une épouse potentiel(le). Le problème majeur avec cette idée c'est que deux personnes "compatibles" ou qui se ressemblent beaucoup, peuvent dans une relation à long terme, avoir l'impression d'être en compétition, ce qui peut créer des disputes. Par expérience, je dirais que les relations les plus réussies sont habituellement formées de deux personnes opposées ou du moins très différentes l'une de l'autre. En raison de leurs différences, elles parviennent à s'équilibrer, à se compléter et à apporter quelque chose de plus à l'autre. Ce qui s'applique aux aimants s'applique aussi aux relations : les opposés s'attirent.

Avec ce genre de critères, *phileo* a tendance à être un amour "conditionnel" : tant que certaines conditions existent, la relation existe. Si ces conditions changent, la relation change également. Les conditions dans une relation créent des attentes, qui entraînent inévitablement la déception. C'est pourquoi une relation conditionnelle est insuffisante pour construire un engagement à long terme tel que le mariage. Les époux devraient certainement être les meilleurs amis — ils devraient avoir un *phileo* caractérisé par une tendre affection — mais il en faut plus pour que leur relation subsiste sur du long terme.

Storge : l'Amour de la Famille

Étroitement apparenté à *phileo*, mais plus proche, *storge* est le mot que les Grecs emploient pour désigner l'amour dans les relations familiales. *Storge* décrit la tendre affection des parents à l'égard de leurs enfants et celle des enfants à l'égard de leurs parents. Il inclut aussi les sentiments affectueux qui existent généralement entre frères et sœurs ainsi qu'entre membres de la famille au sens large : grands-parents, cousins, tantes, oncles, nièces et neveux.

Storge présente un caractère plus soudé que *phileo*, parce que *storge* concerne la famille et que la famille suppose l'existence de relations. C'est précisément de là que vient le danger de ce type d'amour. En raison de la relation familiale, nous supposons que nous aimons nos parents, nos frères et sœurs, et qu'ils nous aiment aussi. Nous prenons cet amour pour acquis ; après tout, nous sommes une famille, n'est-ce pas ? Bien que la plupart du temps cet amour soit réel, il est toujours dangereux d'en supposer l'existence. Le problème, c'est que faire partie d'une famille ne garantit pas les relations. Être lié par le sang ne mène pas automatiquement à une relation d'amitié.

Considérez vos relations, dans votre famille comme à l'extérieur. De qui êtes-vous le plus proche ? À qui confiez-vous vos pensées et sentiments les plus intimes et les plus personnels ? Qui vous connaît — votre vrai vous — mieux que personne ? Est-ce un membre de votre famille ou un ami ? En étant honnête, la majorité d'entre nous reconnaîtra être plus proche d'un ami que des membres de notre propre famille.

Quand il est question des parents ou des frères et sœurs, nous présumons l'amour et la relation parce que nous sommes une famille. Si quelqu'un venait vous demander « Est-ce que tu aimes tes parents ?», vous répondriez automatiquement « Bien sûr que oui ». Si ensuite on vous demandait, « Pourquoi ?», votre réponse serait probablement « Eh bien... parce que ce sont mes parents ». Et c'est là où je veux en venir. Même si l'amour que nous avons pour nos parents et notre fratrie est réel, il y a toujours ce sentiment sous-jacent que nous les aimons parce que c'est ce que nous sommes supposés faire. Dès qu'un sentiment peu affectueux s'éveille en nous à l'égard d'un membre de notre famille, nous éprouvons généralement en même temps de la culpabilité. Nous n'avons pas le sentiment d'aimer, et pourtant, nous sentons en même temps que nous le devrions.

Vu sous cet angle alors, *storge* et *phileo* sont similaires sur le fait qu'ils peuvent facilement générer un sentiment d'obligation. Nous aimons, non pas parce que nous le voulons, mais parce que nous le devons. L'obligation engendre une pression, la pression engendre du stress et un stress soutenu met en danger n'importe quelle relation. Si nous sommes impliqués dans une telle relation conditionnelle, nous nous sentons coupables toutes les fois où nous manquons d'honorer notre obligation. Nous ressentons de la colère, de l'amertume et du ressentiment lorsque les autres manquent à la leur. Une fois encore, comme avec *phileo*, nous en revenons aux attentes et aux conditions.

L'amour de la famille représenté par *storge* ne se limite pas aux liens de sang. Il est assez courant que les gens dans l'Église — ceux qui croient et qui suivent Christ leur Sauveur et Seigneur — se définissent collectivement comme les membres de la "famille" de Dieu et se considèrent comme frères et sœurs dans le Seigneur. Cette perception est entièrement conforme à l'enseignement de la Parole de Dieu. Dans Galates 6:10, Paul parle de « la famille des croyants ». Hébreux 2:11 (La Colombe) dit que tous ceux qui sont « sanctifiés » par Jésus sont ses frères et les membres de sa famille. Dans 1 Pierre 4:17 (PDV), Pierre se réfère aux croyants comme à « la famille de Dieu ».

À cause de ce sens de la famille, les communautés de croyants tout comme les familles de "sang" font face aux mêmes tentations – présumer la relation, laisser la familiarité les conduire à prendre l'autre pour acquis et développer une mentalité d'obligation. À cet égard, il serait bénéfique aux croyants de se voir non seulement comme une famille mais aussi comme des amis afin d'ouvrir la voie à une plus grande intimité et à des relations plus profondes.

En dépit du risque de développer une mentalité animée par un sentiment d'obligation, *storge* reste néanmoins une dynamique importante et bénéfique dans l'expérience humaine, à la fois dans les familles de "sang" et dans celle des croyants. L'amour de la famille est essentiel à la paix et à la stabilité dans toute société. La famille est le bloc de fondement basique de la société et si les familles s'effondrent, la société ne tardera pas à suivre.

L'amour de la famille est essentiel à la paix et à la stabilité dans toute société.

Eros : l'Amour Sexuel

Il n'est pas très exact de se référer à *eros* comme à l'"amour sexuel", car strictement parlant, le sexe n'a rien à voir avec l'amour véritable. Il peut y avoir relations sexuelles sans amour ; ça arrive tout le temps. L'amour peut exister sans le sexe ; l'un ne dépend pas de l'autre. Dans le contexte sacré et monogame des liens du mariage, établis et ordonnés par le Créateur, le sexe est une belle, intime et chaleureuse expression d'amour, mais ce n'est pas l'amour. C'est là-dessus que la perception du monde s'est complètement inversée.

Les Grecs de l'Antiquité aimaient, et même vénéraient la beauté du corps humain et la sexualité. *Eros* était leur terme utilisé pour toute forme d'activité sexuelle, qu'ils considéraient comme un type d'amour. Eros était aussi le nom qu'ils avaient donné à leur dieu de l'amour. Le culte d'Eros donnait lieu, entre autres, à des rituels d'actes sexuels et de prostitution.

Le "dieu" Eros règne toujours aujourd'hui dans presque chaque segment de la société. Des millions de personnes viennent quotidiennement à l'autel d'Eros pour l'adorer et appellent cela l'amour.

Dans le contexte sacré et monogame des liens du mariage, établis et ordonnés par le Créateur, le sexe est une belle, intime et chaleureuse expression d'amour, mais ce n'est pas l'amour.

Le mot *eros*, dans son sens le plus complet et le plus littéral, comprend l'envie, la convoitise et le désir sexuel sans respect du sacré ; une extase sensuelle qui laisse tout sens de modération et de proportion loin derrière. Un autre mot pour décrire *eros* serait la luxure. De nature totalement égoïste, *eros* cherche à satisfaire sa convoitise au détriment d'un autre.

À l'opposé du véritable amour, *eros* est complètement sensuel, centré sur la stimulation physique des cinq sens — vue, odorat, ouïe, goût et toucher — ainsi que sur les désirs et envies qu'éveillent ces sens. Parce que physique de nature, *eros* se trouve sous le contrôle de réactions chimiques et d'interactions qui ont lieu dans le corps. En tant que tel, il est totalement dirigé par la chair ; *eros* cherche à satisfaire tous les désirs de la chair. L'amour érotique est un amour émotionnel, entretenu par les émotions, et qui par conséquent, va connaître tout comme elles des hauts et des bas. Le véritable amour, par contraste, est constant, ni stimulé ni contrôlé par les émotions.

Une personne dirigée par *eros* seul, voit son partenaire potentiel comme rien de plus qu'un objet sexuel, une cible à conquérir. C'est en effet un triste état des choses de voir notre société moderne encourager si souvent à considérer les membres du sexe opposé comme des trophées à remporter ou des "points" à marquer, et ensuite appeler cela de "l'amour". Les relations construites autour d'*eros* durent seulement aussi longtemps qu'existent l'attirance physique et le désir qui ont conduit les personnes l'une vers l'autre au départ.

Dans son égoïsme, *eros* ne tient aucun compte des émotions ou désirs de l'autre personne, étant uniquement intéressé par le plaisir personnel qu'il peut retirer d'elle. *Eros* ignore et se soucie peu de la dignité ou du respect humain. Il s'agit du désir incontrôlé, de la passion sans retenue et déchaînée présente dans l'esprit de la philosophie moderne qui dit : « Fais ce qu'il te plaît ».

Agape : l'Amour Divin

De bien des manières, *agape*, la quatrième et la plus haute forme d'amour, reste une classe à part. De par sa nature unique, il a fallu un mot unique pour le décrire. Aucun des mots ordinaires qui existaient pour amour, tels que *phileo, storge* ou *eros*, n'était suffisant pour sonder les profondeurs du sens représenté dans ce degré d'amour supérieur, si bien que, sous l'inspiration du Saint-Esprit, le mot *agape* a été inventé par les auteurs du Nouveau Testament pour répondre à ce besoin. En dehors du Nouveau Testament, on ne retrouve le mot *agape* qu'à une seule reprise dans des textes de grec ancien, dans un passage qui décrit l'amour de deux parents pour leur enfant unique. Essentiellement, *agape* est un mot uniquement biblique pour un concept uniquement biblique, conformément à sa nature spirituelle unique.

Agape fait référence à l'amour divin, l'amour de Dieu pour son peuple ainsi que celui de son peuple en retour. C'est aussi le type d'amour que les membres du peuple de Dieu sont supposés avoir les uns pour les autres. Contrairement à *phileo* et à *storge*, *agape* ne transporte aucune obligation, ne place aucune attente, et ne pose aucune condition. *Agape* est l'amour inconditionnel. À l'opposé d'*eros* qui est l'image même de l'égoïsme, *agape* agit avant tout et en priorité pour le bien et le bien-être d'autrui. Plutôt que de chercher son intérêt, *agape* est un amour désintéressé, sacrificiel, qui se répand en faveur d'un autre.

À l'opposé d'EROS qui est l'image même de l'égoïsme, AGAPE agit avant tout et en priorité pour le bien et le bien-être d'autrui.

Le meilleur exemple d'*agape* en action a été Jésus-Christ, le Fils de Dieu sans péché, lorsqu'Il a offert sa vie à la croix pour les pêcheurs (ce qui nous inclut tous) afin qu'ils puissent devenir enfants de Dieu. Cette vérité est résumée dans l'un des versets les plus connus de la Bible : « Car Dieu a tant aimé [*agape*] le monde qu'Il a donné son Fils unique, afin que quiconque croit en lui ne périsse pas, mais qu'il ait la vie éternelle. » (Jean 3:16 La Colombe).

Dieu seul est la source d'*agape*. *Agape* ne peut être connu en dehors de Lui. Il l'a révélé au travers de Jésus-Christ et l'a donné librement à tous ceux qui deviennent ses enfants par la foi — ceux qui croient et placent leur confiance en Jésus-Christ comme leur Sauveur et Seigneur — et qui ensuite le transmettent aux autres. Dieu aime tout le monde d'un amour *agape*, mais seuls ceux de la communauté des croyants ont pu expérimenter cet amour de façon personnelle. Pour le reste du monde, *agape* est une inconnue. C'est dans la première épître de Jean dans le Nouveau Testament que l'on trouve une des meilleures illustrations de la relation *agape* entre Dieu et son peuple :

Voyez combien le Père nous a aimés pour que nous puissions être appelés enfants de Dieu — et nous le sommes ! Voici pourquoi le monde ne reconnaît pas qui nous sommes : c'est qu'il n'a pas connu le Christ... En effet, voici le message que vous avez entendu dès le commencement: aimons-nous les uns les autres... Quant à nous, nous savons que nous sommes passés de la mort à la vie parce que nous aimons nos frères. Celui qui n'aime pas demeure dans la mort... Voici comment nous savons ce que c'est que d'aimer : Jésus-Christ a donné sa vie pour nous. Nous devons, nous aussi, donner notre vie pour nos frères. Si un homme riche voit son frère dans le besoin et lui ferme son cœur, l'amour de Dieu ne peut être présent en lui ? Mes enfants, que notre amour ne se limite pas à des discours et à de belles paroles, mais qu'il se traduise par des actes accomplis dans la vérité.
(1 Jean 3:1,11,14,16-18)

Mes chers amis, aimons-nous les uns les autres, car l'amour vient de Dieu. Celui qui aime est né de Dieu et il connaît Dieu. Qui n'aime pas n'a pas connu Dieu, car Dieu est amour. Voici comment Dieu a démontré qu'il nous aime: il a envoyé son Fils unique dans le monde pour que, par lui, nous ayons la vie. Voici en quoi consiste l'amour : ce n'est pas nous qui avons aimé Dieu, mais c'est lui qui nous a aimés ; aussi a-t-il envoyé son Fils pour apaiser la colère de Dieu contre nous en s'offrant pour nos péchés. Mes chers amis, puisque Dieu nous a tant aimés, nous devons, nous aussi, nous aimer les uns les autres. Dieu, personne ne l'a jamais vu. Mais si nous nous aimons les uns les autres, Dieu demeure en nous et son amour se manifeste pleinement parmi nous.
(1 Jean 4:7-12)

Ces versets nous aident à comprendre plusieurs vérités importantes au sujet d'*agape*. Premièrement, *agape* n'est ni physique, ni chimique ; ce n'est ni une émotion, ni une philosophie. *Agape* est une Personne. 1 Jean 4:8b dit : « Dieu est amour. » Quand nous connaissons *agape*, nous connaissons la Personne qui l'incarne. Étant le Fils de Dieu qui est amour, Jésus-Christ était *agape* dans un corps humain de chair.

En second lieu, *agape* est unité. Tous ceux qui connaissent *agape* sont un avec Dieu et en unité de cœur et d'esprit entre eux. Littéralement parlant, *agape* signifie que Dieu est devenu un avec nous. En Christ, Il a pris notre pauvre condition, devenant semblable à nous pour qu'Il puisse nous rendre semblables à Lui.

Littéralement parlant, AGAPE signifie que Dieu est devenu un avec nous.

Troisièmement, *agape* est altruiste et non pas égocentrique. *Agape* cherche constamment et avant tout le bien-être d'autrui, continuellement en quête d'opportunités pour donner. L'amour véritable n'est pas complet tant qu'il ne se donne pas lui-même.

Quatrièmement, *agape* est entreprenant. *Agape* prend la responsabilité. Il n'attend pas que les autres agissent en premier. Romains 5:7-8 disent : « Mais voici comment Dieu nous montre l'amour qu'il a pour nous : alors que nous étions encore des pêcheurs, le Christ est mort pour nous. » *Agape* est proactif. Il agit, qu'il y ait ou non quelqu'un pour y répondre ou pour lui rendre la pareille. Jésus a dit : « Faites pour les autres ce que vous voudriez qu'ils fassent pour vous » (Luc 6:31). C'est justement ce que fait *agape*. *Agape* prend l'initiative.

Enfin, *agape* est un choix. Il ne repose pas sur une émotion, mais sur une décision délibérée. La Bible déclare ouvertement que Dieu nous aime, mais elle ne nous dit jamais pourquoi Il nous aime. Il n'y a pas de "pourquoi". Dieu nous aime parce qu'Il est amour et que c'est sa nature d'aimer. Dieu nous aime parce qu'Il a choisi de le faire. Son amour ne laisse aucune place à la discrimination. *Agape* ne choisit pas qui aimer, mais choisit simplement d'aimer, quel que soit le sujet.

Parce qu'*agape* est une décision — un choix délibéré — *agape* est constant. À l'opposé de l'"amour" basé sur les émotions, *agape* ne change jamais.

AGAPE ne choisit pas QUI aimer, mais choisit simplement d'aimer.

Agape est le seul "véritable amour" dans le monde et la fondation pour toutes les autres choses qu'il nous arrive d'appeler "amour". Une fois compris et appliqués correctement dans un contexte approprié, *phileo*, *storge* et *eros* peuvent tous devenir de magnifiques expressions d'*agape*, mais aucun d'entre eux ne constitue en lui-même une base suffisamment solide sur laquelle une relation durable, à long terme et significative pourrait être construite. Seul *agape* est suffisant pour y arriver.

Comprendre *agape* est la clé pour comprendre les secrets du cœur humain. Pour ce faire, il nous est nécessaire de considérer plusieurs facettes de ce joyau étincelant qu'est l'amour *agape* : l'amour de Dieu pour nous, notre amour pour Dieu, notre amour pour nous-même et notre amour pour les autres, particulièrement envers notre époux ou épouse potentiel(le).

PRINCIPES

1. *Phileo* est l'amour au niveau de la simple amitié, l'affection que nous avons pour quelqu'un de familier.

2. *Storge* décrit la tendre affection des parents à l'égard de leurs enfants et celle des enfants à l'égard de leurs parents.

3. *Eros* comprend l'envie, la convoitise et le désir sexuel sans respect du sacré ; une extase sensuelle qui laisse tout sens de modération et de proportion loin derrière.

4. *Agape* fait référence à l'amour divin, l'amour de Dieu pour son peuple ainsi que celui de son peuple en retour.

5. *Agape* est l'amour inconditionnel.

6. *Agape* est un amour désintéressé.

7. *Agape* est une Personne.

8. *Agape* est unité.

9. *Agape* est altruiste.

10. Agape est entreprenant.

11. *Agape* prend la responsabilité.

12. *Agape* est proactif.

13. *Agape* est un choix.

14. *Agape* ne change jamais.

CHAPITRE 2

Dieu vous aime

Si nous espérons obtenir une compréhension globale de ce qu'est le véritable amour, nous devons commencer à la source. Le poète qui a écrit « Aimer, c'est vivre et vivre c'est aimer », n'était pas loin de ce symbole car la vie et l'amour prennent leur source en la même Personne : Dieu le Créateur. Il est Celui en qui « nous avons la vie, le mouvement et l'être » (Actes 17:28a). Connaître l'amour (*agape*), c'est connaître Dieu parce que Dieu est amour : « Mes chers amis, aimons-nous les uns les autres, car l'amour vient de Dieu. *Celui qui aime* est né de Dieu et il *connaît* Dieu. Qui n'aime pas n'a pas connu Dieu, *car Dieu est amour* » (1 Jean 4:7-8, emphase ajoutée).

L'une des plus grandes vérités jamais révélées au genre humain est la vérité que Dieu nous aime. L'amour se situe au coeur de tout ce que Dieu fait et a fait pour l'humanité. L'amour de Dieu pour nous est l'un des thèmes centraux de la Bible, imprégnant ses pages tout au long de l'Ancien et du Nouveau Testament. Aucun autre texte sacré dans le monde ne contient un tel message. Dans sa proclamation que Dieu aime tout le monde délibérément, sciemment et inconditionnellement, la Bible est tout à fait unique.

Voici seulement quelques exemples :

Reconnais donc que l'Éternel ton Dieu est le seul vrai Dieu, un Dieu fidèle à son alliance en témoignant de l'amour pour mille générations envers ceux qui l'aiment et qui obéissent à ses commandements. (Deutéronome 7:9)

D'un amour éternel, je t'aime, c'est pourquoi je t'attire par l'affection que je te porte. (Jérémie 31:3b)

Car Dieu a tant aimé le monde qu'il a donné son Fils unique, afin que quiconque croit en lui ne périsse pas, mais qu'il ait la vie éternelle. (Jean 3:16, La Colombe)

Mais voici comment Dieu nous montre l'amour qu'il a pour nous : alors que nous étions encore des pécheurs, le Christ est mort pour nous. (Romains 5:7-8)

> *Mais Dieu est riche en bonté. Aussi, à cause du grand amour dont il nous a aimés, alors que nous étions spirituellement morts à cause de nos fautes, il nous a fait revivre les uns les autres avec le Christ. — C'est par la grâce que vous êtes sauvés.* (Éphésiens 2:4-5)

> *Voyez combien le Père nous a aimés pour que nous puissions être appelés enfants de Dieu — et nous le sommes !* (1 Jean 3:1a)

> *Voici en quoi consiste l'amour: ce n'est pas nous qui avons aimé Dieu, mais c'est lui qui nous a aimés ; aussi a-t-il envoyé son Fils pour apaiser la colère de Dieu contre nous en s'offrant pour nos péchés.*
> (1 Jean 4:10)

Si la Bible révèle clairement l'amour de Dieu pour nous, l'une des choses qu'elle *ne* révèle *pas*, c'est *pourquoi* Il nous aime. Il n'y a pas de "pourquoi". L'amour avec un "pourquoi" est un amour sous conditions. L'amour de Dieu est inconditionnel ; Il nous aime parce qu'Il nous aime et parce que sa nature nous aime. Rechercher le "pourquoi" de l'amour de Dieu serait un exercice absolument futile.

Dans sa proclamation que Dieu aime tout le monde délibérément, sciemment et inconditionnellement, la Bible est tout à fait unique.

Néanmoins, nous avons beaucoup à apprendre des Écritures à propos du caractère et de la qualité de l'amour de Dieu. C'est là que toute investigation honnête sur la nature du véritable amour doit commencer. Tant que nous n'avons pas eu un aperçu de l'amour de Dieu, nous ne pouvons pas vraiment comprendre l'amour dans toutes ses autres dimensions et particulièrement la façon dont il affecte les relations les plus significatives de notre vie, que ce soit les amis ou la famille.

Notre quête nous ramène à la création elle-même.

Créés et Faits

Les trois premiers chapitres du livre de la Genèse posent la fondation pour tout ce qui suit dans le reste de la Bible. Les chapitres 1 et 2 de la Genèse révèlent le dessein original de Dieu dans la création ; le chapitre 3 décrit comment ce modèle a été corrompu; et le reste des chapitres et des livres de la Bible montrent comment Dieu rétablit les choses une fois de plus. Autrement dit, la Bible raconte l'histoire du paradis établi, du paradis perdu et du paradis restauré. Tout ce qui se passe dans la Bible vise à restaurer le genre humain et toute la création à leur état et à leur condition originales, comme ils sont décrits dans les deux premiers chapitres de la Genèse.

L'une des clés pour comprendre les chapitres 1 et 2 de la Genèse, c'est de clarifier la distinction entre deux mots importants : créer et faire. Trois versets du chapitre 1 illustrent cette différence :

Au commencement, Dieu créa le ciel et la terre. (Genèse 1:1)

Et Dieu dit :
— Faisons les hommes pour qu'ils soient notre image, ceux qui nous ressemblent. Qu'ils dominent sur les poissons de la mer, sur les oiseaux du ciel, sur les bestiaux sur toute la terre et sur tous les reptiles et les insectes.
Dieu créa les hommes pour qu'ils soient son image, oui, il les créa pour qu'ils soient l'image de Dieu. Il les créa homme et femme.
(Genèse 1:26-27)

Aux versets 1 et 27, le mot hébreu pour « créa » est *bara*, alors qu'au verset 26 le mot pour « faisons » est *asah*. Tout au long des deux premiers chapitres de la Genèse, *bara* apparaît sept fois, alors qu'*asah* intervient dix fois. Bien que ces deux mots semblent être employés de manière interchangeable à un certain niveau, il existe essentiellement une différence distincte dans leurs significations premières. *Bara* signifie façonner quelque chose à partir de rien. Il fait référence à la création dans son sens absolu et il est employé dans la Bible seulement en connexion avec Dieu car Lui seul peut créer à partir de rien. Dès le commencement, Dieu était seul ; rien d'autre n'existait. De ce néant, Dieu créa les cieux et la terre simplement en désirant qu'ils soient et en les appelant à l'existence. C'est ce que *bara* signifie.

Asah, d'un autre côté, signifie façonner une chose à partir d'un matériel préexistant. En plus de son apparition au verset 26, *asah* est employé en référence à Dieu "faisant" l'étendue entre les eaux (1:7), le soleil et la lune (1:16), les animaux sauvages (1:25), la terre et le ciel (2:4) et la femme, « l'aide » de l'homme (2:18).

Avec ces deux mots, *bara* et *asah*, nous pouvons voir deux aspects spécifiques de l'activité créatrice de Dieu : la création de certaines choses à partir de rien et la réalisation d'autres choses à partir de matériaux qu'Il avait déjà créés. Dans les deux cas, le principe est le même : Dieu a créé en disant.

Tout au long du chapitre 1 de la Genèse, circule cette expression « Et Dieu *dit...* », précédant chaque fois un acte de création spécifique. Dieu est un Dieu "disant" ; Il fait les choses en parlant. Les mots sont des pensées exposées, des pensées qui ont été déballées. Une pensée, par conséquent, est une parole silencieuse.

Les mots de Dieu expriment ses pensées. Il pense avant de parler. À chaque fois que Dieu dit une chose, Il l'a d'abord pensée. Avant de faire quoi que ce soit, Dieu a dans son esprit une image de tout ce qu'Il va faire. Au commencement, Dieu a créé toutes choses en exprimant ses pensées à propos de ces choses. Tout ce qui existe est d'abord originaire de l'esprit de Dieu.

Au commencement, Dieu a créé toutes choses en exprimant ses pensées à propos de ces choses.

Le premier chapitre de la Genèse révèle qu'à chaque fois que Dieu s'est préparé à "faire" (*asah*) une chose, il a "parlé" à ce qu'Il avait déjà "créé" (*bara*) et ce à quoi il a parlé a produit ce qu'Il désirait. Par exemple, lorsque Dieu a voulu que la végétation recouvre la terre, Il a parlé à la terre :

Et Dieu dit :
— Que la terre se recouvre de verdure, d'herbe portant sa semence, et d'arbres fruitiers produisant du fruit selon leur sorte, portant chacun sa semence, partout sur la terre. Et ce fut ainsi. La terre fit germer de la verdure, de l'herbe portant sa semence selon sa sorte et des arbres produisant du fruit selon leur sorte, portant chacun sa semence. Dieu vit que c'était bon. (Genèse 1:11-12)

Lorsque le Seigneur a voulu des étoiles dans le ciel, Il a parlé aux cieux : « Que, dans l'étendue du ciel, il y ait des luminaires... » (Genèse 1:14). Quand Il a voulu des poissons dans la mer, Il a parlé aux eaux : « Que les eaux foisonnent d'une multitude d'animaux vivants... » (Genèse 1:20). Et lorsqu'Il a voulu des animaux terrestres, Il a de nouveau parlé à la terre :

« Que la terre produise des êtres vivants selon leur sorte... » (Genèse 1:24)

L'un des principes basiques de la création, c'est que toutes les choses créées sont soutenues par celles dont elles sont issues. Les plantes et les animaux dépendent de la terre pour vivre parce qu'ils viennent de la terre. Les poissons dépendent de l'eau pour vivre, parce que c'est de là qu'ils viennent.

C'est une histoire différente, cependant, avec l'apparition de l'espèce humaine. Comme l'explique le premier chapitre de la Genèse, la création de l'humanité se différencie du reste de la création pour au moins trois raisons. Premièrement, bara et asah sont employés à différents endroits pour décrire la création de l'homme. Cela est certainement dû en partie à l'utilisation des deux mots de manière interchangeable, mais je crois qu'il y a plus. Dans un sens très concret, l'homme a été à la fois créé et conçu. Dieu a créé (bara) des êtres spirituels qu'Il appela "homme" et ensuite Il a fait (asah) à partir de la poussière de la terre des "maisons" physiques — des corps masculins et des corps féminins — dans lesquels ils demeurent.

Cela nous amène au second point. Lorsque Dieu a été prêt à créer l'humanité, Il n'a pas parlé à la terre comme Il l'a fait pour les plantes et les animaux, ou au ciel, comme Il l'a fait pour les étoiles. Lorsque Dieu a été prêt à créer l'homme, Il s'est parlé à Lui-même : « Dieu dit : Faisons l'homme à notre image selon notre ressemblance... Dieu créa l'homme à son image... » (Genèse 1:26-27 La Colombe). Parce que Dieu est Esprit, ce qui est venu de Lui quand Il s'est parlé à Lui-même était aussi esprit. En tant qu'êtres humains, nous sommes des êtres spirituels et c'est ce qui nous sépare du reste de la création de Dieu. Bien sûr, les anges sont aussi des êtres spirituels, mais ils ne sont pas comme nous, ce qui nous amène au troisième point.

En tant qu'êtres humains, nous sommes des êtres spirituels et c'est ce qui nous sépare du reste de la création de Dieu.

Dieu nous a créés à son image. Nulle part ailleurs la Bible ne fait cette déclaration à propos des anges ou de toute autre chose créée. Les humains sont les seuls êtres dans toute la création de Dieu qui sont façonnés à son image et à sa ressemblance. En tant qu'êtres spirituels créés à l'image de Dieu, nous sommes uniques. Dieu nous a créés pour être comme Lui.

Créés Pour Recevoir l'Amour de Dieu

La question qui vient naturellement à ce point est : « Pourquoi Dieu a-t-Il créé l'homme ?» Si Dieu est suffisant et complet en Lui-même, qu'est-ce qui L'a motivé à créer des êtres spirituels à son image et à sa ressemblance ? La réponse, en un mot, est l'amour. Permettez-moi de l'expliquer.

Dieu se révèle à nous de différentes manières, mais principalement à travers sa Parole, la Bible. Ses pages décrivent de nombreuses qualités et de nombreux attributs de Dieu. Il est saint, droit et juste. Il est puissant, fort et solide. Dieu est omniprésent, omnipotent et omniscient. Il est fidèle. Dieu est tout cela et plus, indépendant et autonome, n'ayant besoin de rien ni personne pour Le rendre complet. Dans son autonomie, Dieu est "un tout", c'est une autre façon de dire qu'Il est "seul". Cela ne revient pas à dire que Dieu est solitaire. Cela signifie simplement qu'Il est unique ; qu'il n'y a personne d'autre comme Lui.

La Bible dit aussi que Dieu est amour, et là est le problème, si nous voulons l'appeler ainsi. Dieu est seul et Dieu est amour, cependant l'amour ne peut exister ni être complet s'il est seul. Afin d'être complet et accompli, l'amour doit avoir un objet. L'amour par nature doit s'exprimer et il doit donc avoir quelqu'un ou quelque chose à qui l'exprimer. En s'exprimant, l'amour doit se donner. Par conséquent, l'amour implique une personne qui reçoit.

Au commencement, Dieu était un tout — seul. Il était amour et en tant qu'amour, il devait donner. Cependant, il n'y avait personne à qui donner. La Bible révèle Dieu comme une trinité — un Dieu qui toutefois se manifeste en trois personnes distinctes : Père, Fils et Saint-Esprit. Au sein de ce trio, l'amour parfait de Dieu existe et s'exprime continuellement. Même ainsi, l'amour éternel de Dieu a toujours besoin de se donner. Parce qu'Il était seul et qu'il n'y avait personne d'autre, Dieu devait pourvoir pour Lui-même quelqu'un qui recevrait son amour.

Dieu est amour, l'amour a besoin de donner et le don a besoin de quelqu'un qui reçoit. Afin que le don soit complet, celui qui reçoit doit être exactement comme le donneur. Dieu ne pouvait pas donner de cette façon aux plantes ou aux animaux, car ils n'étaient pas comme Lui. Rien d'autre n'était comme Dieu ; Il était seul. Comme Dieu était seul mais qu'Il avait besoin de quelqu'un comme Lui à qui donner son amour, il a dû susciter cette personne de Lui-même.

Dieu, qui est Esprit, mais qui est aussi amour et qui doit donner, a besoin d'avoir une personne réceptrice qui est comme Lui-même. Il se parle à Lui-même pour amener celui qui reçoit à être : « Faisons l'homme à notre image selon notre ressemblance... Dieu créa l'homme à son image : Il le créa à l'image de Dieu, homme et femme Il les créa. » (Genèse 1:26-27 La Colombe)

Être créé à l'image de Dieu signifie, parmi d'autres choses, que chacun de nous est un être-esprit tout comme Dieu Lui-même est Esprit. Dans notre esprit, nous n'avons pas de genre car les esprits n'ont pas de genre. Dieu nous a créés en tant qu'êtres spirituels à son image afin que nous puissions recevoir son amour. Puis Il façonna des corps physiques avec des genres distinctifs — masculin et féminin — afin que nous puissions régner sur la terre et sur toutes ses créatures. En tant qu'esprit, nous avons été créés dans le but de recevoir l'amour de Dieu. En tant qu'hommes et femmes, nous avons été créés pour exercer la domination ensemble sur l'ordre créé en tant que cogérants avec Dieu.

En tant qu'esprit, nous avons été créés dans le but de recevoir l'amour de Dieu. En tant qu'hommes et femmes, nous avons été créés pour exercer la domination ensemble sur l'ordre créé en tant que cogérants avec Dieu.

Dieu nous aime parce qu'Il est amour et qu'Il doit s'exprimer. Dieu nous aime parce qu'Il nous a créés pour ce but bien précis. Dieu nous aime parce qu'il n'y a personne d'autre — ni les anges ni aucune autre créature — qui soit comme Lui et donc apte à recevoir son amour. Celui qui reçoit doit être comme celui qui donne. Nous seuls sommes créés à l'image et à la ressemblance de Dieu. Nous seuls sommes comme Dieu — le donneur — et nous seuls sommes aptes à être des "récepteurs" de son grand amour.

Dieu n'a personne d'autre à aimer à part nous. C'est pourquoi la Bible ne nous dit jamais pourquoi Dieu nous aime. Il n'y a pas de pourquoi. Dieu nous aime parce qu'Il nous a créés dans ce but. Il n'y a rien que nous puissions faire pour attirer l'amour de Dieu, ce n'est pas non plus nécessaire ; Il nous aime déjà énormément. Dans le Nouveau Testament, dans sa lettre aux croyants de Rome, Paul a écrit : « Mais voici comment Dieu nous montre l'amour qu'il a pour nous : alors que nous étions encore des pécheurs, le Christ est mort pour nous » (Romains 5:7-8). Si Dieu nous aimait autant même dans notre péché, comment pourrions-nous faire quoi que ce soit pour qu'Il nous aime plus ? Dieu nous a clairement dans son champ de vision et Il nous a visés avec des flèches d'amour.

Dieu nous aime car Il nous a créés dans ce but bien précis.

Comme des antennes satellites spirituelles, nous sommes conçus et programmés pour recevoir l'amour de Dieu. C'est la raison pour laquelle Il nous a créés. Dieu est très jaloux envers ceux qu'Il aime et Il fera tout ce qui est nécessaire pour préserver cette relation. Romains 5:8 en est la preuve. Lorsque le péché a perturbé notre "réception" et a rompu la connexion, Dieu a envoyé son Fils pour la réparer et la restaurer.

Dieu Avait Besoin d'une Semence

Dieu a créé l'homme pour recevoir son amour. L'amour s'exprime à travers le don. Motivé par son amour, Dieu a donné à l'homme − homme et femme − un don : la domination sur toute la terre. Son plan était que tout ce qui existe sur la terre soit soumis aux lois de l'homme. La Terre devait être le domaine de l'homme, son « royaume » sous l'entière souveraineté de Dieu.

Les choses ne se sont pas passées ainsi. Séduits par satan, cet ange déchu, ce tentateur et l'adversaire de Dieu et de l'homme, Adam et Ève ont échangé leur "droit de naissance", celui de dominer sur la terre contre les plaisirs fugaces et fallacieux du "fruit défendu" de l'autonomie. Avec leur consentement, leur place légitime fut usurpée par satan qui a obtenu un accès illégal au trône de la domination terrestre.

Ce déroulement n'a pas pris Dieu au dépourvu. Il savait que cela allait arriver. Il a immédiatement mis en action le plan qu'Il avait préparé bien avant le commencement des temps, un plan pour envoyer son Fils en tant qu'être humain sur la terre pour restaurer la race des hommes à leur juste place de domination. Ce plan allait également servir à ramener les hommes dans la relation de son amour. Pourquoi le Fils de Dieu devait-Il se faire homme pour accomplir ceci ? Pourquoi Dieu n'est-Il pas simplement intervenu Lui-même et remis les choses à leur place immédiatement ? La réponse à ces questions renvoie directement à cette question entière de domination.

Parce que Dieu a donné à l'humanité de dominer sur la terre, Il n'usurpera pas arbitrairement cette domination comme satan l'a fait. Les dons de Dieu sont irrévocables. Dieu est lié par sa Parole ; tout ce qu'Il dit, Il le fait. La Parole de Dieu tiendra, indépendamment des actions des hommes. La Bible l'affirme encore et encore.

Car les dons et l'appel de Dieu sont irrévocables (Romains 11:29) : ce que Dieu donne, Il ne l'annule jamais.

Les plans de l'Éternel demeurent pour toujours et ses projets subsistent d'âge en âge (Psaumes 33:11) : une fois que Dieu a un plan, ce plan est pour toujours. Dieu ne changera jamais son plan originel, qui consiste pour l'homme à dominer sur la terre.

Oui l'herbe se dessèche et la fleur se flétrit, mais la parole de notre Dieu subsistera toujours (Ésaïe 40:8) : Une fois que Dieu parle, la chose arrive.

Il en sera de même de la parole que j'ai prononcée : elle ne reviendra jamais vers moi à vide, sans avoir accompli ce que je désirais et sans avoir atteint le but que je lui ai fixé (Ésaïe 55:11) : toute parole que Dieu prononce sera accomplie.

En donnant à l'homme la domination sur la terre, Dieu a essentiellement renoncé à ses droits d'interférer dans les affaires de cette planète. Ceci ne diminue en rien sa souveraineté en tant que Créateur ou sa place en tant que Seigneur de l'univers. Cela signifie simplement qu'Il a choisi de se limiter à agir sur la terre seulement après avoir obtenu l'accès "légal" de le faire. Obtenir cet accès requiert la participation volontaire des humains. Dieu honore sa Parole. Afin de retrouver son amour perdu — l'humanité — et de nous sauver de notre péché, Dieu avait besoin d'une semence humaine.

Dieu a choisi de se limiter à agir sur la terre seulement après avoir obtenu l'accès "légal" de le faire.

C'est pourquoi Dieu a appelé Abraham et a promis de le bénir en lui donnant un fils même si lui et sa femme, Sarah, n'avaient pas d'enfants et avaient dépassé l'âge d'en avoir. Dieu avait besoin d'humains au travers desquels Il pourrait oeuvrer librement pour apporter sa semence dans le monde au moment opportun.

L'enfant du miracle né d'Abraham et de Sarah, le fils de la promesse, était Isaac, qui a eu à son tour des jumeaux, Jacob et Esaü. Jacob eut douze fils, dont les familles ont grandi dans les douze tribus de la nation d'Isral. Juda, l'un des fils de Jacob, était un ancêtre du roi David. Marie et Joseph, les parents terrestres de Jésus, étaient tous les deux descendants de David.

Cette lignée de descendance d'Abraham à Marie a procuré à Dieu la lignée dont Il avait besoin pour que l'entrée de son Fils dans le monde soit légitime.

L'une des grandes vérités de la Bible, c'est qu'à chaque fois que Dieu est prêt à faire une chose sur la terre, Il oeuvre toujours à travers une personne ou un groupe de personnes qu'Il a appelées et qui Lui ont répondu favorablement. Le facteur humain est la clé pour l'activité de Dieu sur la terre. Lorsque Dieu s'est préparé à délivrer les Israélites d'Égypte, Il a appelé Moïse. Lorsqu'Il a été prêt à sauver son peuple des Madianites, Il a appelé Gédéon. Lorsque Dieu a voulu alerter son peuple désobéissant de son jugement et les rappeler à Lui, Il a appelé Élie, Ésaïe, Jérémie, Amos et les autres prophètes. Lorsque Dieu a été prêt à envoyer son Fils dans le monde, Il a choisi Marie, une humble paysanne, pour être sa mère. Quand Jésus-Christ s'est préparé à envoyer son message de salut à travers le monde, Il a appelé et oint des hommes et des femmes — son Église — et Il les a chargés de la mission.

Cela illustre un principe incroyable selon lequel Dieu opère : sans Dieu, nous ne pouvons pas, et sans nous, Dieu ne voudra pas. Car dans tout ce que Dieu désire faire sur la terre, Il engage un partenariat avec ceux à qui Il a déjà donné la domination.

Pas De Plus Grand Amour

Combien l'amour de Dieu pour nous est-il immense ? Il est suffisamment grand pour que lorsque nous étions encore des pécheurs, alors que nous étions encore dans un état de rébellion contre Dieu, Il a envoyé son Fils, Jésus-Christ, qui était sans péché, pour mourir pour nos péchés afin que nous puissions revenir à une relation d'amour avec Lui. À cause de son immense amour pour nous, Dieu a fait pour nous ce que nous n'aurions jamais été capables de faire pour nous-mêmes. Il a voulu payer le prix — et Il l'a fait pour retrouver son amour perdu.

Considérez ces mots de Paul dans sa lettre aux croyants d'Éphèse dans le Nouveau Testament : « Autrefois, vous étiez morts à cause de vos fautes et de vos péchés... Mais Dieu est riche en bonté. Aussi, à cause du grand amour dont il nous a aimés, alors que nous étions spirituellement morts à cause de nos fautes, il nous a fait revivre les uns et les autres avec le Christ. — C'est par la grâce que vous êtes sauvés. » (Éphésiens 2:1, 4-5)

Comment Christ a-t-Il accompli cela ? La seule façon pour Lui qui était le Fils de Dieu, était de devenir le fils de l'homme en incarnant une forme charnelle humaine. Il est devenu comme nous afin que nous puissions devenir comme Lui. Voici comment l'auteur du livre des Hébreux du Nouveau Testament a décrit ce que Jésus a fait :

> *Mais voici ce que nous constatons: après avoir été abaissé pour un peu de temps au-dessous des anges, Jésus se trouve maintenant couronné de gloire et d'honneur, à cause de la mort qu'il a soufferte. Ainsi, par la grâce de Dieu, c'est pour tous les hommes qu'il a connu la mort... Ainsi donc, puisque ces enfants sont unis par la chair et le sang, lui aussi, de la même façon, a partagé leur condition. Il l'a fait pour réduire à l'impuissance, par la mort, celui qui détenait le pouvoir de la mort, c'est-à-dire le diable, et pour délivrer tous ceux qui étaient réduits à l'esclavage leur vie durant par la peur de la mort. Car ce n'est évidemment pas pour porter secours à des anges qu'il est venu ; non, c'est à la descendance d'Abraham qu'il vient en aide. Voilà pourquoi il devait être rendu, à tous égards, semblable à ses frères afin de devenir un grand prêtre plein de bonté et digne de confiance dans le domaine des relations de l'homme avec Dieu, en vue d'expier les péchés de son peuple. (Hébreux 2:9, 14-17)*

Il n'y a pas de plus grande démonstration d'amour que celle-ci. En fait, Jésus Lui-même a dit : « Il n'y a pas de plus grand amour que de donner sa vie pour ses amis » (Jean 15:13). Dieu a envoyé son Fils pour nous sauver, parce qu'Il nous aime. Jésus-Christ a volontairement donné sa vie pour nous parce qu'Il nous aime. L'amour de Dieu est un amour éternel ; il ne cessera et ne s'éteindra jamais. En effet, il ne peut pas parce que l'amour est l'essence de Dieu Lui-même.

Dieu est amour et l'amour doit donner, donc Il nous a créés pour recevoir son amour. Pour que l'amour soit complet, celui qui reçoit doit être comme celui qui donne. Nous sommes créés à l'image et à la ressemblance de Dieu. Comme Il est Esprit, nous sommes aussi esprit. Comme Dieu est amour, nous sommes aussi amour. Nous avons été créés pour recevoir l'amour de Dieu, mais également pour L'aimer en retour et pour aimer les autres aussi.

PRINCIPES

1. Dieu crée en disant.

2. Lorsque Dieu fut prêt à créer l'homme, Il s'est parlé à Lui-même.

3. Dieu a créé l'humanité à son image.

4. Dieu est amour.

5. Pour être complet, l'amour doit donner ; cependant l'amour a besoin d'une personne qui reçoit.

6. Pour que l'amour soit accompli, celui qui reçoit doit être comme celui qui donne.

7. Dieu a créé l'homme pour recevoir son amour.

8. En donnant à l'homme la domination sur la terre, Dieu a essentiellement renoncé à son droit d'interférer dans les affaires de la planète.

9. Afin de retrouver son amour perdu – l'humanité – et nous sauver de notre péché, Dieu avait besoin d'une semence humaine.

10. Sans Dieu nous ne pouvons pas, et sans nous, Dieu ne voudra pas.

CHAPITRE 3

Aimer Dieu

Dieu est amour et l'amour a besoin de donner. Alors Dieu a créé l'homme – un être spirituel comme Lui – afin d'avoir quelqu'un à aimer et à qui donner. Comprenez bien, s'il-vous-plaît, que je me réfère à l'homme au sens générique, "homme" étant le mot pour désigner l'espèce humaine. L'"homme" dans ce sens n'est ni "mâle" ni "femelle" mais esprit, car Dieu est Esprit.

La première chose que Dieu a donnée à cet homme spirituel qu'Il avait créé, fut la domination sur la terre, un royaume physique. Les êtres spirituels ne peuvent comprendre ou apprécier les réalités physiques parce que le spirituel et le physique se situent sur deux sphères totalement différentes. Alors Dieu a pris de « la poussière du sol » – tirée de ce royaume physique – et a façonné un corps physique, une "maison" où l'esprit de l'homme demeurerait. Il a doté ce corps d'un cœur, de poumons, d'un système nerveux et de cinq sens, la vue, l'odorat, le goût, le toucher et l'ouïe afin que son homme esprit puisse avoir un accès légal et une pleine jouissance du monde physique qu'il devait dominer.

Il se trouve que le premier corps que Dieu a façonné pour l'homme était de genre masculin. Lorsqu'Adam, le premier "homme" mâle, s'est retrouvé aussi seul dans son royaume que Dieu l'avait été dans le sien avant la création, Dieu a pris une partie du corps d'Adam et a formé un corps de femme, abritant également un esprit "homme". Puis, l'homme et la femme ont connu la joie d'être complets et en communion continue avec Dieu. Dans leur esprit, Adam et Ève n'avaient besoin de nul autre que Dieu pour être entièrement accomplis. Cependant, dans leur état d'homme et de femme, ils avaient besoin l'un de l'autre pour être complets. Il en est de même pour chacun d'entre nous.

Le but fondamental de Dieu quand Il nous a créés était de nous aimer ; la domination sur la terre a été son premier cadeau. Il nous a créés pour nous aimer et nous a donné la domination pour prouver son amour. Par conséquent, quel est alors le but de l'homme sur la terre ? Sommes-nous ici simplement pour exercer notre domination sur l'ordre créé ? Adam et Ève régnaient sur l'environnement physique – mais ils entretenaient également une amitié permanente avec Dieu.

Nous sommes réceptifs à l'amour de Dieu car c'est de cette façon qu'Il nous a créés. Il nous a également créés avec la capacité d'aimer en retour. Ce qui a été tiré de Dieu est comme Dieu. Parce que Dieu est amour, nous le sommes aussi dans notre esprit car nous venons de Dieu. Notre premier but sur terre n'est pas de dominer, mais de recevoir l'amour de Dieu et de L'aimer en retour. Le catéchisme de Westminster Shorter, affirmation classique des vérités fondatrices de la foi chrétienne, dit que la finalité de l'homme est de « glorifier Dieu et de L'aimer éternellement ». Il s'agit d'une description juste et magnifique de l'amour échangé entre Dieu et l'homme.

Notre premier but sur terre n'est pas de dominer, mais de recevoir l'amour de Dieu et de L'aimer en retour.

Notre but premier et principal est d'aimer Dieu. Parfois nous sommes tellement occupés à conquérir la terre que nous oublions que Dieu a dit : « Ta première allégeance c'est de M'aimer et de M'adorer ». Jésus l'a clairement affirmé lorsqu'on Lui a demandé lequel des commandements était le plus important :

> *L'un d'entre eux, un enseignant de la Loi, voulut lui tendre un piège.*
> *Il lui demanda :*
> *— Maître, quel est, dans la Loi, le commandement le plus grand ?*
> *Jésus lui répondit :*
> *— Tu aimeras le Seigneur, ton Dieu, de tout ton coeur, de toute ton âme et de toute ta pensée. C'est là le commandement le plus grand et le plus important. Et il y en a un second qui lui est semblable : Tu aimeras ton prochain comme toi-même. Tout ce qu'enseignent la Loi et les Prophètes est contenu dans ces deux commandements.*
> (Matthieu 22:35-4)

En tant qu'êtres humains, notre priorité numéro un — notre "but ultime" — est d'aimer Dieu avec tout ce que nous avons. Et c'est seulement ensuite que nous pouvons pleinement accomplir le second commandement, qui est d'aimer notre prochain comme nous-mêmes. Le succès et le véritable bonheur dans toutes nos relations dépendent de la façon dont nous aimons Dieu. Dieu nous aime et nous devons l'aimer en retour. Comment faire ? Que signifie aimer Dieu ?

La volonté et le désir de Dieu — son plaisir — c'est que nous L'aimions.

Nous ne pouvons plaire à Dieu si nous ne L'aimons pas. Nous ne pouvons pas L'aimer sans Le connaître et nous ne pouvons pas Le connaître sans avoir foi en Lui. « Or, sans la foi, il est impossible de lui être agréable. Car celui qui s'approche de Dieu doit croire qu'il existe et qu'il récompense ceux qui le cherchent » (Hébreux 11: 6).

Ainsi, la condition préalable pour aimer Dieu, c'est de Le connaître par la foi. Il est impossible d'aimer Dieu sans Le connaître. Nous apprenons à connaître Dieu à travers son Fils, Jésus Christ, qui par sa mort sur la croix, a payé le prix pour notre péché et ouvert la voie pour que nous soyons restaurés dans une juste relation avec notre Père céleste. C'est ainsi que Paul écrit dans l'épître aux Romains : « Tous ont péché, en effet, et sont privés de la glorieuse présence de Dieu, et ils sont déclarés justes par sa grâce ; c'est un don que Dieu leur fait par le moyen de la délivrance apportée par Jésus-Christ ». (Romains 3:23-24)

Le péché a brisé notre relation avec Dieu, mais Jésus a scellé la brèche de son sang. Quand par la foi nous nous détournons de nos péchés et que nous mettons notre confiance en Jésus-Christ, comme notre Sauveur et Seigneur personnel, « il est fidèle et juste et, par conséquent, il nous pardonnera nos péchés et nous purifiera de tout le mal que nous avons commis » (1 Jean 1:9b). Il nous remplit également du Saint-Esprit, qui nous rend capables de marcher en communion continue avec notre Père. Et c'est là et seulement là que nous pouvons réellement aimer Dieu.

L'Adoration

En tant que croyants, nous pouvons pratiquer et démontrer notre amour pour Dieu de plusieurs façons. L'une des plus importantes est à travers l'adoration. Sur ce point, il est important de comprendre que beaucoup de ce que nous appelons souvent adoration est en réalité autre chose. La véritable adoration a lieu sur un plan spirituel plutôt que physique. Tant de notre soi-disant adoration se déroule sur le plan physique : chanter, prier, lever les mains, danser, parler en langues, etc. Alors que ces activités font intervenir le corps et l'âme, elles n'engagent pas nécessairement ou automatiquement l'esprit. Nous pouvons faire toutes ces choses avec une grande ferveur et une grande énergie, sans pour autant entrer dans une adoration véritable.

La véritable adoration a lieu sur un plan spirituel plutôt que physique.

Ce que la majorité des croyants appelle adoration est en réalité de la louange : reconnaître la grandeur et la bonté de Dieu, Le remercier pour ses miracles et ses bénédictions, célébrer sa présence et sa puissance. Louer Dieu signifie L'élever, dire du bien de Lui, avoir pour Lui la plus grande estime, Lui attribuer la gloire, la majesté et l'honneur. Toutes ces choses sont bonnes, justes et appropriées — mais ce n'est pas véritablement de l'adoration. La louange prépare le terrain pour l'adoration, mais beaucoup de croyants ne vont jamais aussi loin.

La véritable adoration réside au-delà de la louange. Elle réside au-delà des chants et des prières et de toutes les autres activités physiques que nous avons tendance à prendre pour de l'adoration. La louange nous est plus bénéfique qu'elle ne l'est à Dieu. Elle prépare notre esprit à l'adoration en nous aidant à soumettre nos corps pour permettre à la véritable adoration d'avoir lieu. Dans un sens, la louange nous aide à sortir de nos corps, des restrictions de la chair pour que notre esprit puisse adorer en toute liberté. Et pour la même raison, elle peut également nous distraire si nous ne faisons pas attention.

La vraie adoration se produit toujours d'esprit à Esprit — notre esprit se mêlant à l'Esprit de Dieu. Le plus souvent, elle a lieu sans paroles. Il y a adoration quand nous nous perdons en Dieu. Si nous sommes trop pris dans la louange et autres activités qui nous amènent à nous concentrer sur la chair — sur le physique — nous n'arriverons pas à entrer de tout notre coeur dans l'adoration. Il y a un moment où nous devons laisser le physique derrière et communier avec Dieu à un niveau purement spirituel. La louange est le "réacteur" qui nous propulse hors de la rampe de lancement, mais seul notre esprit peut entrer en "orbite".

Le mot adoration veut dire relation intime, s'agenouiller, embrasser. En bref, adoration signifie intimité. C'est ce qui différencie l'adoration de la louange. Il n'existe pas d'intimité longue distance. Nous pouvons louer Dieu à distance, mais nous ne pouvons pas L'adorer à distance. La louange est physique ; l'adoration est spirituelle. L'adoration est un échange de soi.

Nous pouvons louer Dieu à distance, mais nous ne pouvons pas L'ADORER à distance.

Dieu est amour et Il nous a créés pour que nous recevions son amour. Parce que nous sommes issus d'un Dieu qui aime et qui donne, nous avons la capacité non seulement de recevoir de l'amour, mais aussi d'en donner en retour. L'adoration existe lorsque Dieu donne Son amour, que nous recevons son amour et que nous le Lui redonnons. Notre esprit entre en interaction avec l'Esprit de Dieu et l'amour est échangé. Dieu aime et donne ; nous recevons et répondons, redonnant à Dieu l'amour qu'Il a déjà répandu sur nous.

Demeurer en Christ

Un tel échange d'amour intime requiert que nous demeurions proches de Dieu. L'intimité est impossible à distance. Aimer Dieu demande alors en partie que nous maintenions notre "connexion" avec Lui. Il est la source de tout ce que nous possédons, de tout ce que nous sommes et de tout ce que nous espérons devenir. Les réponses à toutes nos questions demeurent en Dieu. La solution à tous nos problèmes est gardée en Dieu. En Lui réside la paix face à notre confusion. Dieu détient la clé de chaque mystère et de chaque chose inconnue. On trouve en Lui sagesse, connaissance, et la vie elle-même.

C'est ce point que Jésus voulait illustrer lorsqu'Il a comparé la relation entre ses disciples et Lui avec celle des branches sur le cep.

Je suis le vrai plant de vigne et mon Père est le vigneron... Demeurez en moi, et moi je demeurerai en vous. Un sarment ne saurait porter du fruit tout seul, sans demeurer attaché au cep. Il en est de même pour vous : si vous ne demeurez pas en moi, vous ne pouvez porter aucun fruit. Je suis le cep de la vigne, vous en êtes les sarments. Celui qui demeure en moi et en qui je demeure, portera du fruit en abondance, car sans moi, vous ne pouvez rien faire. Si quelqu'un ne demeure pas en moi, on le jette hors du vignoble, comme les sarments coupés : ils se dessèchent, puis on les ramasse, on y met le feu et ils brûlent. Mais si vous demeurez en moi, et que mes paroles demeurent en vous, demandez ce que vous voudrez, vous l'obtiendrez... Comme le Père m'a toujours aimé, moi aussi je vous ai aimés ; maintenez-vous donc dans mon amour. Si vous obéissez à mes commandements, vous demeurerez dans mon amour, tout comme moi-même j'ai obéi aux commandements de mon Père et je demeure dans son amour.
(Jean 15:1, 4-7, 9-10)

Les sarments n'ont pas la vie en eux-mêmes ; leur vie se trouve dans le cep. Toute branche séparée du cep mourra car elle ne peut subvenir elle-même à ses besoins. Bien que ce soient les branches qui portent les feuilles et le fruit, elles ne peuvent le faire qu'aussi longtemps qu'elles restent connectées au cep. La vie présente dans le cep coule à travers les sarments, de sorte que ces derniers portent du fruit. Nulle branche ne peut d'elle-même produire ou porter du fruit.

De la même façon, Jésus a dit qu'il n'y a rien que nous puissions faire en dehors de Lui. Nous sommes les branches, mais Il est le cep, notre source de vie et de fruit. Tout ce dont nous avons besoin, tout ce que nous pouvons avoir ou devenir est en Lui. Il nous faut rester en connexion vitale et constante avec Jésus, notre cep, afin d'être fructueux et d'accomplir le but de notre existence.

Jésus ordonne à ses disciples : « Demeurez en moi, et moi je demeurerai en vous » (Jean 15:4a). Son commandement est ensuite suivi d'une promesse : « Si vous obéissez à mes commandements, vous demeurerez dans mon amour » (Jean 15:10a). Demeurer ou rester en Christ est alors essentiel à l'échange d'amour entre le Seigneur et nous. Pour une simple raison : nous devons rester dans une position – proche de Lui – pour pouvoir recevoir pleinement son amour.

Il nous faut rester en connexion vitale et constante avec Jésus, notre cep afin d'être fructueux et d'accomplir le but de notre existence.

L'amour trouve sa source en Dieu. Notre capacité à aimer – Dieu, nous-mêmes ou les autres – dépend de l'amour de Dieu. Nous sommes capables d'aimer uniquement parce que Dieu nous a aimés le premier. Jean l'a expliqué de cette manière dans sa première épître du Nouveau Testament :

Mes chers amis, aimons-nous les uns les autres, car l'amour vient de Dieu. Celui qui aime est né de Dieu et il connaît Dieu. Qui n'aime pas n'a pas connu Dieu, car Dieu est amour. Voici comment Dieu a démontré qu'il nous aime : il a envoyé son Fils unique dans le monde pour que, par lui, nous ayons la vie. Voici en quoi consiste l'amour : ce n'est pas nous qui avons aimé Dieu, mais c'est lui qui nous a aimés ; aussi a-t-il envoyé son Fils pour apaiser la colère de Dieu contre nous en s'offrant pour nos péchés. (1 Jean 4 : 7-10)

La clé de l'amour est : « ce n'est pas nous qui avons aimé Dieu, mais c'est lui qui nous a aimés ; aussi a-t-il envoyé son Fils ». Comment aimons-nous Dieu ? Nous L'aimons en demeurant proches de Lui afin de recevoir son amour. Cet amour que nous recevons dans nos cœurs nous rend capables de L'aimer en retour. Comment restons-nous proches de Dieu ? À travers l'adoration, la prière, en passant du temps à lire, à méditer et à étudier sa Parole, la Bible, en marchant dans l'Esprit de Dieu et en maintenant une amitié régulière avec d'autres croyants. Nous désirons passer beaucoup de temps avec ceux que nous aimons. Nous aimons Dieu en passant du temps avec Lui et en restant proches de Lui, pour qu'Il puisse nous aimer et nous enseigner ses voies et que nous devenions semblables à Lui.

Nous aimons Dieu en demeurant proches de Lui afin de recevoir son amour.

L'intimité Avec Dieu

L'un des principes évidents de la vie, c'est que nous ressemblons de plus en plus aux personnes avec lesquelles nous passons la majeure partie de notre temps. La seule façon de parvenir réellement à connaître quelqu'un est de passer beaucoup de temps avec cette personne. L'une des façons pour nous d'aimer Dieu, c'est d'apprendre à Le connaître. Un autre mot pour connaître Dieu est *intimité*. En réalité, dans la Bible, les concepts de connaissance et d'intimité sont très étroitement liés. Dans l'Ancien Testament, le mot hébreu *yada* est utilisé à la fois pour "connaître" Dieu et avoir des relations sexuelles. Par exemple, Moïse "connut" Dieu "face à face" (voir Deutéronome 34:10) et « l'homme connut Ève sa femme » (Genèse 4:1a La Colombe). Dans les deux cas, on retrouve le fait d'être proches et familiers intimement.

Une des façons pour nous d'aimer Dieu, c'est d'apprendre à Le connaître.

Dans Proverbes 1:7, il est dit : « La crainte de l'Eternel est le commencement de la connaissance ; Les insensés méprisent la sagesse et l'instruction. » Connaître Dieu est le point de départ de toute connaissance véritable. Cela fait la différence entre la réussite et l'échec, dans l'amour comme dans la vie. L'opposé de la connaissance est l'ignorance. L'ignorance étouffe la créativité et le potentiel et retient ses victimes en esclavage intellectuel et spirituel. Au contraire, la connaissance libère. Jésus a dit : « Si vous vous attachez à la Parole que je vous ai annoncée, vous êtes vraiment mes disciples. Vous connaîtrez la vérité, et la vérité fera de vous des hommes libres » (Jean 8:31b-32).

Ce n'est pas simplement la vérité qui nous rend libres, mais la *connaissance* de la vérité. C'est ce qui fait la différence. La vérité que nous ne connaissons pas ne nous est d'aucune utilité. Jésus a dit que nous connaîtrons la vérité en gardant son enseignement. Tout ce que Jésus a dit et fait — l'exemple intégral de sa vie — avait pour but de révéler son Père. L'objectif de l'enseignement de Jésus est de nous faire connaître Dieu. Lorsque nous connaissons Dieu, nous connaissons l'amour, car Dieu est amour. Quand nous connaissons Dieu, nous connaissons la vie, car Dieu est la vie.

Si nous espérons commencer à comprendre Dieu et savoir comment L'aimer, il nous faut commencer par Le connaître. Est-il possible pour nous de comprendre Dieu ? Dans un sens, non ; en aucune façon nous ne pouvons, avec nos esprits limités, comprendre pleinement un Dieu infini. D'un autre côté, néanmoins, Dieu ne souhaite pas que nous soyons dans l'ignorance à son sujet. Il veut que nous Le connaissions et que nous ayons une relation d'intimité avec Lui. C'est pourquoi Il a fait tout ce qui était nécessaire pour se révéler à nous au travers de sa Parole, de son Fils et de son Esprit.

Lorsque nous connaissons Dieu, nous connaissons l'amour, car Dieu est amour. Quand nous connaissons Dieu, nous connaissons la vie, car Dieu est la vie.

Beaucoup de croyants se méprennent sur le fait qu'il est impossible de comprendre Dieu, qu'Il est supposé demeurer un mystère éternel. Ce n'est pas le cas. La Bible témoigne fidèlement de Dieu qui se révèle continuellement et progressivement à l'humanité. Le Psaume 98:2 dit : « L'Éternel fait connaître son salut ; aux nations il révèle sa justice. » Certains croyants utilisent le verset dans 1 Corinthiens 2:9, pour appuyer l'idée que Dieu est un mystère insondable : « Mais, comme le dit l'Écriture, il s'agit de ce que l'œil n'a pas vu et que l'oreille n'a pas entendu, ce que l'esprit humain n'a jamais soupçonné, mais que Dieu tient en réserve pour ceux qui l'aiment » mais souvent ils oublient le verset qui suit : « Or, Dieu nous l'a révélé par son Esprit » (1 Corinthiens 2:10).

Dieu peut être connu et Il veut que nous Le connaissions. Il s'est révélé de bien des manières afin que nous puissions Le connaître. Prendre le temps et faire l'effort de connaître Dieu – pour en arriver à être intimes avec Lui – est une façon de L'aimer. Il se tient là à attendre que nous répondions à son invitation : « Approchez-vous de Dieu, et il s'approchera de vous » (Jacques 4:8a).

Connaître Les Voies De Dieu

Dieu veut que nous Le connaissions et que nous L'aimions. Ceci va au-delà de connaître beaucoup de faits sur Dieu ; c'est plus qu'un simple savoir intellectuel. Connaître signifie comprendre la nature et les propriétés d'une chose ou d'une personne. Si vous êtes un bon mécanicien, vous en savez plus sur les voitures que leurs simples dimensions physiques. Vous comprenez leurs principes de fonctionnement. Vous connaissez l'extérieur et l'intérieur du moteur, le système de transmission et d'échappement, ainsi que le système électrique. Et quand quelque chose ne fonctionne pas correctement, vous êtes capable de localiser le problème et d'apporter les réparations nécessaires parce que vous comprenez la nature et les propriétés des automobiles. Vous pouvez réellement dire que vous *connaissez* les voitures.

Connaître quelqu'un signifie comprendre sa nature et sa personnalité. C'est connaître les croyances et les passions de cette personne, ce qu'elle aime et ce qu'elle n'aime pas, ses forces, ses faiblesses ; c'est savoir ce qui la "met en rogne". Ce type de "connaissance" se situe bien en-dessous de la surface —bien au-delà des paroles et actions superficielles— pour toucher l'être intérieur de l'autre personne. La connaissance intime de l'autre implique une rencontre non seulement des esprits mais aussi des coeurs. Ce qui veut dire connaître non seulement les actes de la personne mais également ses *voies*.

Aimer Dieu signifie apprendre à connaître ses voies. Cela est bien différent que de simplement connaître ses œuvres et actions. Au Psaume 95:10, le Seigneur dit : « Pendant quarante ans, j'ai éprouvé du dégoût pour cette génération, et j'ai dit alors : C'est un peuple qui s'égare, et qui ne fait aucun cas des voies que je lui prescris. » Dieu fait référence au peuple d'Israël, son peuple choisi, qui pourtant n'a pas connu ses voies. Ce peuple avait été témoin des plaies de Dieu contre l'Égypte, qui les avaient sortis de l'esclavage. Ils avaient vu Dieu séparer les eaux de la Mer Rouge et les délivrer de l'armée du pharaon. Ils avaient suivi la nuée de Dieu le jour, sa colonne de feu la nuit. Dieu leur avait donné de l'eau à boire provenant du rocher. Sa provision miraculeuse de manne avait été leur nourriture chaque jour pendant les quarante années passées dans le désert. Pendant tout ce temps, leurs vêtements et leurs chaussures ne se sont jamais usés. Les Israélites avaient assisté à toutes les oeuvres puissantes de Dieu. Ils connaissaient ses actes, mais jamais ils en sont arrivés à connaître ses voies.

La connaissance intime de l'autre implique une rencontre non seulement des esprits mais aussi des coeurs.

Moïse, de son côté, a vécu une relation différente et plus intime avec Dieu. David y fait allusion au Psaume 103:7 quand il écrit au sujet du Seigneur : « Il a fait connaître ses voies à Moïse, ses hauts faits aux fils d'Israël » (La Colombe). On parle ici de deux relations. Moïse connaissait les voies de Dieu, mais le peuple ne connaissait que sa performance. Moïse restait connecté au cœur et à l'esprit de Dieu, mais le peuple connaissait uniquement ses actions. C'est pourquoi le peuple n'est jamais vraiment entré dans la présence de Dieu.

Le même problème se présente aujourd'hui. Il existe beaucoup de croyants qui peuvent témoigner des miracles de Dieu, de ses bénédictions et qui peuvent raconter comment Dieu a répondu à un besoin spécifique, sans pour autant connaître ses voies. Ils peuvent apprécier les choses de Dieu et sa puissance, mais ils n'ont jamais expérimenté sa présence. Ils n'ont jamais connecté leurs coeurs ou leurs esprits au sien.

Connaître les voies de Dieu apporte un autre élément en lien avec notre amour pour Dieu qui est probablement le plus important de tous : l'obéissance. Jésus a dit :

Si vous m'aimez, vous suivrez mes enseignements... Celui qui m'aime vraiment, c'est celui qui retient mes commandements et les applique. Mon Père aimera celui qui m'aime ; moi aussi, je lui témoignerai mon amour et je me ferai connaître à lui... Si quelqu'un m'aime, il obéira à ce que j'ai dit. Mon Père aussi l'aimera : nous viendrons tous deux à lui et nous établirons notre demeure chez lui (Jean 14:15, 21, 23).

L'obéissance à Dieu est la plus grande démonstration – la plus grande *preuve* – de notre amour pour Lui. Nous aimons Dieu en Lui obéissant. Sans obéissance, toutes nos déclarations d'amour et de dévotion sont vides, dénuées de sens et hypocrites. Ésaïe 29:13a révèle clairement l'attitude de Dieu à cet égard : « Le Seigneur dit encore : 'Ce peuple se tourne vers moi, mais ce n'est qu'en paroles, et il me rend hommage, mais c'est du bout des lèvres : car au fond de son cœur, il est bien loin de moi ».

L'obéissance à Dieu est la plus grande démonstration – la plus grande PREUVE – de notre amour pour Lui.

Quel est votre désir ? Poursuivez-vous simplement une bénédiction ou voulez-vous connaître Dieu ? Est-ce que recevoir de Lui vous suffit, ou soupirez-vous après une relation d'intimité avec Lui ? Êtes-vous satisfaits d'être une simple connaissance de Dieu, ou désirez-vous ardemment devenir son ami ?

L'amour doit se donner afin d'être accompli ; ainsi, l'amour a besoin de quelqu'un pour le recevoir. Pour que l'amour soit complet, celui qui le reçoit doit aimer en retour. C'est une telle relation que Dieu a prévu pour chacun de nous, et à laquelle Il nous invite tous. Nous avons été créés pour recevoir l'amour de Dieu et pour le Lui redonner. Le désir de Dieu est que nous entrions dans une relation d'amour profonde et intime avec Lui, qui va bien au-delà des apparences extérieures et qui nous connecte à Lui, cœur à cœur et esprit à Esprit. Dieu nous appelle à L'aimer avec tout notre coeur, notre âme et notre esprit. C'est ce type d'amour qui nous permettra d'atteindre notre but ultime : « glorifier Dieu et L'aimer éternellement. »

Êtes-vous satisfaits d'être une simple connaissance de Dieu, ou désirez-vous ardemment devenir son ami ?

PRINCIPES

1. Notre but premier et principal est d'aimer Dieu.

2. La condition préalable pour aimer Dieu, c'est de Le connaître par la foi.

3. La véritable adoration se déroule toujours d'esprit à esprit — notre esprit se mêlant à l'Esprit de Dieu.

4. L'adoration est un échange de soi.

5. Aimer Dieu demande en partie que nous maintenions notre "connexion" avec Lui.

6. Demeurer en Christ est essentiel à l'échange d'amour entre le Seigneur et nous.

7. Connaître Dieu est le point de départ de toute connaissance véritable.

8. Prendre le temps et faire l'effort de connaître Dieu — pour en arriver à être intimes avec Lui — est une façon de L'aimer.

9. Aimer Dieu signifie apprendre à connaître ses voies.

10. Le désir de Dieu est que nous entrions dans une relation d'amour profonde et intime avec Lui, allant bien au-delà des apparences extérieures et qui nous connecte à Lui, coeur à coeur et esprit à Esprit.

11. Nous aimons Dieu en Lui obéissant.

CHAPITRE 4

S'aimer Soi-Même

L'amour réside au sein même du dessein de Dieu pour toutes les relations humaines, qu'elles soient naturelles ou spirituelles. Jésus nous a dit que les deux premiers commandements sont, premièrement : « Tu aimeras le Seigneur, ton Dieu, de tout ton cœur, de toute ton âme et de toute ta pensée » (Matthieu 22:37), et deuxièmement : « Tu aimeras ton prochain comme toi-même. » (Matthieu 22:39b). Les deux sont inextricablement liés. Dieu nous a créés non seulement pour recevoir son amour, mais aussi pour Lui rendre cet amour en retour et le déverser également sur les autres. En rompant notre relation avec Dieu, le péché a brisé la "connexion" essentielle dans notre capacité à donner et à recevoir. Sans une relation d'amour vitale avec Dieu, il est impossible pour nous d'aimer ni notre prochain, ni nous-mêmes comme nous le devrions. Cependant, lorsque nous sommes conscients de l'amour de Dieu pour nous, nous pouvons Lui rendre cet amour et ce libre échange d'amour nous permet de nous aimer nous-mêmes et, à notre tour, d'aimer les autres.

La haine de soi est probablement l'un des plus grands problèmes de la société humaine, indépendamment des cultures. Des décennies de recherches, d'études et d'expériences dans le domaine de la psychologie et du comportement humain ont révélé que la haine de soi se trouve au coeur de la grande majorité des problèmes mentaux, émotionnels et psychologiques. Beaucoup de gens éprouvent de la difficulté à vivre avec les autres, parce qu'ils éprouvent de la difficulté à vivre avec eux-mêmes. Ils ont du mal aussi bien à donner de l'amour qu'à recevoir de l'amour des autres parce qu'ils ne peuvent pas s'aimer.

Malheureusement, le problème de la haine de soi n'est pas limité à une culture particulière ou au monde de la maladie mentale ou de l'instabilité émotionnelle. Le même fléau afflige plusieurs disciples de Christ également. Beaucoup d'entre nous qui sommes des croyants avons un complexe d'infériorité sous lequel nous nous cachons constamment, en disant des choses négatives à propos de nous-mêmes, en dénigrant nos dons, nos talents et nos capacités. Ce sentiment d'infériorité est le produit de siècles d'enseignement dans l'Église qui dit qu'il est mauvais pour nous de nous aimer nous-mêmes. Un tel enseignement équivaut à assimiler l'autodépréciation à l'humilité, quand en réalité les deux ne sont pas du tout la même chose. L'autodépréciation dit : « Je ne suis rien. Je n'ai aucune valeur, je suis inutile, je n'ai rien de bon à donner à personne. » L'humilité, d'autre part, c'est simplement croire et accepter ce que Dieu dit de nous, et Dieu dit que nous sommes tout sauf inutiles.

Lorsque Jésus a dit « Tu aimeras ton prochain comme toi-même », Il a voulu dire que nous devons aimer notre prochain autant ou au même degré que nous nous aimons nous-mêmes. En d'autres termes, nous ne pouvons aimer notre prochain qu'au même titre que nous nous aimons nous-mêmes. Les gens qui ne s'aiment pas ne peuvent pas aimer vraiment quelqu'un d'autre.

L'humilité, c'est simplement croire et accepter ce que Dieu dit de nous et Dieu dit que nous sommes tout sauf inutiles.

Comprenez bien, je vous prie, que je ne suis pas en train de faire référence à un amour de soi narcissique et égoste qui se pavane avec une opinion prétentieuse de lui-même tout en regardant les autres de haut. Par "s'aimer soi-même", j'entends avoir une image de soi positive et une saine conscience de soi-même basée sur une bonne compréhension de notre place dans l'amour de Dieu et dans notre relation à Dieu et aux autres.

Pourquoi devrions-nous nous aimer ? Quelle raison avons-nous pour le faire ? La réponse se trouve dans le cœur et dans le dessein de Dieu. Dieu nous a créés à son image et à sa ressemblance, l'acte le plus extraordinaire et le couronnement de toute son œuvre créatrice, et Il a déclaré que c'était « bon ». Le péché a entaché et déformé cette image en nous. Néanmoins, nous avions encore une telle importance pour Dieu, nous étions d'une si grande valeur pour Lui qu'Il a envoyé son Fils pour payer sur la croix pour nos péchés afin que nous soyons restaurés en Lui. Par Christ, Dieu nous a créés à son image — Il nous a recréés, en quelque sorte — et de nouveau l'a déclaré « bon ». Nous devrions nous aimer, non pas de manière vaniteuse, mais simplement en acceptant pour nous-mêmes la valeur que Dieu Lui-même nous donne.

Nous Sommes Acceptés Par Dieu

L'un des premiers pas pour développer un amour-propre sain est de réaliser et de croire que nous sommes complètement et absolument acceptés par Dieu. Paul l'a exposé ainsi dans sa lettre du Nouveau Testament aux croyants d'Éphèse :

En lui, bien avant de poser les fondations du monde, il nous avait choisis pour que nous soyons saints et sans reproche devant lui. Puisqu'il nous a aimés, il nous a destinés d'avance à être ses enfants qu'il voulait adopter par Jésus-Christ. Voilà ce que, dans sa bonté, il a voulu pour nous afin que nous célébrions la gloire de sa grâce qu'il nous a accordée en son Fils bien-aimé. En Christ, parce qu'il s'est offert en sacrifice, nous avons été délivrés et nous avons reçu le pardon de nos fautes. Dieu a ainsi manifesté sa grâce dans toute sa richesse, et il l'a répandue sur nous avec surabondance, en nous donnant pleine sagesse et pleine intelligence. (Éphésiens 1:4-8)

Au verset 6 de la version King James, nous lisons « à la louange de la gloire de sa grâce, dans laquelle *Il nous a rendus acceptés* en son Bien-aimé » (emphase ajoutée). Paul nous parle ici d'une réalité actuelle, pas d'une expérience passée. Dans le passé, nous étions inacceptables. À cause de notre péché, Dieu ne pouvait pas nous accepter. Nous étions bannis, séparés de Lui sans aucun espoir de revenir vers Lui par nos propres moyens. Puis Jésus est venu sur la terre et Il est mort sur la croix, prenant sur Lui toutes les choses qui nous rendaient inacceptables. Il les a portées dans son propre corps, Il a enduré la souillure de notre péché, Il a été obéissant jusqu'à la mort et au troisième jour, il est ressuscité des morts. Par son sang, Il nous a lavés de notre péché, nous rendant purs et saints à nouveau. Ensuite, Il nous a conduits à son Père et le Père a dit : « Acceptés !»

Si Dieu nous a acceptés, nous devrions être capables de nous accepter nous-mêmes. Dieu ne s'attache pas aux apparences extérieures ; celles-ci ne comptent pas pour Lui. Indépendamment des failles et des défauts que nous pouvons voir ou imaginer chez nous, Dieu nous regarde et nous dit : « Je t'aime. Tu es accepté(e). Tu es beau/belle pour moi. »

Dieu nous accepte même avec toutes nos imperfections. Pourquoi alors avons-nous tant de mal avec l'acceptation de soi ? L'une des raisons est la façon dont nous percevons notre valeur, à la fois la nôtre et celle des autres.

Plusieurs d'entre nous pouvons avancer en disant : « Je suis digne. Dieu m'a rendu digne », et ressentir cependant au plus profond de nous-mêmes que nous n'avons aucune valeur. Nous regardons à notre éducation (ou à notre manque d'éducation), notre apparence physique, nos compétences professionnelles (ou nos incompétences), nos dons, nos talents et nos facultés (ou nos lacunes) et nous concluons que nous n'avons pas beaucoup de valeur.

Nous aurons toujours une mauvaise image de nous-mêmes si nous mesurons notre valeur selon des critères que Dieu ignore. Notre estime de soi n'a rien à voir avec les biens corporels, les standards dont nous nous servons habituellement pour juger notre valeur. Dieu ne regarde pas à ces choses.

La vraie valeur d'une chose est la valeur que l'autre lui accorde. Par exemple, l'or est un simple métal jaune brillant, un produit de la terre sans valeur en lui-même, hormis celle que lui donnent les hommes. Plusieurs personnes ont convoité, se sont battues, ont tué et sont mortes à cause de la valeur qu'elles ont donné à l'or. De la même manière, nous devons nous efforcer de ne pas regarder à nos propres standards pour mesurer notre valeur, mais à la valeur que nous accorde un autre : Dieu, notre Créateur.

Nous aurons toujours une mauvaise image de nous-mêmes si nous mesurons notre valeur selon des critères que Dieu ignore.

Quelle valeur avons-nous pour Dieu ? Revenant à Éphésiens 1:4-8, nous voyons que Dieu « avant de poser les fondations du monde... nous avait choisis... pour que nous soyons saints et sans reproche devant lui » (v. 4). « Il nous a destinés d'avance à être ses enfants qu'il voulait adopter par Jésus-Christ. Voilà ce que, dans sa bonté, il a voulu pour nous » (v. 5). Il a déversé sa grâce — sa faveur imméritée — sur nous (v. 6). Il a considéré que nous avions suffisamment de valeur pour envoyer son précieux Fils, et par le sang versé de son Fils, nous avons reçu le « pardon de nos fautes » (v. 7). Il a fait tout cela délibérément, de sa propre « sagesse » et « intelligence » (v. 8) simplement parce qu'Il le voulait.

Nous avons de la valeur pour Dieu ; une valeur inestimable en fait. Nous devrions faire attention à ne jamais confondre notre estime de nous-mêmes, qui nous a été donnée par Dieu, avec notre apparence, nos biens ou notre comportement, ou avec le comportement ou les attitudes que les autres ont envers nous.

Si nous faisons une erreur stupide, nous devrions dire « J'ai fait une erreur », pas « Je suis une erreur ». À chaque fois que nous échouons dans quelque chose, nous devrions reconnaître « J'ai échoué » mais ne jamais dire « Je suis un échec.». Nous devrions toujours séparer notre comportement ou notre performance de notre sens de l'estime de soi. Peu importe ce qui se passe, peu importe la façon lamentable dont nous avons échoué, ou le nombre de fois, nous sommes toujours dignes et acceptables aux yeux de Dieu. Il a déjà déclaré qu'il en était ainsi et sa Parole ne change jamais.

Nous Sommes De Nouvelles Créatures En Christ

Le passé, c'est le passé. Qui nous étions ou ce que nous étions ne compte plus. Ce qui importe, c'est ce que nous sommes et qui nous sommes maintenant et ce que nous allons allons devenir dans le futur. Dans sa seconde lettre aux croyants de Corinthe, Paul décrit qui nous sommes en tant qu'enfants de Dieu et révèle la façon dont Dieu nous voit : « Ainsi, celui qui est uni au Christ est une nouvelle créature : ce qui est ancien a disparu, voici : ce qui est nouveau est là. » (2 Corinthiens 5:17).

En Christ, toute chose est nouvelle. Toutes les vieilles choses sont finies. Cela signifie que nous pouvons oublier toutes les choses négatives, blessantes et destructrices d'espoir que les gens ont dites à notre sujet dans le passé. Elles sont passées ! Maintenant nous pouvons nous emparer des nouvelles choses. Nous pouvons nous habiller différemment, marcher différemment, parler différemment et répondre à la vie différemment en fonction de la nouvelle créature que nous sommes en Christ. Nous n'avons plus à vivre comme des mendiants frappés par la pauvreté, faibles et vautrés dans la boue des circonstances négatives et la dépression, accablés par le découragement et le désespoir.

L'image que nous avons de nous-mêmes — notre concept de nous-mêmes — déterminera toujours notre façon de répondre à la vie. Nous ne devrions pas regarder aux autres pour qu'ils nous disent qui nous sommes. Dieu nous l'a déjà dit et nous l'a déjà montré dans sa Parole. Nous sommes de nouvelles créatures, aimées, acceptées et précieuses pour Lui.

L'image que nous avons de nous-même — notre concept de nous-mêmes — déterminera toujours notre façon de répondre à la vie.

Si vous peinez à vous voir de cette façon, essayez de dresser une liste de tout ce que vous pouvez trouver dans la Bible qui vous parle de ce que Dieu ressent pour vous. Collez-la sur votre miroir ou ailleurs où vous pourrez la voir régulièrement comme pour vous rappeler de penser et d'agir comme un enfant bien-aimé de Dieu, le Roi et Seigneur de l'univers. Votre liste devrait mentionner quelque chose comme ceci :

« Je suis lavé, je suis pardonné, je suis complet et je suis guéri. Je suis purifié et je suis voué à la gloire. Je ne suis qu'un étranger sur la terre. Je ne suis qu'un pèlerin sur cette planète, en marche vers la perfection et je n'ai besoin de personne pour me dire qui je suis, car je sais qui je suis. Je suis un enfant du Roi, un fils (ou une fille) de Dieu, né(e) de nouveau en Jésus-Christ, racheté(e) au prix de son sang. Je suis une nouvelle créature, totalement nouvelle, profondément aimée et complètement acceptée en tant qu'enfant de mon Père, précieux devant Lui. »

Les personnes qui réussissent le mieux à donner et à recevoir de l'amour ne sont pas celles qui avancent en se dénigrant et en disant du mal d'elles-mêmes constamment, mais ce sont celles qui s'aiment vraiment et qui sont pleinement conscientes qu'elles sont aimées de Dieu. Parce qu'elles sont en paix avec elles-mêmes, elles sont libres à la fois de donner de l'amour et de permettre aux autres de les aimer.

Les gens qui sont remplis de haine envers eux-mêmes ont du mal à recevoir de l'amour. Ils ont tendance à penser « Je suis détestable ; comment quelqu'un pourrait-il m'aimer ?» Cette image de soi et cet état d'esprit négatifs les poussent à rejeter les expressions d'amour qui viennent des autres pensant qu'elles sont fausses ou détournées. En même temps, ils ne peuvent pas donner d'amour effectivement, parce que leur propre "banque d'amour" est épuisée. Ils ont des "dépôts" d'amour insuffisants dans lesquels puiser pour aimer les autres.

À chaque fois que nous basons notre propre image sur la manière dont nous nous sentons, nous allons droit vers des problèmes parce que nos sentiments changent. Tant que nous nous sentons bien, l'image que nous avons de nous-mêmes est bonne. Lorsque nous commençons à nous sentir mal, en revanche, l'image que nous avons de nous-mêmes s'effondre. Nous devons ancrer notre image sur quelque chose qui ne change pas. Où pouvons-nous le trouver ? Lorsque nous devenons des croyants, nous devenons de nouvelles créatures en Christ, recréées à son image. L'image de Christ en nous ne changera jamais. Bien que notre apparence extérieure change constamment, l'image de Christ en nous restera la même. Comme son image, l'attitude de Christ envers nous également ne changera jamais. Peu importe combien nous nous sentons bien ou mal, peu importe combien nous sommes en forme ou au plus bas, Christ nous aime, nous accepte et pense le meilleur de nous. L'opinion qu'Il a de nous est l'unique opinion qui compte. Nous devrions baser l'image que nous avons de nous-mêmes sur ce qu'Il pense de nous, non pas sur ce que pensent les autres, ou même sur ce que nous pensons de nous-mêmes.

Il est temps pour nous, croyants, d'arrêter de vivre avec une opinion de second ordre nous concernant. Nous devons cesser de nous excuser d'être des enfants de Dieu. Dieu ne prend pas plaisir à nous voir mourir sous nos privilèges. Nous sommes de nouvelles créations en Christ, et une fois que nous commençons à agir et vivre de cette façon aux yeux du monde, de plus en plus de personnes viendront à Christ en nous voyant vivre dans la victoire et la joie et en paix avec nous-mêmes et les autres.

Il est temps pour nous, croyants, d'arrêter de vivre avec une opinion de second ordre nous concernant.

Les Évidences Spécifiques Du Rejet De Soi

Un autre terme pour la haine de soi est le rejet de soi. Les personnes qui se haïssent ne peuvent pas s'accepter comme elles sont. Le rejet de soi se manifeste de diverses façons. Je voudrais lister les douze symptômes les plus communs du rejet de soi, en parallèle avec les versets de l'Écriture qui sont utiles pour contrer ces symptômes. Nous devons toujours mesurer nos attitudes et nos croyances aux standards de la Parole de Dieu et les ajuster en conséquence.

1. Une trop grande attention aux vêtements.

Les gens qui montrent un intérêt excessif pour les vêtements ou la mode sont tentés de compenser un défaut perçu ou gênant qu'ils considèrent comme un trait physique immuable. Il n'y a rien de mal à bien s'habiller, mais nous ne devrions jamais permettre à nos vêtements de définir qui nous sommes. Jésus a dit : « Ne vous inquiétez donc pas, en disant : Que mangerons-nous ? Ou : Que boirons-nous ? Ou : De quoi serons-nous vêtus ? Car cela, ce sont les païens qui le recherchent. Or votre Père céleste sait que vous en avez besoin. Cherchez premièrement son royaume et sa justice, et tout cela vous sera donné par-dessus » (Matthieu 6:31-33 La Colombe).

2. L'incapacité à faire confiance à Dieu.

Les gens qui sont emprisonnés dans le rejet de soi ont souvent du mal à faire confiance à Dieu. S'ils ne sont pas satisfaits de la manière dont Dieu les a faits, comment peuvent-ils Lui faire confiance dans les autres domaines de leurs vies ? Notre adversaire, satan, en nous rendant insatisfaits et méfiants par rapport à Dieu, cherche à nous voler notre joie et notre espérance. En parlant de cela, Jésus a dit : « Le voleur vient seulement pour voler, pour tuer et pour détruire. Moi, je suis venu afin que les hommes aient la vie, une vie abondante » (Jean 10:10). N'ayez crainte ; nous pouvons faire confiance à Dieu – complètement.

3. Une timidité excessive.

La timidité provient de la crainte de ce que pensent les autres. Les personnes qui souffrent d'une timidité excessive pensent qu'elles n'ont rien de bon à donner, aucune contribution utile à offrir. Ne voulant pas être blessées, elles s'enferment dans leur propre petit monde. Être timide est différent d'être discret ; certaines personnes sont simplement discrètes de nature. La timidité, en revanche, est basée sur la peur. Voici ce que dit le Seigneur : « ne sois pas effrayé, car je suis avec toi ; ne sois pas angoissé, car moi je suis ton Dieu. Je t'affermis, je viens à ton secours, pour sûr, je te soutiens de mon bras droit qui fait justice » (Ésaïe 41:10).

4. La difficulté à aimer les autres.

Ceci, bien sûr, provient de notre incapacité à nous aimer nous-mêmes, ce qui, la plupart du temps, est dû à un manque de confiance en l'amour de Dieu. Il n'y a aucune raison de n'être pas sûr de l'amour de Dieu ; Il le déclare dans sa Parole : « D'un amour éternel, je t'aime, c'est pourquoi je t'attire par l'affection que je te porte. » (Jérémie 31:3).

5. L'auto-critique.

Cela sous-entend se plaindre à propos des aspects immuables de notre personne, comme nos capacités, notre filiation, notre héritage social ou certains traits de notre physique que nous n'aimons pas. Ésaïe 45:9 contient un avertissement contre ce genre d'attitude : « Malheur à qui conteste avec son créateur ! Qu'es-tu de plus qu'un pot de terre parmi des pots de terre ? L'argile dira-t-elle à celui qui la forme : 'Qu'es-tu en train de faire ?' Ou l'œuvre à son potier: 'Tu n'es qu'un maladroit !' » Ne vous tracassez pas au sujet de ce qui ne peut pas être changé. Dieu vous a créé et vous aime tel que vous êtes, et Il peut vous utiliser pour faire des choses que personne d'autre ne peut faire. Laissez-Le vous amener à devenir la personne que seule vous pouvez être.

6. Le désir de se comparer aux autres.

Il est lié à l'auto-critique en ceci : il implique notre désir d'être différents dans des domaines qui ne peuvent être changés. La distinction, cependant, repose sur le fait de désirer non de changer mais d'avoir des caractéristiques observées chez d'autres personnes. Nous ne devrions pas souhaiter être comme les autres, mais devenir comme Christ. Comme Paul l'a écrit aux croyants de Rome : « Ne vous laissez pas modeler par le monde actuel, mais laissez-vous transformer par le renouvellement de votre pensée » (Romains 12:2a).

7. Une amertume flottante.

Certaines personnes n'ont jamais rien de positif à dire. Même si une conversation commence sur une note positive, presque immédiatement, elles commencent à faire des commérages ou à se plaindre ou à médire ou à exprimer de la colère et de l'amertume à propos de tout. Les gens qui avancent avec de l'amertume dans le coeur souffrent d'une mauvaise estime de soi. Dans sa lettre aux croyants d'Éphèse, Paul disait ceci concernant notre discours : « Ne laissez aucune parole blessante franchir vos lèvres, mais seulement des paroles empreintes de bonté. Qu'elles répondent à un besoin et aident les autres à grandir dans la foi. Ainsi elles feront du bien à ceux qui vous entendent » (Éphésiens 4:29).

8. Le perfectionnisme.

Il n'y a rien de mal à vouloir bien faire son travail ou à progresser continuellement. Ce sont toutes les deux des attitudes saines. Le problème survient lorsque le temps utilisé est plus important que la valeur de l'accomplissement. Un perfectionniste ne sait pas faire la différence. Souvent, le perfectionnisme est un effort pour compenser une mauvaise image de soi. Les perfectionnistes ont tendance à être très légalistes, intolérants à la moindre déviation de la "norme". Si c'est votre problème, détendez-vous ! Écrivant une nouvelle fois aux Romains, Paul a dit : « Car la loi de l'Esprit qui nous donne la vie dans l'union avec Jésus-Christ t'a libéré de la loi du péché et de la mort. » (Romains 8:2).

9. Une attitude de supériorité.

Les gens qui sont dans l'auto-rejet compensent souvent en adoptant une attitude de supériorité envers les autres. Se vanter de ses exploits, employer un vocabulaire "grandiloquent" et refuser de s'associer à certaines catégories de personnes sont autant de signes à la fois d'orgueil et d'un sentiment d'insécurité et d'infériorité. Une attitude supérieure n'est qu'une façade. Le conseil de la Parole de Dieu est : « Ne faites donc rien par esprit de rivalité, ou par un vain désir de vous mettre en avant; au contraire, par humilité, considérez les autres comme plus importants que vous-mêmes » (Philippiens 2:3).

10. Des tentatives maladroites pour cacher des défauts immuables.

Lorsqu'une personne se sert d'actions ou de déclarations complexées pour couvrir des défauts immuables, cela indique un rejet de soi. Si nous avons un défaut que nous ne pouvons pas changer, et si Dieu ne l'a toujours pas changé à travers la prière, nous pouvons proclamer sa promesse dans 2 Corinthiens 12:9a : « Ma grâce te suffit, c'est dans la faiblesse que ma puissance se manifeste pleinement. »

11. L'extravagance.

Les gens qui essaient sans cesse d'en faire trop en dépensant de manière excessive pour acquérir des articles onéreux dans l'espoir d'attirer l'admiration et l'envie des autres, tentent certainement de couvrir leur rejet d'eux-mêmes et leur sentiment d'incapacité personnelle. La vie est beaucoup plus qu'une préoccupation de choses. Jésus a dit :« Gardez-vous avec soin de toute soif de posséder, car la vie d'un homme ne dépend pas de ses biens, même s'il est dans l'abondance » (Luc 12:15).

12. Les mauvaises priorités.

Négliger les responsabilités données par Dieu dans le but de passer un temps infini à poursuivre des choses qui attireront l'approbation des autres peut être un signe de rejet de soi. Quiconque aura des difficultés s'il se concentre sur les choses secondaires au lieu d'accorder de l'attention aux problèmes plus importants de la vie. Il serait sage de tenir compte de l'avertissement de Jésus : « Et que sert-il à un homme de gagner le monde entier, s'il perd son âme ?» (Marc 8:36 La Colombe)

Nous N'Avons Pas Besoin De l'Approbation De l'Homme — Seulement De Celle De Dieu

Très proche du rejet de soi, se trouve la soif d'approbation. Chacun a besoin de se sentir approuvé et accepté. Ceux qui n'arrivent pas à s'approuver eux-mêmes recherchent l'approbation des autres. Le vrai danger ici est que l'approbation que donne le monde est vide et insatisfaisante. Seule l'approbation qui vient de Dieu nourrit et satisfait. C'est de l'approbation de Dieu dont nous avons besoin, pas de celle des hommes.

Dans 2 Corinthiens 10:17-18, Paul écrit : « Si quelqu'un veut éprouver de la fierté, qu'il place sa fierté dans le Seigneur, déclare l'Écriture. Ainsi, celui qui est approuvé, ce n'est pas l'homme qui se recommande lui-même, mais celui que le Seigneur recommande. » Tous ceux qui sont croyants, Dieu les a déjà approuvés ; nous n'avons besoin de l'approbation de personne d'autre. Dieu nous a déjà recommandés. Recommander signifie faire l'éloge de. Dieu fait l'éloge de son peuple, même si les autres disent du mal de lui. Juste après le salut lui-même, cette vérité qui dit que nous sommes approuvés par Dieu est probablement la plus grande révélation de la Bible.

Finalement, rechercher l'approbation du monde est une vaine poursuite, surtout pour des croyants. En réalité, la Parole de Dieu promet que le contraire aura lieu. Tous ceux qui portent le nom de Jésus et cherchent à vivre en Lui obéissant, sont assurés d'expérimenter la persécution d'un monde hostile à son nom. Comme Paul l'a écrit à Timothée, son jeune protégé dans le ministère : « En fait, tous ceux qui sont décidés à vivre dans l'attachement à Dieu par leur union avec Jésus-Christ connaîtront la persécution. » (2 Timothée 3:12).

Au bout du compte, l'approbation du monde n'a aucun sens. La voie vers la vraie bénédiction et la vraie joie passe par notre obéissance et notre identification à Dieu en Jésus-Christ. Jésus, Lui-même l'a clairement signifié quand Il a dit :

Heureux ceux qui sont opprimés pour la justice, car le royaume des cieux leur appartient. Heureux serez-vous quand les hommes vous insulteront et vous persécuteront, lorsqu'ils répandront toutes sortes de calomnies sur votre compte à cause de moi. Oui, réjouissez-vous alors et soyez heureux, car une magnifique récompense vous attend dans les cieux. Car vous serez ainsi comme les prophètes d'autrefois : eux aussi ont été persécutés avant vous de la même manière. (Matthieu 5:10-12)

Il y a beaucoup de gens qui vivent leur vie pour obtenir l'approbation des autres. Trop de croyants tombent dans le piège de rechercher des "fans", trop soucieux de ce que les autres pensent d'eux. Nous n'avons pas à nous préoccuper de ceux qui nous approuvent ou nous désapprouvent, mais souvenez-vous que ce qui compte, c'est l'approbation de Dieu. Ceux que Dieu approuve sont vraiment approuvés. Jésus avertit : « Ne craignez donc pas ceux qui peuvent tuer le corps, mais qui n'ont pas le pouvoir de faire mourir l'âme. Craignez plutôt celui qui peut vous faire périr corps et âme dans l'enfer. » (Matthieu 10:28)

Nous n'avons pas à nous préoccuper de ceux qui nous approuvent ou nous désapprouvent, mais souvenez-vous que ce qui compte, c'est l'approbation de Dieu.

Ceux qui recherchent l'approbation sont facilement piégés dans une « mentalité de gang », dont le mot favori est « allons » : « Allons faire ceci » et « Allons faire cela ». Quiconque est dans cet « allons » n'a plus de personnalité. Ceux qui recherchent constamment l'approbation ne sont pas maîtres de leur esprit. Ils ne se contrôlent pas de l'intérieur, mais ils sont contrôlés et manipulés de l'extérieur, par ces mêmes personnes à qui ils tentent désespérément de plaire. Leur désir d'être aimés les pousse à abandonner leur volonté et leur auto-détermination. Proverbes 25:28 dit : « Celui qui ne sait pas se dominer est comme une ville démantelée qui n'a pas de remparts. » En d'autres termes, si nous ne contrôlons pas nos propres vies de l'intérieur, quelqu'un d'autre la contrôlera de l'extérieur.

La poursuite vaine de l'approbation du monde est comme l'histoire de deux chats, un gros et un petit. Un gros chat vit un petit chat poursuivre sa queue et lui demanda : « Pourquoi poursuis-tu sans cesse ta queue ?» Le chaton répondit : « J'ai appris que la meilleure chose pour un chat, c'est le bonheur, et ce bonheur c'est ma queue ; alors je la poursuis. Quand je l'attraperai, je serai heureux. » Le vieux chat dit alors au chaton : « Mon fils, j'ai moi aussi prêté attention aux problèmes de l'univers. J'ai aussi pensé que le bonheur, c'est ma queue, mais j'ai remarqué qu'à chaque fois que je la poursuis, elle s'éloigne de moi et lorsque je m'occupe de mes affaires sans la poursuivre, elle semble me poursuivre. »

Mon point est le suivant : Les gens les plus appréciés sont ceux qui ne courent pas dans tous les sens cherchant à être aimés, mais qui simplement se détendent et font leur possible pour être eux-mêmes. Si nous avons l'approbation de Dieu, nous avons toute l'approbation dont nous aurons toujours besoin. Remplis de Son amour, nous avons la capacité de L'aimer en retour et de nous aimer également. Gagner l'approbation d'autres personnes n'a plus une si grande importance.

L'amour de Dieu nous libère du besoin de rechercher l'approbation. Savoir que nous sommes aimés par Dieu, acceptés par Dieu, approuvés par Dieu et que nous sommes de nouvelles créatures en Christ, nous donne la puissance de refuser le rejet de soi et d'adopter un amour-propre sain. Être en sécurité dans l'amour de Dieu pour nous, dans notre amour pour Lui et dans notre amour pour nous-mêmes, nous prépare à accomplir le second plus grand commandement : Aimer notre prochain comme nous-mêmes.

PRINCIPES

1. Nous devrions nous aimer, non pas de manière vaniteuse, mais simplement en acceptant pour nous-mêmes la valeur que Dieu Lui-même a placée en nous.

2. Nous sommes complètement et absolument acceptés par Dieu.

3. Nous sommes de nouvelles créatures en Christ, aimées, acceptées et précieuses pour Lui.

4. Lorsque nous devenons des croyants, nous devenons de nouvelles créatures en Christ, re-créées à son image. L'image de Christ en nous ne changera jamais.

5. Tous ceux qui sont croyants, Dieu les a déjà approuvés ; nous n'avons besoin de l'approbation de personne d'autre.

6. Si nous avons l'approbation de Dieu, nous avons toute l'approbation dont nous aurons besoin.

CHAPITRE 5

Aimer Son Partenaire

Dans les relations comme dans tout autre domaine, la connaissance est la clé de la réussite. L'ignorance est un danger. Le manque de connaissance reste la cause principale et la plus fréquente d'échecs dans les relations, qu'on parle de mariage ou d'autres arrangements moins formels et intimes.

Le plus souvent, conflits et tensions surviennent dans les relations simplement parce qu'hommes et femmes ne se comprennent pas. Ils manquent de reconnaître que l'homme et la femme, en plus de penser et d'agir différemment, ont également une perception différente de leur environnement. Une grande partie de cette confusion provient de la présomption erronée selon laquelle hommes et femmes, puisqu'égaux dans leur humanité et leur personnalité, doivent également avoir les mêmes besoins.

En tant qu'êtres spirituels créés à l'image de Dieu, hommes et femmes sont en effet égaux. Égaux en tant que personnes distinctes ; égaux pour trouver un épanouissement spirituel absolu dans leur relation avec Dieu ; et égaux en autorité et en domination sur le royaume terrestre. Cependant, étant des êtres humains avec des corps mâles et femelles, leurs besoins sont distincts et différents. Cette diversité de besoins résulte des différences de modèle et de fonction qui existent entre mâles et femelles.

Le manque de connaissance reste la cause principale et la plus fréquente d'échecs dans les relations.

La fonction détermine le modèle et le modèle détermine le besoin. Une voiture a pour fonction de permettre le transport motorisé. Pour remplir cette fonction, la plupart des voitures sont équipées d'un moteur à combustion interne, qui fait partie intégrante de leur modèle. Ce moteur, du fait lui aussi de son modèle, a besoin d'essence pour fonctionner. Le modèle détermine le besoin. Une voiture conçue avec un moteur à combustion interne a besoin d'essence pour fonctionner. Le kérosène ne conviendra pas ; le diesel non plus. Seule l'essence permettra à la voiture de remplir sa fonction.

Le même principe s'applique aux genres mâle et femelle : la fonction détermine le modèle et le modèle détermine le besoin. Mâles et femelles ont des besoins différents et distincts parce qu'ils ont été conçus différemment afin de remplir des fonctions différentes. La réussite de toute relation dépend de la compréhension et de l'appréciation de ces différences.

Jésus nous a dit d'aimer Dieu de tout notre coeur, de toute notre âme et de toute notre pensée, puis, d'aimer notre prochain comme nous-mêmes. À la seule fin de ce chapitre, le mot « prochain » doit être compris dans le contexte de "partenaire" du sexe opposé dans une relation, qu'il s'agisse d'un époux ou d'une épouse, d'un(e) fiancé(e), d'un(e) ami(e), ou d'une simple connaissance. "Aimer votre partenaire" fait bien sûr référence à *agape*, l'amour divin et suprême qui inclut *phileo*, *storge*, et dans le contexte approprié du mariage, *eros*.

Aimer notre partenaire, quel(le) qu'il ou (elle) soit et indépendamment du type de relation, requiert que nous comprenions les fonctions spécifiques du mâle et de la femelle telles que conçues par Dieu, ainsi que leurs besoins distincts découlant de ces fonctions.

De l'Esprit À La Chair

Au commencement, Dieu a créé un être spirituel à sa ressemblance et à son image, un être issu de Lui-même, un être qu'Il a appelé "homme". Puis Dieu a abrité l'esprit de l'homme dans un corps physique fait à partir de la poussière du sol. Ce premier corps humain s'est trouvé être de genre masculin. Un peu plus tard, Dieu a pris une partie – un "échantillon" – de ce corps d'homme "mâle" et a façonné à partir de lui un corps "femelle" contenant également un esprit "homme". Voici exactement ce que nous disent les Écritures : « Quand Dieu créa les êtres humains, il les fit pour qu'ils soient ceux qui lui ressemblent. Il les créa homme et femme, il les bénit et leur donna le nom d'hommes le jour où ils furent créés. » (Genèse 5:1b-2). Dieu a créé l'"homme" mais Il l'a fait "mâle" et "femelle". La question qui vient naturellement, est « Pourquoi ? ». Nous avons vu au chapitre 2, qu'au commencement, Dieu était "un" – complet et qu'Il se suffisait à Lui-même. Il était seul mais pas solitaire. En même temps, Dieu est amour et l'amour doit avoir un objet pour être accompli. L'amour a besoin de donner ; par conséquent, Dieu avait besoin de quelqu'un à qui donner. L'expression naturelle de son amour fut donc de créer l'homme pour qu'il reçoive son amour.

Pour que l'amour soit complet, celui qui Le reçoit doit être semblable au donneur. C'est la raison pour laquelle Dieu s'est adressé à Lui-même au moment de créer l'homme ; celui qui allait recevoir son amour devait Lui être semblable. Avec la création de l'homme, être spirituel à l'image de Dieu, le cycle paraissait complet. Dieu qui donnait, l'homme qui recevait ; Dieu qui aimait, l'homme qui était aimé ; Dieu qui initiait, l'homme qui répondait.

Parce que le dessein de Dieu pour l'esprit de l'homme était que ce dernier exerce la domination sur le royaume physique, et que les êtres spirituels ne peuvent percevoir ou apprécier les réalités physiques, Dieu a dû revêtir son esprit homme d'un corps physique. « L'Eternel Dieu façonna l'homme avec de la poussière du sol, il lui insuffla dans les narines le souffle de vie, et l'homme devint un être vivant. » (Genèse 2 : 7)

Désormais l'homme était revêtu d'un corps physique — un corps mâle, un corps humain, formé à partir d'humus, la poussière du sol — et ceci a créé chez lui un dilemme. L'homme était celui qui recevait et répondait à l'amour de Dieu, mais étant issu de Dieu et semblable à Dieu, cet "homme" mâle était aussi quelqu'un qui, tout comme Dieu, avait ce même besoin de donner et d'aimer. Pourtant, il n'y avait personne tel que lui à aimer ou susceptible de recevoir son amour. Tout comme Dieu qui l'avait créé, l'"homme" mâle était tout seul — il était seul. Afin d'être accompli et complet, son amour avait besoin d'un objet.

Je voudrais être clair au sujet de cette distinction : L'"homme" en tant qu'être spirituel était complet et accompli en recevant et en répondant à l'amour de Dieu ; l'homme en tant qu'être physique de genre masculin était incomplet sans la présence d'un autre être physique semblable à lui pour recevoir et répondre à son amour. Aucune autre créature faite par Dieu ne convenait à l'homme mâle pour répondre à son besoin de donner et d'aimer parce qu'aucune d'entre elles n'était semblable à lui. Dieu a reconnu le besoin et Il a su quoi faire :

L'Éternel Dieu dit :
— Il n'est pas bon que l'homme soit seul, je lui ferai une aide qui soit son vis-à-vis...
Alors l'Éternel Dieu plongea l'homme dans un profond sommeil. Pendant que celui-ci dormait, il prit une de ses côtes et referma la chair à la place. Puis l'Éternel Dieu forma une femme de la côte qu'il avait prise de l'homme, et il l'amena à l'homme. Alors l'homme s'écria : Voici bien cette fois celle qui est os de mes os, chair de ma

chair. Elle sera appelée « femme » car elle a été prise de l'homme. » (Genèse 2 : 18, 21-23)

Une « aide qui soit son vis-à-vis » serait celle capable de recevoir l'amour du mâle et d'y répondre. Cette aide, par conséquent, recevrait et répondrait à l'homme "mâle" dans la dimension physique, de la même façon que l'esprit "homme" recevait et répondait à Dieu dans la dimension spirituelle.

Dieu a endormi le mâle, pris un "échantillon" de son côté — le mot hébreu pour "côte" peut également vouloir dire "côté" — et façonné une femelle. Elle était, selon les dires du mâle, « os de mes os, chair de ma chair », faite de la même matière que lui. Il l'a appelée "femme", c'est-à-dire l'"homme" doté d'un "utérus". Tout comme l'esprit "homme" était issu de Dieu, la femelle était issue du mâle. Tout comme l'esprit "homme" a été créé pour recevoir et répondre à l'amour de Dieu, la femelle a été faite pour recevoir et répondre à l'amour du mâle.

Une autre distinction est importante ici : mâle et femelle sont tous deux "hommes" au sens spirituel. Tous deux sont des êtres spirituels en relation directe avec Dieu, en qui ils trouvent leur source et leur fin, de qui ils reçoivent l'amour, et à qui ils répondent dans l'amour. Ainsi, tous deux donnent et aiment comme Dieu. Cependant, au sens physique, le mâle est conçu pour donner et aimer la femelle, et la femelle est conçue pour recevoir et répondre au mâle. Le mâle donne, la femelle reçoit ; le mâle aime, la femelle répond.

Donner et Recevoir

C'est le principe fondamental de la création en ce qui concerne Dieu et l'homme, mâle et femelle. Dieu donne à l'homme, le mâle donne à la femelle, l'homme reçoit de Dieu, et la femelle reçoit du mâle. Beaucoup de relations échouent parce que les hommes ne réalisent pas qu'ils doivent donner au lieu de recevoir (ou de prendre) lorsqu'il s'agit des femmes et que les femmes ne réalisent pas qu'elles doivent recevoir au lieu de donner lorsqu'il s'agit des hommes. Dans toute relation, lorsqu'un homme manque de donner à sa femme, il dysfonctionne. De même, lorsqu'une femme ne peut recevoir de son homme ou qu'elle se voit forcée de donner, elle dysfonctionne.

Le mâle donne, la femelle reçoit ; le mâle aime, la femelle répond.

La très grande majorité des problèmes relationnels seraient résolus si chaque homme et chaque femme pouvait seulement connaître et appliquer cette simple vérité : les hommes sont conçus pour donner et les femmes pour recevoir. C'est une évidence qui se retrouve même quand on regarde aux différences physiques qui existent entre le mâle et la femelle. Les organes génitaux d'un mâle sont faits pour donner ; ceux d'une femelle pour recevoir. C'est l'une des raisons pour lesquelles les relations homosexuelles sont immorales et inappropriées. Elles vont à l'encontre du dessein de Dieu pour l'espèce humaine et de son principe de création pour les relations humaines. Il est impossible d'avoir une relation correcte et réellement enrichissante entre deux donneurs ou deux receveurs.

La très grande majorité des problèmes relationnels seraient résolus si chaque homme et chaque femme pouvait seulement connaître et appliquer cette simple vérité : les hommes sont conçus pour donner et les femmes pour recevoir.

Quand Dieu a formé une femelle à partir de cet "échantillon" pris du côté du mâle, Il l'a presque faite semblable au mâle en tout point sauf qu'Il a altéré ses chromosomes, faisant d'elle une receveuse, physiquement compatible avec le mâle. Sa capacité à concevoir et à porter des enfants est apparue. La capacité du mâle à apporter sa semence existait déjà ; il lui manquait simplement quelqu'un pour la recevoir. Tout comme Dieu avait créé l'Homme pour recevoir de Lui sur le plan spirituel, Il a créé la femelle pour qu'elle reçoive du mâle sur le plan physique.

Je souhaiterais préciser que ce principe de donner et de recevoir entre l'homme et la femme s'étend bien au-delà du seul domaine sexuel. Selon les principes établis par Dieu au commencement, le sexe exprimé en dehors du contexte du mariage est immoral, inapproprié et c'est un péché. Par nature, les mâles sont des donneurs et les femelles celles qui reçoivent, et ceci se vérifie dans chaque sphère de la vie et des relations.

Dieu n'est pas seulement un Donneur ; en tant que Créateur, Il est aussi un Initiateur. Tout ce qui existe est arrivé parce que Dieu l'a initié. Il a souverainement choisi de générer toute la création. Sur le plan spirituel, l'Homme est aussi un initiateur, parce qu'il vient de Dieu. C'est cette qualité qu'on retrouve derrière la grande créativité d'hommes et de femmes dans les domaines de l'art, des sciences et dans tout autre domaine d'activité.

Sur le plan physique, le mâle est aussi bien un donneur qu'un initiateur. Étant celle qui reçoit, la femelle est conçue pour répondre à l'initiative du mâle. Maintenant, ne vous méprenez pas, les femmes sont malignes. Dieu leur a donné un cerveau tout autant qu'aux hommes (et souvent plus !), mais Il les a également créées pour répondre à l'initiative et au leadership justes et appropriés des hommes.

Beaucoup d'hommes sont frustrés lorsque les femmes dans leurs vies semblent incapables de se décider. Les gars, j'ai des nouvelles pour vous. En tant qu'hommes, nous sommes les initiateurs. Peut-être que les femmes attendent simplement que nous prenions une décision.

Voici quelques principes importants à se rappeler quand il s'agit de donner et de recevoir entre hommes et femmes.

1. Lorsque l'homme *exige*, la femme *réagit* ; elle ne répond pas.

2. Lorsque l'homme *donne*, la femme *répond*.

3. Lorsque l'homme *s'engage*, la femme *se soumet*. Rien n'est plus précieux aux yeux d'une femme qu'un homme engagé. Rien ne déprime plus une femme qu'un homme qui manque d'engagement. Voici le secret les gars : si vous voulez une femme soumise, soyez des hommes engagés. C'est aussi simple que ça.

4. Lorsque l'homme *abuse*, la femme *refuse*. À chaque fois qu'un homme abuse sur une femme, cette dernière refuse de répondre.

5. Lorsque l'homme *s'ouvre*, la femme *prend soin* de lui. Si vous trouvez un homme prêt à s'ouvrir à la femme dans sa vie, vous trouverez une femme disposée à prendre soin de son homme.

6. Lorsque l'homme *dirige*, la femme *suit*. Quand un homme prend la responsabilité que Dieu lui donne pour diriger, la femme répond en suivant sa direction. Être un leader ne veut pas dire être autoritaire ou toujours dire aux autres ce qu'ils doivent faire. Non, être un leader signifie marcher en tête et non pas envoyer les autres au front. Les bons leaders dirigeaient en montrant l'exemple, pas en décrétant. Jésus a dirigé en montrant l'exemple, tout comme Moïse, Pierre, Paul et tous les autres grands leaders dans la Bible. Diriger en montrant l'exemple signifie faire nous-mêmes ce que nous souhaitons que les autres fassent.

Le Principe Des Besoins

Tout ce que Dieu a créé fonctionne selon des principes spécifiques prédéterminés. Les principes sont des règles fondamentales, des lois basiques ou des standards établis par le Créateur pour gouverner et réguler les fonctions de ses créations. Tous les êtres humains ont été créés pour vivre selon des principes ; sans eux, la vie ne serait rien de plus qu'une expérience instable et imprévisible.

Un autre mot pour principes serait besoins. Les besoins sont des principes créés par le fabricant, comme un composant prédéterminé au bon fonctionnement d'un produit. En d'autres mots, un besoin est une condition nécessaire à un fonctionnement efficace. Chaque fabricant conçoit son produit de façon à ce qu'il fonctionne d'une certaine manière, et les conditions, ou besoins nécessaires au bon fonctionnement de ce produit sont prédéterminés à l'étape du design.

Chaque produit voit le jour avec des besoins inhérents. Le produit ne détermine pas ses propres besoins ; son utilisateur non plus ; ces besoins font partie intégrante du produit. Du fait de son modèle, un moteur à combustion interne voit le jour avec un besoin inhérent d'essence et d'huile lubrifiante. Autrement, il ne peut fonctionner.

De la même manière, chaque homme et chaque femme, chaque mâle et chaque femelle sur terre sont arrivés avec des besoins prédéterminés en eux — des besoins nécessaires à leur bon fonctionnement, à une vie épanouie, et parfois même à leur survie. Le plus souvent, les problèmes dans les relations proviennent en premier lieu du fait que les hommes et les femmes ne comprennent pas leurs besoins respectifs. À chaque fois qu'un produit ou qu'une relation se brise, c'est qu'il y a un problème de principe: un besoin ou un autre n'est pas comblé. Ignorez le besoin et au final le produit sera défaillant ou la relation mourra. Occupez-vous du besoin et vous vous occuperez du problème. C'est aussi simple que cela.

Le plus souvent, les problèmes dans les relations proviennent en premier lieu du fait que les hommes et les femmes ne comprennent pas leurs besoins respectifs.

Il est important alors, de comprendre comment opèrent les besoins dans la vie des gens. Tout d'abord, les besoins contrôlent et motivent un comportement. Tout ce que fait une personne est une tentative pour combler un besoin — tout. Les besoins déterminent le comportement. Les gens seraient même prêts à perdre leurs vies pour que leurs besoins soient comblés. Par exemple, pourquoi autant de femmes restent-elles dans une relation d'abus ? La réponse est complexe, mais généralement, c'est en partie parce que cette relation, malgré l'abus, comble un besoin qu'elles ressentent dans leurs vies. Les actions des gens sont motivées par leurs besoins.

Ensuite, les besoins déterminent notre état d'épanouissement. Nous sommes des gens épanouis quand nos besoins sont comblés. Tant que nos besoins ne sont pas comblés, rien dans la vie ne compte vraiment. Notre attention toute entière, tout ce que nous faisons, sera concentré à combler ces besoins. C'est pourquoi il est d'une importance vitale dans le domaine des relations, qu'hommes et femmes comprennent leurs besoins respectifs. La vie d'une relation c'est de combler les besoins de l'autre personne. À vrai dire, c'est une façon de définir l'amour. L'amour s'engage à répondre aux besoins de l'autre.

Enfin, des besoins non satisfaits sont source de frustration et d'un manque d'accomplissement. La frustration est un indicateur que des besoins ne sont pas comblés dans une relation. Une personne frustrée n'est pas une personne accomplie.

La clé de la vie, c'est de combler des besoins. C'est très simple. Quand les besoins sont comblés, la création fonctionne. Des besoins satisfaits produisent des gens épanouis, et les gens épanouis sont libres de poursuivre et d'exercer leur plein potentiel en tant qu'êtres humains. Ainsi, le but premier dans toute relation devrait être de combler des besoins. Nous ne devrions pas tant nous concentrer à combler nos propres besoins, mais plutôt ceux de l'autre personne de la relation. Un bon test pour évaluer la santé d'une relation serait de nous demander périodiquement : quels besoins sommes-nous en train de combler, les nôtres ou les leurs ? Si nous sommes centrés sur nos propres besoins, la relation est en danger. Les relations saines et réussies se caractérisent par des parties qui, toutes deux, ont fait des besoins de l'autre leur priorité.

La clé de la vie, c'est de combler des besoins.

Une autre dynamique importante propre aux relations en bonne santé c'est qu'en nous concentrant à combler les besoins de l'autre personne, nos besoins vont généralement aussi être comblés. C'est la loi de la réciprocité. Une personne dont les besoins sont satisfaits est libre de se concentrer sur les besoins de l'autre.

Les Cinq Besoins Des Hommes Et Des Femmes

Il existe cinq besoins fondamentaux chez les hommes et les femmes, qui soulignent les différences entre les deux genres. Notre capacité à aimer notre partenaire dépend en grande partie de notre faculté à comprendre ces besoins et à en reconnaître les différences.

Le premier besoin basique de l'homme est l'accomplissement sexuel. Les hommes sont dirigés par ce besoin. Cette pulsion a été donnée par Dieu et occupe une place si importante chez l'homme, parce qu'il est le géniteur de l'espèce humaine; c'est lui qui porte la semence. C'est la raison pour laquelle les hommes sont toujours prêts sur le plan sexuel. Leur pulsion sexuelle n'est pas cyclique.

Évidemment, le sexe exprimé hors du contexte du mariage est inapproprié et c'est un péché aussi bien pour les hommes que pour les femmes. Qu'est-ce qu'un homme mature et célibataire devrait donc faire face à ses pulsions sexuelles ? Le même Dieu qui a créé cette pulsion, pourvoit la grâce et la capacité pour ceux qui les cherchent, de la contrôler jusqu'à ce qu'ils puissent la satisfaire de manière appropriée dans le cadre du mariage.

L'affection est le besoin numéro un de la femme. Contrairement à l'homme, la femme n'a *pas besoin* de relations sexuelles. Elle peut certainement y prendre plaisir si c'est avec son mari et accompagné de beaucoup d'affection. Sans affection, une femme ne peut pas fonctionner correctement. L'homme dans la relation doit s'assurer que les besoins affectifs de la femme sont comblés.

Affection veut dire qu'il exprime physiquement et verbalement son amour, son attention et son soutien par des activités à la fois physiques et non physiques : la câliner, lui offrir des baisers, des cartes, des présents, faire preuve de courtoisie, montrer chaque jour de petits actes d'attention, etc.

Le second besoin de l'homme est une compagnie dans ses moments de détente. L'homme a besoin que la femme dans sa vie partage ses loisirs. Beaucoup de femmes ne réalisent pas l'importance de ce besoin dans la vie d'un homme. Découvrez ce qu'il aime faire et participez avec lui. Même si c'est quelque chose que vous n'aimez pas, montrez-y un minimum d'intérêt en lui demandant des détails et des explications. S'il aime le sport, regardez les matchs avec lui. S'il aime courir, allez courir ensemble. S'il aime écouter ou jouer de la musique, accordez-y de l'intérêt. Rappelez-vous, la clé c'est de combler ses besoins, pas les vôtres.

Le second plus grand besoin de la femme est la communication et la conversation. Elle veut — elle a besoin — que l'homme de sa vie lui parle. Nombreux sont les hommes qui ont un problème à ce sujet. Certains croient à tort qu'un homme, un vrai, est du type silencieux. Un homme silencieux est un gouffre émotionnel pour une femme. Elle s'épanouit par la conversation. Généralement, l'issue ou la "finalité" de la conversation a moins d'importance pour elle que le processus en lui-même. Alors les gars, parlez-lui. Écoutez-la. Prenez le temps de communiquer avec elle, pas de manière superficielle mais à un niveau émotionnel. Le temps que vous investissez rapportera d'abondants dividendes dans une relation forte et en bonne santé.

Le troisième besoin de l'homme dans une relation est une femme attirante. Et ce, parce que les hommes sont stimulés par la vue ; ils ont été programmés de cette façon. Être "attirante" va bien au-delà des opinions de beauté subjectives et basiques. Une femme attirante est une femme qui prend soin d'elle et qui cherche à s'habiller, à se coiffer et à se tenir de façon à séduire l'homme de sa vie, à mettre en valeur ces facettes d'elle-même qui l'ont attiré initialement.

La femme a, en troisième lieu, besoin d'honnêteté et de transparence. Ces deux mots suffisent à rendre nerveux beaucoup d'hommes qui n'aiment pas parler ouvertement. Être ouvert et honnête signifie être prêt à partager franchement au plus haut degré qui convienne au niveau de relation. Maris et femmes par exemple, devraient normalement partager des choses à un niveau plus profond et plus intime qu'un homme et une femme qui ne feraient que se fréquenter. Un petit tuyau, les gars : plus vous êtes ouverts et honnêtes avec elle, plus elle vous fera confiance et sera attirée vers vous, car elle interprète la transparence comme de l'amour.

Les deux derniers besoins des hommes et des femmes s'appliquent davantage aux couples mariés déjà installés qu'aux couples non mariés, bien que les principes restent applicables dans tous les cas. Les couples non mariés vont devoir adapter ces principes à leurs situations spécifiques.

Le quatrième besoin de l'homme est le soutien familial. Un homme a besoin d'un havre, d'un refuge sûr où il peut se rendre en fin de journée pour y trouver paix et sérénité. En bref, il a besoin d'un environnement familial encourageant. Les hommes sont programmés par Dieu pour être ceux qui pourvoient pour le foyer. Rappelez-vous que les mâles sont des donneurs. Après que l'homme a passé toute sa journée dehors à se battre pour soutenir sa famille, la dernière chose dont il a besoin en rentrant chez lui, c'est d'être confronté à des conflits familiaux. Avec les femmes désormais de plus en plus nombreuses sur le marché du travail, ce problème de soutien familial est d'autant plus important — pour le mari comme pour la femme. Il y a suffisamment de problèmes dans le "train-train quotidien" sans qu'il y ait besoin d'en rajouter à la maison. Le mari et la femme doivent tous deux être sensibles à la question du soutien familial.

La femme a besoin, quatrièmement, d'un soutien financier. Ce n'est peut-être pas un problème majeur pour une épouse qui travaille, mais c'est quelque chose de crucial pour celle qui a choisi de rester à la maison, en particulier si elle s'occupe des enfants. Ces besoins sont interconnectés. Si le mari a besoin du support domestique d'une maison confortable, la femme a besoin d'argent pour y contribuer. Elle doit se sentir rassurée sur le fait que les besoins financiers de la famille sont pris en charge.

Enfin, un homme a besoin d'admiration et de respect. Le problème c'est que tant d'hommes, par leur façon d'agir et de traiter les femmes de leur vie, ne méritent ni admiration ni respect. Cependant, cela ne change rien au fait qu'ils en ont besoin. Les hommes sont conçus avec le besoin de savoir que les femmes dont ils se soucient, les admirent et les respectent. Ils portent également la responsabilité de se comporter de manière admirable et respectable.

Une femme a besoin d'engagement familial. En d'autres mots, une femme a besoin de savoir que son mari est engagé envers son foyer et son mariage, qu'il lui accorde une place au-dessus de toutes les autres femmes, et qu'il place leurs enfants au-dessus de tous les autres enfants. Elle doit savoir qu'il sera à la maison le soir et qu'il donnera la priorité à sa famille au moment de prendre des décisions qui engageront de son temps.

Qui que nous soyons, homme, femme, marié(e) ou célibataire, la meilleure chose à faire pour aimer notre partenaire, quelle que soit la relation, est de chercher à comprendre quels sont ses besoins uniques pour ensuite nous engager à y répondre. Il y a trop de relations égocentriques et égoïstes dans le monde où les gens sont seulement intéressés par ce qu'ils peuvent obtenir, non pas par ce qu'ils peuvent donner.

Rappelez-vous qu'*agape* — l'amour véritable — donne *par nature*. Lorsque nous nous engageons à combler les besoins de quelqu'un, nous manifestons l'amour sous sa forme la plus vraie et la plus pure, un amour qui donne sans rien exiger ni attendre en retour, un amour qui reflète le cœur même du Dieu dont Il est issu et qui Lui-même est amour.

PRINCIPES

1. Tout comme l'esprit "homme" est issu de Dieu, la femme est issue de l'homme. Tout comme l'esprit "homme" a été créé pour recevoir et répondre à l'amour de Dieu, la femelle a été faite pour recevoir et répondre à l'amour du mâle.

2. Dieu donne à l'Homme, le mâle donne à la femelle ; l'Homme reçoit de Dieu et la femelle reçoit du mâle.

3. Tout comme Dieu avait créé l'Homme pour recevoir de Lui sur le plan spirituel, Il a créé la femelle pour qu'elle reçoive du mâle sur le plan physique.

4. Par nature, les mâles sont des donneurs et les femelles des receveuses, et ceci se vérifie dans chaque sphère de la vie et des relations.

5. À chaque fois qu'un produit ou qu'une relation se brise, c'est qu'il y a un problème de principe : un besoin ou un autre n'est pas comblé.

6. L'amour s'engage à répondre aux besoins de l'autre.

7. Le premier besoin basique de l'homme est l'accomplissement sexuel ; pour la femme c'est l'affection.

8. Le second besoin le plus basique de l'homme est une compagnie dans ses moments de détente; pour la femme c'est la communication et la conversation.

9. Le troisième besoin de l'homme dans une relation est une femme attirante ; pour la femme c'est l'honnêteté et la transparence.

10. Le quatrième besoin de l'homme est le soutien familial ; pour la femme c'est le soutien financier.

11. Le cinquième besoin basique de l'homme est l'admiration et le respect ; pour la femme c'est l'engagement familial.

TROISIÈME PARTIE

Comprendre L'Amour Pour la Vie

CHAPITRE 1

Le Mariage : Une Relation Sans Rôles Pré-Établis

Le mariage est une aventure. Je pense que la majorité des jeunes mariés s'accorderont à dire que l'étape du mariage est une expérience excitante, intimidante et un peu effrayante. Après tout, quitter sa famille et le confort intime d'une maison où l'on a passé son enfance pour commencer un nouveau foyer et une nouvelle famille avec l'homme ou la femme de ses rêves, revient émotionnellement à mettre les voiles et traverser l'océan pour tout recommencer dans un autre pays. Le mariage véhicule une sorte d'esprit pionnier — la saveur de la frontière. Tout est nouveau et différent, assez brut au départ, avec même un vague soupçon de danger.

En ces temps enivrants de fréquentation et de fiançailles, de noce et de lune de miel, l'air lui-même semble saturé de magie et merveilles. Pleins de vie et de vigueur, les jeunes mariés se sentent prêts à conquérir le monde. Aucune porte ne leur est fermée. Aucun objectif n'est trop élevé, aucun rêve trop ambitieux. Le monde leur appartient. Rien n'est hors d'atteinte.

Finalement, cependant, la réalité s'installe. La lueur glorieuse de la lune de miel se ternit, et l'attitude « Nous pouvons conquérir le monde » laisse place à des ambitions plus terre à terre. Un beau jour, le couple se réveille en prenant conscience d'une nouvelle vérité. Se regardant face à face, ils réalisent, « D'accord, nous sommes mariés. Et maintenant ?». Maintenant qu'ils ont prêté serment d'un engagement à vie, comment faire pour y arriver ? Comment passer d'ici à l'au-delà en construisant un mariage réussi en chemin ? Que doivent-ils faire afin de réaliser leur rêve d'avoir une relation à vie caractérisée par l'amour, la joie, l'amitié, et qui porte du fruit ? Comment réussir une vie ensemble ?

Il n'est pas vain de se poser ces questions. La réussite d'un mariage n'est pas automatique. De même, être mariés ne garantit ni la communion, ni la communication. En réalité, le mariage expose tout ce que le mari et la femme ne savent pas l'un de l'autre. Durant la période de cour et de fiançailles, il est facile et habituel pour l'homme et la femme d'essayer de s'impressionner en se montrant uniquement sous leur meilleur jour — en ayant toujours l'air bien, en s'habillant bien, et en agissant bien. C'est seulement après le mariage que se révèlent les qualités les moins attirantes et les moins séduisantes. Lorsque cela arrive, ça peut être assez choquant.

Chacun commence à voir les choses qu'il ou elle n'aurait jamais pensé exister.

L'un des premiers défis que rencontrent les couples mariés est d'arriver à comprendre quelles sont les attentes et les rôles de chacun dans le mariage. Manquer de le faire est l'une des causes majeures de problèmes conjugaux. Maris et femmes doivent déterminer ensemble les mécanismes de prises de décisions dans la famille et exprimer clairement leurs attentes mutuelles. Comment seront prises les décisions et qui les prendra ? Quel est le "rôle" du mari ? Quel est le "rôle" de la femme ?

La plupart des couples s'engagent dans le mariage avec des idées préconçues sur les rôles de chacun. Par exemple, le mari sort la poubelle alors que la femme s'occupe de la vaisselle. Le mari entretient la terrasse et l'extérieur de la maison tandis que la femme fait la lessive, la cuisine, et le ménage. Le mari travaille pour subvenir aux besoins de la famille pendant que la femme gère la maison et les enfants.

Maris et femmes doivent déterminer ensemble les mécanismes de prises de décisions dans la famille et exprimer clairement leurs attentes mutuelles.

Les idées préconçues à propos des rôles dans un mariage ne sont pas toujours bien-fondées. Pourquoi ? Parce qu'elles tirent souvent leur origine de coutumes dépassées ou d'idées d'ordre culturel. Une autre raison est qu'elles ne tiennent pas souvent compte des dons, talents, ou capacités individuelles qui ne dépendent pas nécessairement du sexe. Un mariage réussi repose en partie sur une compréhension correcte des rôles. Une partie de cette compréhension implique de connaître les sources des perceptions courantes des rôles et être capable d'en mesurer la validité.

Les Sources Des Perceptions Courantes
Des Rôles Dans Le Mariage

Les perceptions relatives aux rôles dans le mariage, du moins dans la culture occidentale, proviennent généralement d'une de ces quatre sources courantes : la tradition, les parents, la société ou l'Église. Chacune de ces sources exerce une forte influence sur la façon dont les maris et les femmes se voient et voient l'autre.

La tradition. Beaucoup de nos opinions les plus courantes des rôles dans le mariage nous ont été transmises par tradition. Nous adoptons des rôles spécifiques parce qu'« on a toujours fait comme ça ».

Les maris travaillent au bureau ou à l'usine pour "gagner le pain" de la famille ; les femmes restent à la maison pour faire la cuisine, le ménage et s'occuper des enfants. Les maris dirigent tout et tout le monde dans la maison, y compris leurs femmes ; ces dernières se soumettent passivement à leurs maris. Les maris prennent pratiquement toutes les décisions touchant à la famille ; les femmes se soumettent à ces décisions.

La tradition n'est pas nécessairement une mauvaise chose. Parfois elle s'avère importante afin de maintenir l'ordre et la stabilité. Néanmoins, nous devons en même temps reconnaître que ce n'est pas parce qu'une chose relève de la tradition qu'elle est forcément bonne. Les traditions peuvent reposer tout aussi facilement sur l'erreur que sur la vérité. Bien qu'à un moment donné, elles aient été justifiées, les traditions ont tendance à perdurer au-delà des circonstances qui leur ont donné naissance. Les couples mariés devraient faire très attention aux rôles pré-définis basés uniquement sur la tradition.

Les traditions ont tendance à perdurer au-delà des circonstances qui leur ont donné naissance.

Les parents. Peut-être que les perceptions les plus influentes des rôles dans le mariage sont celles que le couple apprend des parents. Les parents sont en réalité les premiers canaux par lesquels les concepts traditionnels des rôles sont transmis à la génération suivante. Nombreux sont ceux qui adoptent les rôles identitaires et les méthodes relationnelles qu'ils ont vus se répéter à la maison durant leur enfance. Que ces modèles soient positifs ou négatifs, et malgré leur désir ou intention de ne pas les suivre, la plupart des enfants grandissent en devenant comme leurs parents. Cela se vérifie particulièrement dans un domaine, celui d'élever et de discipliner les enfants. Les différences dans les philosophies et méthodes utilisées par les parents constituent un point de conflit et de désaccord courant chez les jeunes couples mariés.

Comme dans le cas de la tradition, les modèles parentaux relatifs aux rôles au sein du mariage, devraient être évalués avec précaution parce qu'ils peuvent être erronés. Que maman et papa aient fait les choses d'une certaine façon pendant 40 ou 50 ans ne signifie pas que leur manière de faire était bonne.

La société. La culture populaire est une autre source significative dans la détermination des rôles dans le mariage. Elle diffère de la tradition car si la tradition reste inchangée pendant des générations, l'évolution sociale quant à elle, génère constamment de nouvelles coutumes et tendances. La société moderne communique ses valeurs et son système de croyances à travers les écoles, l'industrie du spectacle (en particulier la télévision, les films et la musique populaire), et les médias. Dans une grande partie du monde occidental, ces forces qui façonnent la culture sont dominées par une philosophie profondément rationaliste et humaniste dans sa façon de voir le monde, ne laissant aucune place à un Être Suprême ou à une réelle dimension de vie spirituelle.

Avec l'omniprésence de cette influence, il est facile pour tous, même pour des croyants peu alertes, de se saisir de ces valeurs et de les intégrer inconsciemment. Les croyants qui ramènent les valeurs et les attitudes du monde dans leurs relations, récoltent toujours des ennuis. Il est important pour eux de se centrer sur la Parole de Dieu — la Bible — comme leur standard et leur source de connaissance.

Les croyants qui ramènent les valeurs et les attitudes du monde dans leurs relations, récoltent toujours des ennuis.

L'Église. Traditionnellement, l'Église a été l'une des premières à former les perceptions des rôles dans le mariage dans la culture occidentale. Bien qu'il s'agisse d'une fonction appropriée pour l'Église au sein de la société, le fait est que malheureusement, beaucoup d'enseignements "traditionnels" dispensés par l'Église au sujet des rôles dans le mariage et de la relation homme/femme ont généralement été négatifs, en particulier quand il était question de la femme.

Par exemple, l'Église en général a enseigné pendant plusieurs années que la femme était un "vase frêle", le "sexe faible", une créature fragile qui devait être traitée avec grand soin et qui ne pouvait effectuer de "lourdes" tâches, aussi bien physiquement que mentalement. Des recherches modernes en biologie et en médecine ont tout simplement démontré de façon concluante que ce n'était pas vrai. Les femmes sont égales aux hommes aussi bien sur le plan physique que mental, mais de manière différente.

Un autre enseignement erroné consiste à dire que les femmes sur le plan spirituel, n'ont peu, voire rien à offrir à la vie d'ensemble d'une église. Elles peuvent être utiles dans les rôles qui consistent à servir — la cuisine, les enfants, la chorale — mais pas dans le vrai ministère quand il s'agit de prophétiser ou d'imposer les mains aux malades.

L'Église a aussi appris aux femmes à se "soumettre" à leurs maris indifféremment de la façon dont elles étaient traitées. On considérait cela comme faire preuve du "respect" dû à leurs maris. Les femmes qui osaient réagir face aux mauvais traitements étaient considérées comme des indésirables à l'Église. Un grand nombre d'enseignements traditionnels sur la soumission s'appuie sur une grossière incompréhension des Écritures, ce qui a produit des conséquences désastreuses dans les vies et les relations d'innombrables femmes.

Un grand nombre d'enseignements traditionnels sur la soumission s'appuie sur une grossière incompréhension des Écritures, ce qui a produit des conséquences désastreuses dans les vies et les relations d'innombrables femmes.

Une Relation Conduite Par L'Amour

Si les sources traditionnelles ne permettent pas toujours de déterminer les rôles dans le mariage de façon correcte ou pertinente, que faire ? Vers quoi pourrait se tourner un couple marié pour trouver un standard fiable ? Existe-t-il un "mode d'emploi" pour un mariage réussi ? Oui, il y en a un. Le meilleur endroit où l'on puisse se rendre pour toute information technique sur un produit est chez son fabricant. Le mariage n'échappe pas à la règle. Dieu a créé le mariage et l'a établi comme la première et la plus importante des relations et des institutions humaines. Étant le "fabricant" du mariage, Dieu le comprend mieux que quiconque. Par conséquent, il est logique de se référer à son "mode d'emploi", la Bible, pour y trouver des informations sur comment le faire fonctionner.

Il est surprenant de voir que beaucoup des rôles "traditionnels" du mariage ne sont pas spécifiquement définis dans les Écritures. Il n'y a ni liste, ni équation, ni formule. La Bible apporte des principes. La description qui illustre probablement le mieux la façon dont maris et femmes devraient se comporter l'un envers l'autre, se trouve dans les écrits de Paul, érudit, leader d'Église, et missionnaire judéo-chrétien du premier siècle :

Femmes, soyez soumises chacune à votre mari, comme au Seigneur ;

car le mari est le chef de la femme, comme Christ est le chef de l'Église, qui est son corps et dont il est le Sauveur ; comme l'Église se soumet au Christ, que les femmes se soumettent en tout chacune à son mari. Maris, aimez chacun votre femme, comme le Christ a aimé l'Église et s'est livré lui-même pour elle, afin de la sanctifier après l'avoir purifiée par l'eau et la parole, pour faire paraître devant lui cette Église glorieuse, sans tache, ni ride, ni rien de semblable, mais sainte et sans défaut. De même, les maris doivent aimer leur femme comme leur propre corps. Celui qui aime sa femme s'aime lui-même. Jamais personne, en effet, n'a haï sa propre chair ; mais il la nourrit et en prend soin, comme le Christ le fait pour l'Église, parce que nous sommes membres de son corps. C'est pourquoi l'homme quittera son père et sa mère pour s'attacher à sa femme, et les deux deviendront une seule chair. Ce mystère est grand ; je dis cela par rapport à Christ et à l'Église. Du reste, que chacun de vous aime sa femme comme lui-même, et que la femme respecte son mari.
(Éphésiens 5:22-33 La Colombe)

Ces versets ne mentionnent rien à propos de "rôles" spécifiques et fixes réservés au mari ou à la femme, mais certains principes qui devraient guider leur relation y sont identifiés: la soumission, l'amour et le respect. Il est intéressant de noter que si Paul a déclaré à quatre reprises que les maris devraient aimer leur femme, il n'a pas une seule fois mentionné que les femmes devraient aimer leur mari. Leur amour est sous-entendu dans leur soumission et leur respect envers leur mari.

Ici Paul met clairement l'emphase sur l'attitude et le comportement des maris : ils doivent aimer leurs femmes « comme Christ a aimé l'église et s'est livré lui-même pour elle ». Cet accent sur le mari est important pour au moins deux raisons. Premièrement, d'après le modèle de Dieu, le mari est le « chef de la femme » et le leader spirituel de la maison. Son attitude et son comportement vont donner le ton spirituel de la maison et affecter profondément le bien-être général et spirituel de sa femme.

La seconde raison semble moins évidente compte tenu de notre compréhension sociale contemporaine. Au premier siècle, lorsque Paul a écrit ces mots, les femmes dans la société juive comme romaine, étaient considérées comme des citoyennes de seconde classe et elles n'avaient que très peu de droits. Aux yeux de tous, elles n'étaient pas beaucoup plus que la propriété de leur mari. L'appel que Paul adresse aux maris d'aimer leur femme, et en particulier de façon sacrificielle, comme Christ a aimé l'Église, était un concept radicalement nouveau, et même révolutionnaire dans ses implications.

L'amour entre un mari et sa femme n'était pas quelque chose de nouveau en lui-même – la littérature ancienne de toutes cultures regorge de chansons d'amour – mais l'emphase de Paul l'était. Ce dernier se référait à un amour par lequel le mari servirait sa femme comme Christ a servi l'Église, et qui donnerait sa vie pour sa femme tout comme Christ l'a fait pour l'Église. L'amour sacrificiel est en lui-même une forme de soumission. Paul était en train de parler d'un amour qui élèverait une femme à un statut d'égalité en tant que personne aux yeux de son mari.

L'amour sacrificiel est en lui-même une forme de soumission.

La définition la plus proche des rôles dans le mariage qu'on puisse obtenir de ce passage revient à dire que le "rôle" du mari est d'aimer sa femme de façon sacrificielle et désintéressée, et que le "rôle" de la femme est de se "soumettre" à son mari « comme pour le Seigneur » et de le "respecter". Ces "rôles" sont réciproques. Si un mari fait réellement et fidèlement sa part, il sera facile pour sa femme de faire la sienne. Similairement, une femme n'aura aucun problème à respecter ou à se soumettre à l'autorité d'un mari qui l'aime d'une telle manière.

Au niveau le plus basique, alors, un mari et une femme devraient vivre dans l'amour et la soumission mutuelle plutôt qu'à travers un ensemble de rôles pré-définis, quelle qu'en soit la source.

Une Relation Dépourvue De Rôles

Le mariage est essentiellement une relation sans rôles préétablis. Il ne peut en être autrement si le mariage prend réellement sa source dans l'amour sacrificiel. L'amour sacrificiel est un amour inconditionnel – l'amour sans raison. L'amour véritable aime sans raison ; c'est comme ça. L'amour inconditionnel aime quel que soit le comportement ou l'"amabilité" des êtres aimés, que ces derniers aiment ou non en retour. Le Nouveau Testament utilise le mot grec agape pour qualifier ce type d'amour. Il s'agit de l'amour dont Dieu a fait preuve envers la race humaine pécheresse, l'amour que Jésus-Christ a manifesté quand il est volontairement mort sur la croix pour cette race pécheresse. Comme Paul l'a écrit dans sa lettre aux croyants de Rome : « En effet, au moment fixé par Dieu, alors que nous étions encore sans force, le Christ est mort pour des pêcheurs. À peine accepterait-on de mourir pour un juste ; peut-être quelqu'un aurait-il le courage de mourir pour le bien. Mais voici comment Dieu nous montre l'amour qu'il a pour nous : alors que nous étions encore des pêcheurs, le Christ est mort pour nous » (Romains 5:6-8).

L'amour sacrificiel est un amour inconditionnel — l'amour sans raison.

Dieu n'a pas besoin d'une raison pour nous aimer ; Il nous aime parce que l'amour fait partie de sa nature. Son amour pour nous ne dépend pas de si oui ou non nous "changeons de vie", si nous nous "rachetons une conduite" ou si nous l'aimons en retour. Agape ne demande rien, n'attend rien de l'autre et n'exige aucune garantie si ce n'est la sienne. Le Seigneur nous garantit qu'Il nous aimera, que nous L'aimions ou non à notre tour.

L'amour de Christ est un amour dépourvu de rôles, basé sur des réponses plutôt que sur des attentes. Sa mort sur la croix était son amour en réponse au besoin de l'humanité d'être pardonné. Jésus n'a placé aucune attente sur nous comme condition préalable à son sacrifice. Il a donné sa vie librement sans garantie que nous l'aimerions en retour. La seule attente que Jésus avait, c'était sa propre joie et exaltation devant son Père : « Gardons les yeux fixés sur Jésus, qui nous a ouvert le chemin de la foi et qui la porte à la perfection. Parce qu'il avait en vue la joie qui lui était réservée, il a enduré la mort sur la croix, en méprisant la honte attachée à un tel supplice, et désormais il siège à la droite du trône de Dieu » (Hébreux 12:2).

C'est une invitation ouverte, inconditionnelle : « Car Dieu a tant aimé le monde qu'il a donné son Fils, afin que *quiconque* croit en lui ne périsse pas, mais qu'il ait la vie éternelle » (Jean 3:16, emphase ajoutée) ; « Mais *à tous ceux qui l'ont reçu*, il leur a donné le droit d'être enfants de Dieu, savoir à ceux qui croient en son nom » (Jean 1:12, Darby emphase ajoutée). Ses mots laissent entendre que Jésus ne disposait d'aucune garantie. Son amour L'a conduit à la croix et Il y serait allé même si personne n'avait cru en Lui ou si personne ne L'avait reçu. *Agape* aime sans raison.

L'amour en quête d'une raison est un amour sous conditions. Les conditions font naître des attentes. Par attentes, j'entends ces jobs, fonctions ou activités mondaines et routinières que maris et femmes attendent automatiquement que l'autre fasse parce qu'il s'agit de leur "rôle", comme faire la vaisselle, la cuisine, le ménage, le jardin, faire le lit, donner le bain aux enfants, etc. Inévitablement, les attentes aboutissent à la déception. La déception conduit aux disputes, lesquelles endommagent la relation, puis mettent en danger leur amitié.

Qu'est-ce que tout cela a donc à voir avec une relation de mariage sans rôles préétablis ? L'amour dans le mariage est supposé ressembler à l'amour de Jésus pour son Église : inconditionnel, sacrificiel, sans attentes ni garanties. Établir des rôles crée des attentes et les attentes impliquent des garanties. Par exemple, si une femme considère que tondre la pelouse est le "rôle" de son mari, ce rôle crée dans sa tête l'attente qu'il tondra la pelouse quand l'herbe sera haute. S'il ne le fait pas, il a violé la "garantie". L'attente de son épouse se change en déception ou même en colère et des conflits en résultent. Si un mari croit que préparer le repas fait partie du "rôle" de sa femme, il sera furieux s'il ne voit pas le dîner sur la table en rentrant du travail. Elle n'a pas respecté la "garantie" créée par l'attente de son mari, basée sur la perception qu'il avait de son "rôle".

Établir des rôles crée des attentes et les attentes impliquent des garanties.

En définitive, l'amour sans raison est un amour dépourvu d'attentes. Sans attentes, il n'y a pas non plus de rôles préétablis. Le mariage devient alors une relation basée sur une réponse aux besoins plutôt que sur l'adhésion à des idées préconçues rigides. Si un mari et une femme n'ont aucune attente de chacun, aucun d'entre eux ne sera déçu. Une approche du mariage basée sur la réponse apportera de la profondeur, de la fraîcheur et une nouvelle dimension à la relation. Les couples mariés expérimenteront un plus grand degré de succès et de bonheur à mesure qu'ils apprendront comment se comporter l'un envers l'autre sans rôles préétablis.

Des Responsabilités Temporaires, Non Des Rôles Permanents

Une relation de mariage dénuée de rôles ne signifie pas que personne ne fait plus rien ou que le couple doit aborder leur vie au foyer de manière aléatoire ou hasardeuse. Au contraire, il s'avère important pour le mari et la femme de parvenir à une compréhension claire et réciproque de comment se feront les choses. Une relation sans rôles préétablis veut dire que chaque partenaire donnera une réponse en fonction du besoin, de sa capacité et de l'opportunité. Qui fera régulièrement la cuisine ? Cela peut dépendre de qui cuisine le mieux. Certains maris sont meilleurs cuisiniers que leurs épouses. Dans ce cas, la femme serait-elle chargée de la responsabilité de préparer les repas simplement parce qu'il s'agit de son rôle "traditionnel" ?

Un rôle est une responsabilité temporaire basée sur la capacité de celui qui répond. Ainsi, les rôles peuvent changer d'un jour à l'autre, d'une minute à l'autre, et d'une personne à l'autre selon le besoin du moment. Qu'est-ce qu'il y a à faire ? Qui de nous le fait le mieux ? Qui est mieux placé pour le faire maintenant ? Tout est une question de besoin, de capacité et d'opportunité. C'est pourquoi il serait certainement mieux de parler de responsabilités plutôt que de rôles quand on se réfère aux tâches maritales. Quel que soit le besoin, la personne capable et disponible sur le moment est responsable.

Fonctionner sans rôles préétablis est la conséquence naturelle d'un mariage fondé sur *agape* et dans lequel le mari et la femme sont vraiment des partenaires égaux. *Agape* cherche à servir plutôt qu'à être servi. Jésus a démontré ce principe dans un exemple puissant relaté dans Jean 13:3-17. La nuit précédant sa crucifixion, Jésus a rassemblé ses disciples pour célébrer la fête de la Pentecôte. Lorsque les disciples sont entrés, il n'y avait personne pour leur laver les pieds (c'était une tâche généralement assignée au plus petit des serviteurs) et aucun d'entre eux ne s'est porté volontaire pour le faire. Leur attitude laissait entendre : « C'est pas mon boulot !». Jésus en personne s'est levé de la table, a ôté son vêtement, a enroulé une serviette autour de sa taille comme l'aurait fait un serviteur et s'est mis à laver les pieds de ses disciples. Ce n'était pas une question de rôles. Jésus a vu un besoin et y a répondu. Dans le même temps, Il a donné à ses disciples une leçon inestimable d'humilité et de service.

Agape s'exprime par une réponse consciente à des besoins identifiés. Il ne s'agit pas d'une réaction automatique ou inconsciente à un stimulus provoqué par des habitudes ou attitudes conditionnées. La colère d'un mari envers sa femme qui "a failli" à sa tâche de laver le linge pourrait simplement être une réaction conditionnée en réponse à la violation de son concept des rôles. Une réponse *agape* consisterait à penser avant d'agir ou de parler et d'évaluer la situation pour s'assurer qu'il n'y ait pas eu de circonstances atténuantes — une raison légitime qui explique pourquoi la lessive n'a pas été faite. Peut-être qu'elle a été occupée toute la journée à soigner un enfant malade. Peut-être qu'elle subit un stress considérable au travail ou qu'elle est plongée jusqu'au cou dans ses devoirs du soir. Quelle que soit la raison, *agape* cherche à aider dans un besoin et non à critiquer un manquement.

Même si mari et femme s'étaient mis d'accord pour qu'elle s'occupe de la lessive en temps normal, la réponse *agape* dans ce cas — la réponse qui ne tient pas compte des rôles — pourrait être qu'il lave le linge et la décharge de ce fardeau. *Agape* ne regarde pas aux rôles ; *agape* répond aux besoins.

AGAPE s'exprime par une réponse consciente à des besoins qu'on a identifiés.

Maris et femmes qui abordent leur mariage selon une perspective où les rôles sont inexistants, s'approprient entièrement chaque aspect de leur vie commune. Ce ne sont plus ses rôles à "lui" ou à "elle", mais seulement "nos" responsabilités. Qui fait quoi et quand dépend des circonstances spécifiques. Chaque couple devrait arriver à un accord mutuel pour déterminer lequel d'entre eux détient en priorité la responsabilité de telle tâche ou de tel besoin, en comprenant aussi qu'au final ils partagent ensemble toutes les responsabilités.

L'attribution des responsabilités maritales peut dépendre de la pratique, des capacités ou du tempérament de chacun. Qui devrait préparer les repas (en priorité) ? Celui qui cuisine le mieux. Qui devrait s'occuper de la gestion des finances de la famille (en priorité) ? Le ou la plus doué(e) pour les chiffres et les comptes. Qui fait le ménage ? Celui qui vit dans la maison. Qui fait la vaisselle ? Celui qui la salit. Qui fait le lit ? Celui qui dort dedans. Qui tond la pelouse ? Celui qui a le temps et l'opportunité de le faire. Une attribution claire de l'autorité et de la responsabilité première entre mari et femme établit un ordre et évite le chaos et la confusion. Dans le même temps, au lieu de produire de la rigidité dans la relation, elle permet une flexibilité pour que chaque partenaire puisse faire ce qui est nécessaire à n'importe quel moment. Celui qui en a la possibilité le fait ; celui qui voit un besoin, passe à l'action. C'est aussi simple que cela.

La pratique des responsabilités dans le mariage sera également affectée selon que les partenaires travaillent tous deux ou non à l'extérieur. On pourrait raisonnablement attendre d'une femme qui reste à la maison de supporter régulièrement une part plus large de responsabilités domestiques qu'une femme qui travaille à temps plein. Le partage des responsabilités devient encore plus important lorsque le mari et la femme sont tous deux dehors la journée. Chaque partenaire doit tenir compte du planning et des obligations de l'autre, travail y compris. Compréhension mutuelle et coopération sont essentielles.

Celui qui en a la possibilité le fait; celui qui voit un besoin, passe à l'action. C'est aussi simple que cela.

Quel est donc alors le "rôle" du mari dans le mariage ? Il est la "tête" du foyer, le leader spirituel, responsable de la direction spirituelle de la famille. Il doit aimer sa femme tout comme Christ a aimé l'Église, de façon sacrificielle et inconditionnelle. Quel est le "rôle" de la femme ? Elle doit respecter son mari et se soumettre à son autorité. En ce qui concerne les aspects pratiques de la vie à la maison, ils devraient tous les deux y répondre en fonction du besoin, de leurs capacités et de leur disponibilité.

PRINCIPES

1. Au niveau le plus basique, un mari et une femme devraient vivre dans l'amour et la soumission mutuelle plutôt qu'à travers un ensemble de rôles prédéfinis.

2. Le mariage est essentiellement une relation sans rôles préétablis.

3. L'amour de Christ est un amour dépourvu de rôles, basé sur des réponses plutôt que sur des attentes.

4. Sans attentes, il n'y a pas non plus de rôles fixes. Le mariage devient alors une relation basée sur une réponse aux besoins plutôt que sur l'adhésion à des idées préconçues rigides.

5. Une relation sans rôles préétablis veut dire que chaque partenaire donnera une réponse en fonction du besoin, de sa capacité et de l'opportunité.

6. Un rôle est une responsabilité temporaire basée sur la capacité de celui qui répond.

7. Agape ne cherche pas les rôles ; agape répond aux besoins.

8. Dans un mariage sans rôles, il n'y a plus de rôles à "lui" ou à "elle", seulement "nos" responsabilités.

9. L'attribution des responsabilités maritales peut dépendre de la formation, des capacités ou du tempérament de chacun.

CHAPITRE 2

La Question De La Soumission

Apprendre à s'identifier sans avoir au préalable défini les rôles peut se révéler être un défi majeur pour les couples mariés, particulièrement si les concepts traditionnels des rôles sont profondément ancrés dans les esprits. Pour réussir à apporter un changement, il faudra faire des ajustements significatifs dans leur façon de pensée. Parce que la plupart des cultures humaines ont fonctionné depuis si longtemps selon le paradigme d'un ordre social dominé par l'homme, le concept du mariage en tant que partenariat entre égaux caractérisé par une relation sans rôles définis, n'est pas une évidence pour beaucoup. Cependant, il s'agit du modèle biblique.

Au commencement, Dieu créa l'homme – mâle et femelle – à sa propre image et leur donna la domination sur la terre pour la diriger ensemble (voir Genèse 1:26). Le premier couple humain jouit d'un mariage dans lequel l'homme et la femme étaient des partenaires égaux, partageant des droits égaux et des responsabilités égales. Ils marchaient dans une relation ouverte et continuelle ensemble et avec Dieu.

Le jour vint où Adam et Ève choisirent de désobéir à Dieu. Immédiatement, leurs circonstances changèrent. Leur péché brisa la relation qu'ils avaient avec Dieu et ainsi leur partenariat d'égal à égal dans le mariage dégénéra en une pâle imitation de son ombre, dans laquelle la femme est assujettie à son mari. Ce mariage corrompu prônant la domination de l'homme devint le modèle "normal" pour les relations entre hommes et femmes, dans un monde entaché par le péché.

Dès le début, Dieu avait un plan pour restaurer le genre humain tout comme sa relation avec Lui. Il envoya son Fils, Jésus-Christ, mourir sur une croix pour les péchés de l'humanité et ainsi briser le pouvoir du péché et détruire ses effets. Restaurer l'institution du mariage telle qu'à sa condition pure, originale, faisait partie du plan de Dieu.

Le premier couple humain jouit d'un mariage dans lequel l'homme et la femme étaient des partenaires égaux, partageant des droits égaux et des responsabilités égales. Ils marchaient dans une relation ouverte et continuelle ensemble et avec Dieu.

Un mariage entre croyants peut et doit être caractérisé par une relation sans rôles définis dans laquelle le mari et la femme sont des partenaires égaux. Ceci, toutefois, soulève la question naturelle sur la manière de concilier le concept biblique du partenariat d'égal à égal dans le mariage avec le concept tout aussi biblique de la femme qui doit se soumettre à son mari. En surface, ils apparaissent comme étant des idées opposées et irréconciliables. Dans le chapitre précédent, nous avons brièvement abordé ce sujet, mais comprendre la question de la soumission est si important pour le succès et le bonheur à long-terme dans le mariage que nous devons l'examiner de plus près.

Les Maris Devraient Agir Comme Jésus

Nous avons déjà vu que l'amour mutuel, la soumission et le respect doivent caractériser la relation mari/femme dans un mariage biblique, mais qu'est-ce que cela signifie vraiment ? Considérez encore une fois le conseil que Paul donna aux Éphésiens :

Soumettez-vous les uns aux autres dans la crainte de Christ. Femmes, soyez soumises chacune à votre mari comme au Seigneur ; car le mari est le chef de la femme, comme Christ est le chef de l'Église, qui est son corps et dont il est le Sauveur ; comme l'Église se soumet au Christ, que les femmes se soumettent en tout chacune à son mari. Maris, aimez chacun votre femme, comme le Christ a aimé l'Église et s'est livré lui-même pour elle, afin de la sanctifier après l'avoir purifiée par l'eau et la parole, pour faire paraître devant lui cette Église glorieuse, sans tache, ni ride, ni rien de semblable, mais sainte et sans défaut. De même, les maris doivent aimer leur femme comme leur propre corps. Celui qui aime sa femme s'aime lui-même. Jamais personne, en effet, n'a haï sa propre chair; mais il la nourrit et en prend soin, comme le Christ le fait pour l'Église, parce que nous sommes membres de son corps. C'est pourquoi l'homme quittera son père et sa mère pour s'attacher à sa femme, et les deux deviendront une seule chair. Ce mystère est grand; je dis cela par rapport à Christ et à l'Église. Du reste, que chacun de vous aime sa femme comme lui-même, et que la femme respecte son mari.
(Éphésiens 5:21-33 La Colombe).

La première instruction de Paul concerne la soumission mutuelle : « soumettez- vous *les uns aux autres* dans la crainte de Christ. » Tout ce que Paul dit dans ces versets se situe dans le contexte de la soumission mutuelle. Une femme se soumet à son mari « comme au Seigneur » et le mari aime sa femme « tout comme le Christ a aimé l'Église et s'est livré lui-même pour elle. » Cet amour débordant et inconditionnel de la part du mari est en lui-même une forme de soumission. C'est cette soumission du mari à l'égard de sa femme qui est si souvent négligée dans les enseignements et dans la pratique.

Tout au long de ce passage, Paul compare le mari à Christ. Les femmes doivent respecter chacune son mari et se soumettre à lui « comme au Seigneur. » « Le mari est le chef de la femme comme Christ est le chef de l'Église. » Les maris doivent chacun aimer sa femme «tout comme Christ a aimé l'Église et s'est livré lui-même pour elle.» Dans chaque cas, le mari doit regarder à Christ comme étant l'exemple pour sa propre conduite. Ce que cela signifie en termes pratiques, c'est qu'un mari mérite et a le droit de s'attendre à la soumission et au respect de la part de sa femme dans le degré et la mesure où il vit et agit comme Jésus envers elle. Un mari mérite la soumission de sa femme à condition qu'il agisse comme le Seigneur. S'il n'agit pas comme le Seigneur, alors il n'a aucun droit de s'attendre à ce que sa femme se soumette à lui « comme au Seigneur ».

Un mari mérite la soumission de sa femme à condition qu'il agisse comme le Seigneur.

Paul dit que les femmes doivent se soumettre à leur mari « comme l'Église se soumet au Christ. » Comment Jésus demande-t-il à son Église de se soumettre à Lui ? Que se passerait-il si Jésus apparaissait soudainement et traversait votre église balançant une batte de base-ball pour voir combien de têtes Il pourrait frapper en hurlant : « Écoutez ! Vous feriez mieux de faire ce que je dis sinon !» Et si Il commençait à maudire son Église ou à lui donner des coups de pied, à lui cracher dessus et à la critiquer ? Il y aurait une épidémie de régression qui toucherait beaucoup et je serais l'un d'eux. Il perdrait des brebis à droite à gauche. Qui voudrait suivre ce genre de Seigneur "aimant"?

Non, Jésus a gagné l'amour, le respect et la soumission de son Église à travers sa propre soumission envers elle dans un amour sacrificiel. Librement et volontairement, Il a donné sa vie pour l'Église. Par son sang,

Il a purifié l'Église de son péché et de sa culpabilité et l'a rendue sainte, irréprochable et sans aucune tache ou imperfection. Par son Esprit, Jésus fortifie et soutient l'Église, l'aimant en tout temps, lui montrant de la compassion, lui pardonnant toujours et pourvoyant toujours à ses besoins selon ses richesses avec gloire (voir Philippiens 4:19).

Jésus est l'exemple parfait. Si les maris veulent apprendre comment gagner l'amour, le respect et la soumission de leur femme, ils doivent regarder comment Jésus traite son Église et suivre son modèle.

Si les maris veulent apprendre comment gagner l'amour, le respect et la soumission de leur femme, ils doivent regarder comment Jésus traite son Église et suivre son modèle.

Beaucoup De Maris Ont Baissé Les Bras

Malheureusement, la triste vérité est que, selon le standard établi par Jésus, la plupart des maris ne méritent pas la soumission. Lorsqu'il s'agit d'aimer leurs femmes comme Christ a aimé l'Église, la plupart des maris ont baissé les bras. Cela ne signifie pas que la majorité des maris n'aiment pas sincèrement leurs femmes et ne désirent pas faire de leur mieux pour elles. L'échec des maris pour se mesurer au standard de Christ révèle une faille fondamentale qui repose au cœur de chaque homme, une faille partagée également par chaque femme. La Bible appelle cette faille le "péché" et il a toujours fait partie de la nature humaine depuis que le premier couple humain a défié Dieu dans le jardin d'Éden et a suivi sa propre voie. Le péché est le défaut qui empêche les maris de se mesurer à l'exemple de Jésus.

Selon le standard établi par Jésus, la plupart des maris ne méritent pas la soumission.

Bien qu'Adam et Ève jouissaient d'un partenariat égal et de l'autorité sur le jardin d'Éden, Dieu avait nommé Adam en tant que "chef" de la famille avec l'entière responsabilité d'enseigner et de guider sa femme dans les voies de Dieu. Après qu'Adam et Ève eurent désobéi à Dieu, le péché devint partie intégrante de leur nature. Il détruisit leur relation avec Dieu et ils eurent peur de lui au point de se cacher. Lorsque Dieu vint les chercher, il rechercha Adam en premier. Même si Ève fut la première à désobéir et qu'ensuite elle entraîna son mari avec elle, Adam était le "chef" et Dieu le tint pour premier responsable.

> *Mais l'Éternel Dieu appela l'homme et lui demanda :*
> *— Où es-tu ?*
> *Celui-ci répondit :*
> *— Je t'ai entendu dans le jardin et j'ai eu peur, car je suis nu ; alors je me suis caché.*
> *Dieu dit :*
> *— Qui t'a appris que tu es nu ? Aurais-tu mangé du fruit de l'arbre dont je t'avais défendu de manger ?*
> *Adam répondit :*
> *— C'est la femme que tu as placée auprès de moi qui m'a donné du fruit de cet arbre, et j'en ai mangé.* (Genèse 3:9-12)

Aussitôt qu'il fut confronté à son échec, Adam essaya de mettre la faute sur sa femme. Refusant de reconnaître sa culpabilité, Adam tenta de transférer la responsabilité sur quelqu'un d'autre — et depuis ce jour, les hommes continuèrent de transférer la responsabilité de leurs échecs.

Lorsqu'Adam désobéit à Dieu et que le péché entra dans sa nature, quatre choses se passèrent immédiatement dans sa vie. Premièrement, il sut qu'il était coupable. Il refusa de le reconnaître mais il le savait. Deuxièmement, il eut peur. Le péché créa une séparation entre l'homme et Dieu et cette séparation engendra la crainte. Troisièmement, il se cacha et quatrièmement, il eut honte.

Refusant de reconnaître sa culpabilité, Adam tenta de transférer la responsabilité sur quelqu'un d'autre — et depuis ce jour, les hommes continuèrent de transférer la responsabilité de leurs échecs.

Toutes ces choses forment l'expérience commune de tous les hommes. Même de nos jours, les hommes savent lorsqu'ils ont tort même s'ils ne l'admettent jamais. La pensée d'être exposé comme un échec les remplit de crainte. Les hommes se cachent toujours de leurs échecs. Beaucoup se cachent derrière leur ego, leur force physique ou encore leur position ou leur statut dans la communauté. D'autres se cachent derrière l'argent, l'influence, le pouvoir politique, leurs emplois, leurs sports — tout ce qui peut les aider à éviter d'avoir à traiter leurs échecs.

Même si peu l'admettraient volontiers, lorsqu'un homme échoue, il a honte, peu importe la puissance avec laquelle il a agi. Il va masquer sa honte avec un langage fanfaron ou un comportement "macho" avec les "gars". Il va essayer de la noyer dans l'alcool ou agir avec la haine de soi en battant sa femme et ses enfants. La honte d'un mariage brisé peut le conduire dans les bras d'une maîtresse. Il peut rechercher à se détourner de sa honte en accusant sa femme de ses échecs.

Rien ne détruit plus l'ego d'un homme que l'échec. Les hommes ont une grande crainte d'être mis à "nu" — de voir leur échec exposé au monde entier. C'est pourquoi tant d'hommes recherchent une fausse sécurité chez des personnes ou des environnements qui affirmeront leur virilité sans mettre en avant leurs failles. Ils préfèrent se reposer sur une fausse image de soi plutôt que de faire face à la réalité qui les concerne.

Les Maris Doivent Se Charger De Leurs Responsabilités

Voici donc le dilemme : Les maris sont supposés agir comme Jésus, cependant peu de maris le font. Bien sûr, nul n'est parfait ; aucun mari ne peut parfaitement reproduire le comportement modèle de Christ. Le problème est que tant de maris n'ont aucune idée de la façon dont ils sont supposés agir ou de ce qu'ils sont supposés faire. Ils se cachent depuis si longtemps de leur vraie nature que même s'ils réalisent qu'ils ont besoin de changer, ils ne savent pas comment.

Les maris qui cherchent sérieusement à suivre l'exemple de Jésus dans leur relation avec leur femme doivent être désireux de se charger de leurs responsabilités. Ils doivent être désireux d'accepter la responsabilité de leurs actions sans les renier, sans se cacher derrière elles, ni en mettant la faute sur quelqu'un d'autre, particulièrement leur femme. Ils doivent reconnaître que parce qu'ils sont humains, ils vont échouer de temps en temps, mais cela ne doit pas être une cause de honte ou de désastre. Une relation établie sur agape créera un environnement de pardon et de soutien. Tout mari qui essaie honnêtement d'aimer sa femme « comme Christ a aimé l'Église » la trouvera à ses côtés avec la soif de l'aider à réussir. Quelle femme raisonnable ne réagirait pas à un homme qui l'aime vraiment, la protège, prend soin d'elle, pourvoit à ses besoins, se donne pour elle et, humainement parlant, fait d'elle le centre de son monde ?

Au sein du contexte global d'aimer sa femme, le tout premier rôle d'un mari est d'être le chef spirituel, la couverture et l'enseignant de la maison. À travers ses mots, son style de vie et son comportement personnel, le mari doit enseigner la Parole, la volonté et les voies du Seigneur à sa femme et à ses enfants.

L'un des plus grands problèmes dans le mariage et dans la vie de famille aujourd'hui, c'est que dans de nombreuses maisons, le mari a effectivement renoncé à son autorité ou par défaut ou par ignorance. Dans beaucoup de foyers croyants, la femme connaît plus à propos du Seigneur, de sa Parole et de ses voies que le mari, parce qu'elle passe plus de temps à les étudier. Elle est à l'église, alors que son mari est ailleurs à s'occuper de ses propres affaires. Même s'il est à l'église avec elle, fréquemment le mari est moins engagé et moins consacré dans les choses spirituelles que sa femme. Comment un mari peut-il enseigner ce qu'il ne sait pas ? Comment peut-il être pour sa famille et dans son style de vie un modèle dont il ne sait absolument rien ?

L'un des plus grands problèmes dans le mariage et dans la vie de famille aujourd'hui, c'est que dans de nombreuses maisons, le mari a effectivement renoncé à son autorité ou par défaut ou par ignorance.

Si davantage de maris avaient la foi pour aimer leurs femmes comme Christ a aimé l'Église et pour assumer leurs responsabilités en tant que chef du foyer, le problème ou la confusion concernant le sujet de la femme et de sa soumission serait minime.

Les Maris Doivent Courtiser Leurs Femmes
Comme Christ A Courtisé l'Église

Tout comme Paul compare le mari à Christ, il compare la femme à l'Église. Les femmes doivent se soumettre à leur mari comme l'Église se soumet à Christ. En même temps, les maris doivent aimer leur femme comme Christ a aimé l'Église. Les deux sont des actions réciproques : comme le mari aime sa femme de manière sacrificielle, sa femme se soumet à lui.

Les maris doivent gagner la soumission de leurs épouses en se rendant dignes de cette soumission. Ils le font en apprenant à aimer leurs femmes de la manière dont Christ aime son Église. Comment Christ aime-t-Il son

Église ? Comment attire-t-Il son peuple à Lui afin qu'il se soumette à Lui ?

Les deux sont des actions réciproques : comme le mari aime sa femme de manière sacrificielle, sa femme se soumet à lui.

Jésus gagne notre cœur en nous courtisant. D'abord, Il se révèle à nous d'une manière ou d'une autre et Il capture notre cœur avec son amour. Puis, Il nous attire tendrement à Lui : « D'un amour éternel, je t'aime, c'est pourquoi je t'attire par l'affection que je te porte » (Jérémie 31:3b). Il nous envoie une invitation ouverte à venir à Lui, à être pardonnés pour nos péchés et à recevoir le don de la vie éternelle. Une fois que nous comprenons combien Il nous aime et tout ce qu'Il a fait pour nous, nous réalisons que nous aurions été fous de ne pas Le suivre. C'est alors qu'en réponse à sa douce invitation, nous décidons *de notre propre volonté* de venir à Lui.

Nous soumettre à Christ est notre choix. Il ne nous presse jamais. Jésus ne nous force pas la main, ni ne nous oblige d'aucune manière que ce soit. Il dit simplement : « Me voici. Viens à Moi. » La soumission n'est jamais forcée de l'extérieur. La soumission est choisie librement et donnée volontairement. Une fois que nous nous soumettons à Jésus, Il devient le centre de notre vie. Il nous a si bien courtisés et nous l'aimons tellement que nous sommes prêts à aller n'importe où et à faire n'importe quoi pour Lui.

De la même manière, un mari doit courtiser sa femme. Il doit toujours lui faire le plus grand honneur et la considérer avec le plus profond respect en tant que personne. La couvrir dans la prière et la protéger. La traiter avec bonté, considération et compassion. N'ayez pas peur de montrer une tendre affection. Rappelez-vous : faites preuve de délicates attentions. Achetez-lui des fleurs. Emmenez-la dîner dans un grand restaurant. Surprenez-la en l'emmenant pour un week-end en amoureux. En mots, en actions et de toutes les autres façons possibles, faites-lui savoir qu'elle est aimée, qu'elle a de la valeur et qu'elle est considérée au-dessus de tous les autres.

La Soumission d'Une Femme Est Volontaire

Jusqu'à présent, nous nous sommes concentrés presque exclusivement sur les responsabilités du mari. Ceci pour au moins deux raisons : la première, parce le mari porte la plus grande responsabilité comme il est le chef de la maison, et la deuxième, parce que sa responsabilité est si largement incomprise et à la fois si rarement accomplie.

Le mari est le "chef" de sa femme ; il n'est pas son "patron". Il n'est pas non plus le "patron" de la maison. C'est là où tant de maris se méprennent. C'est sans doute une fine distinction, mais Christ conduit son Église, Il ne gouverne pas son Église, comme avec une lourde main de fer. Christ gouverne son Royaume, mais Il conduit son Église. Il aime et chérit son Église et son Église se soumet à Lui librement et volontairement.

Aussi, qu'en est-il de l'épouse ? Quelle est sa responsabilité envers son mari ? Observons à nouveau les instructions de Paul dans Éphésiens : « Femmes, soyez soumises chacune à votre mari, comme au Seigneur... comme l'Église se soumet au Christ, que les femmes se soumettent en tout chacune à son mari » (Éphésiens 5:22, 24 La Colombe). Comment l'Église se soumet-elle à Christ, son Seigneur ? Librement et volontairement, par amour. Ces qualités doivent également caractériser la soumission d'une épouse envers son mari.

Les mots de Paul dans ces versets constituent un commandement : « Femmes, soyez soumises à vos maris. » Remarquez que ce commandement est donné aux femmes, pas aux maris. Il est commandé aux femmes de se soumettre à leur mari. Nulle part ailleurs Paul ne commande ou ne donne une quelconque autorité aux maris pour forcer leurs épouses à se soumettre. Une soumission forcée n'est pas une vraie soumission ; c'est de l'assujettissement. La soumission est toujours librement choisie et volontairement donnée.

Même s'il est demandé à la femme de se soumettre, son accord est volontaire. Elle a le droit de choisir. Tant que son mari assume sa responsabilité et recherche à l'aimer du même amour sacrificiel, désintéressé avec lequel Christ a aimé l'Église, une épouse a la responsabilité de se soumettre à son mari "en tout". Si elle n'y arrive pas, elle n'est redevable pas tant à son mari mais au Seigneur. Son échec à se soumettre à l'autorité de son mari est un péché.

Une soumission forcée n'est pas une vraie soumission ; c'est de l'assujettissement.

La soumission d'une épouse à un mari pieux qui fait tout son possible pour être comme Jésus dans son attitude et son comportement envers elle n'est pas un acte dégradant ou démoralisant. La soumission ne signifie pas l'humiliation ou la sujétion abjecte de la personnalité et de la volonté d'une épouse au caprice et à la volonté de son mari. Un mari qui agit comme Jésus envers sa femme ne l'encouragera pas à ce genre de traitement, quoi qu'il en soit.

La soumission signifie qu'une femme reconnaît l'autorité de son mari en tant que son leader spirituel et le guide de la famille. Cela n'a absolument rien à voir avec le fait de renier ou de renoncer à sa volonté, son esprit, son intellect, ses dons ou sa personnalité. Se soumettre signifie reconnaître, affirmer et soutenir la responsabilité donnée par Dieu à son mari pour conduire la famille en général. La soumission biblique d'une femme à son mari est une soumission de position, pas d'identité. Il s'agit de la subordination libre et volontaire d'égal à égal dans l'intérêt de l'ordre, de la stabilité et de l'obéissance au dessein de Dieu.

En tant qu'homme, un mari accomplira sa destinée et sa virilité, alors qu'il exercera son autorité dans une vie de prière et dans une humble soumission au Christ et qu'il se donnera à sa femme dans un amour sacrificiel. En tant que femme, une épouse réalise sa féminité tandis qu'elle se soumet à son mari en honneur au Seigneur, recevant son amour et acceptant son autorité. Lorsqu'une relation saine de soumission mutuelle est présente et active, une femme sera envoyée et habilitée à devenir la femme que Dieu a toujours voulu qu'elle soit.

Une compréhension adéquate et l'exercice de la soumission biblique à la fois par le mari et sa femme, sont indispensables pour un succès à long terme et le bonheur de tout mariage. Sans cela, le couple ne réalisera jamais sa complète identité en Christ et les époux ne libéreront jamais leur plein potentiel en tant qu'être humains créés à l'image de Dieu.

PRINCIPES

1. Un mari mérite et a le droit de s'attendre à la soumission et au respect de la part de sa femme dans le degré et la mesure où il vit et agit comme Jésus envers elle.

2. Le péché est le défaut qui empêche les maris de se mesurer à l'exemple de Jésus.

3. Au sein du contexte global d'aimer sa femme, le tout premier rôle d'un mari est d'être le chef spirituel, la couverture et l'enseignant de la maison.

4. Les maris doivent gagner la soumission de leurs épouses en se rendant dignes de cette soumission. Ils le font en apprenant à aimer leurs femmes de la manière dont Christ aime son Église.

5. La soumission n'est jamais forcée par l'extérieur. La soumission est choisie librement et donnée volontairement.

6. Tant que son mari assume sa responsabilité et recherche à l'aimer du même amour sacrificiel, désintéressé avec lequel Christ a aimé l'Église, une épouse a la responsabilité de se soumettre à son mari "en tout".

7. La soumission biblique d'une femme à son mari est une soumission de position, pas d'identité. Il s'agit de la subordination libre et volontaire d'égal à égal dans l'intérêt de l'ordre, de la stabilité et de l'obéissance au dessein de Dieu.

CHAPITRE 3

Maîtriser L'Art De La Communication

Parmi les doléances les plus courantes entendues par les conseillers conjugaux, on retrouve des déclarations telles que « Elle ne me comprend pas » ou « Il ne m'écoute jamais ». La grande majorité des mariages qui triment aujourd'hui ont touché le fond, directement ou indirectement, à cause de l'incapacité du couple à communiquer.

Durant mes nombreuses années passées dans le ministère, j'ai conseillé des centaines de couples en difficulté dans leur mariage. Dans tous les cas, excepté pour une poignée d'entre eux, le problème dans la relation trouve essentiellement son origine dans une rupture de communication.

À chaque fois que je conseille un couple marié, plusieurs règles de base s'appliquent. Premièrement, lorsque le mari parle, la femme écoute. Deuxièmement, lorsque la femme parle, le mari écoute. Troisièmement, après que tous deux ont parlé, je parle et ils écoutent. Lorsque quelqu'un parle, personne d'autre n'interrompt. C'est toujours intéressant de remarquer le regard stupéfait qui apparaît souvent sur le visage de chaque époux/épouse au moment où l'autre parle. Dans beaucoup de cas, c'est la première fois depuis des mois voire même des années qu'ils écoutent vraiment l'autre, et ils restent complètement stupéfaits par ce qu'ils entendent.

La communication est un art à apprendre, une compétence à maîtriser. Il ne s'agit pas de quelque chose qui s'effectue automatiquement, pas même dans un mariage. La véritable communication peut seulement avoir lieu dans un environnement propice à une honnête expression de soi. Nombreux sont les couples qui passent beaucoup de temps à parler mais très peu de temps à communiquer. Le fait qu'ils se parlent ne veut pas forcément dire qu'ils communiquent.

Pour certains couples, la seule fois où ils se parlent c'est lorsqu'ils se disputent. Parfois, critiques et commentaires négatifs sont pratiquement tout ce qu'un mari et une femme entendent l'un de l'autre. La communication s'apprend le mieux dans un environnement ouvert, honnête et sans confrontation. Les couples qui n'apprennent pas à communiquer dans un tel environnement ne seront jamais en mesure de le faire en situation de confrontation.

Créer un environnement propice à une communication efficace doit être planifié de manière délibérée. Si je veux faire pousser un beau jardin, je ne peux pas le laisser entre les mains du hasard. Je dois choisir l'endroit le plus exposé possible au soleil, préparer la terre, ensemencer, ajouter de l'engrais, enlever régulièrement les mauvaises herbes et m'assurer que les plantes aient de l'eau en quantité suffisante. De même, un environnement favorable à la communication doit être créé et entretenu délibérément et avec grand soin. Les couples qui établissent et maintiennent une atmosphère de transparence, de confiance et de grâce lorsqu'ils se parlent au sujet de bonnes choses, auront aussi plus de facilité à parler de problèmes difficiles quand ceuxci surviendront.

La communication s'apprend le mieux dans un environnement ouvert, honnête et sans confrontation.

La communication est à l'amour ce que le sang est à la vie. Lévitique 17:11 dit que la vie est dans le sang. Toute relation saine est impossible sans communication. C'est vrai pour tout le monde, aussi bien dans les relations humaines que dans une relation avec Dieu.

Comprendre La Communication

Les problèmes de communication au sein d'un mariage proviennent en partie de la confusion de beaucoup de couples sur ce que signifie réellement communiquer. Une communication authentique requiert à la fois de parler et de comprendre. "Parler" fait référence à tous les moyens par lesquels les pensées, les idées ou les sentiments sont exprimés, que ce soit par la voix, les gestes, le langage corporel ou les expressions du visage. "Comprendre" ne consiste pas uniquement à entendre ce qui a été dit, mais aussi à interpréter ce qui a été dit selon l'intention du locuteur.

La communication entre homme et femme ou mari et femme est compliquée du fait qu'hommes et femmes diffèrent dans leur manière de penser, de percevoir les choses et d'y répondre. En règle générale, les hommes sont logiques et les femmes émotionnelles. Les hommes parlent en exprimant leurs pensées, les femmes en exprimant leurs émotions. Les hommes interprètent ce qu'ils entendent à partir d'un cadre de référence logique et les femmes à partir d'un cadre de référence émotionnel. En d'autres mots, un homme et une femme peuvent entendre exactement le même message, au même moment, provenant de la même personne et percevoir ce message de deux façons totalement différentes. Le même problème peut facilement survenir lorsqu'ils essaient de communiquer entre eux.

Beaucoup de gens semblent assimiler la conversation à la communication. Pourtant ce n'est pas parce que deux personnes se parlent qu'elles se comprennent. Ce que l'une dit peut ne pas être ce que l'autre entend, et ce que l'autre entend peut ne pas être ce que la personne a voulu dire. Une conversation à double sens ne garantit pas la communication. Encore une fois, la compréhension est la clé.

La compréhension va bien plus loin que simplement prendre connaissance des paroles de quelqu'un. L'élément verbal ne représente qu'une petite partie de la dynamique entière de la communication humaine. Les éléments non-verbaux tels que la gestuelle, les expressions du visage, et le langage corporel occupent une part encore plus importante que le langage parlé dans l'interprétation des messages que nous recevons. Lequel de ces deux messages allez-vous croire ? Si je dis « Je t'aime » avec un sourire chaleureux ou « Je t'aime » les dents serrées, l'air renfrogné et les poings fermés ? Même si les paroles sont identiques, le message transmis est complètement différent.

Les éléments non-verbaux tels que la gestuelle, les expressions du visage, et le langage corporel occupent une part encore plus importante que le langage parlé dans l'interprétation des messages que nous recevons.

La communication est un processus qui permet un échange d'informations entre individus ou groupes utilisant un système commun de symboles, de signes ou de comportements. Communiquer consiste à transmettre information, pensée ou sentiment de manière à ce que ces derniers soient reçus ou compris de façon satisfaisante. Il s'agit d'une interaction à double sens entre des personnes qui envoient et reçoivent des messages et qui comprennent toutes deux ce que l'autre veut dire. Si je vous parle et que vous me répondez en me confirmant que ce que vous avez entendu et compris était vraiment ce que je voulais dire, alors une véritable communication a eu lieu.

Si la clé de la communication c'est la compréhension, la clé de la compréhension c'est l'écoute.

Écoutez !

Dans la société moderne d'aujourd'hui, à grande vitesse et au stress élevé, l'écoute est presque devenu un art perdu. Le manque d'écoute est l'un des problèmes les plus fréquents relatifs à la communication. Si souvent, notre tendance naturelle nous conduit à parler avant d'écouter. Nous pourrions éviter beaucoup de blessures, d'incompréhensions et d'embarras si nous apprenions simplement à écouter avant de parler.

Épictète, philosophe grec du premier siècle, a dit : « Nous avons deux oreilles et une bouche pour que nous puissions écouter deux fois plus que nous parlons ». Il y a une grande part de vérité dans cette affirmation. La Bible contient beaucoup de paroles de sagesse semblables à celle-ci. Tout au long des Écritures, l'écoute est liée à la connaissance et à la compréhension. Continuellement, le livre des Proverbes nous invite à écouter les paroles de sagesse et à apprendre. À maintes reprises, Jésus appela les foules à venir L'écouter : « Alors Jésus appela la foule et lui dit :
— Écoutez-moi et comprenez-moi bien » (Matthieu 15:10).
Nombreuses sont les fois où Jésus dit : « Que celui qui a des oreilles pour entendre entende. »

La référence la plus directe quant à l'équilibre entre écouter et parler se trouve certainement dans le livre de Jacques dans le Nouveau Testament : « Vous savez tout cela, mes chers frères. Mais que chacun de vous soit toujours prêt à écouter, qu'il ne se hâte pas de parler, ni de se mettre en colère. Car ce n'est pas par la colère qu'un homme accomplit ce qui est juste aux yeux de Dieu » (Jacques 1:19-20). Jacques fait le lien entre la disposition à écouter et la capacité à éviter les discours erronés et inutiles, ainsi que les vaines colères. Combien de fois les couples mariés enragent-ils et se mettent-ils en colère simplement parce qu'ils n'ont pas tout d'abord pris le temps d'écouter ? Nous pouvons paraphraser le conseil de Jacques de cette façon : « Écoutez d'abord ! Ne vous hâtez pas de parler, et même, faites attention à ce que vous dites et à comment vous le dites. Ne "pétez pas un plomb", car la colère explosive ne ferait que saboter votre croissance spirituelle ».

Écouter signifie plus que simplement entendre ou comprendre ce que quelqu'un dit. Tout ce que nous entendons traverse les filtres de nos propres croyances et expériences, ainsi que notre connaissance et notre impression du locuteur. Ces filtres colorent notre façon d'interpréter ce que nous entendons et peuvent parfois nous amener à déformer ce que le locuteur veut dire. Une bonne écoute implique d'aller au-delà de nos filtres pour entendre ce que les autres sont vraiment en train de dire, pas uniquement avec leurs mots, mais aussi avec le ton de leur voix, leurs expressions du visage et leur langage corporel.

Un autre problème lié à l'écoute survient lorsque nous sommes plus préoccupés par nos propres paroles que par celles de l'autre personne. Vous est-il déjà arrivé de parler à quelqu'un et de réaliser qu'au lieu de l'écouter, vous êtes en train de penser à ce que vous allez dire après ? Avez-vous déjà eu l'impression que quelqu'un ne vous écoutait pas pour la même raison ? Ce genre de chose arrive tout le temps et nous appelons cela une "conversation". Peut-être est-ce de la conversation, mais pas de la communication parce que personne n'écoute. Il n'y a pas d'échange d'informations avec la confirmation de s'être mutuellement compris.

L'art de l'écoute consiste en partie, à apprendre à accorder notre attention toute entière à l'autre personne, à démontrer un réel intérêt dans ce qu'il ou elle a à dire, accompagné d'un désir honnête de comprendre. Si la communication est notre objectif, nous devons davantage nous concentrer sur les paroles, les idées et les valeurs de l'autre plutôt que sur les nôtres. Rien au monde ne bénit autant une personne que d'avoir quelqu'un qui l'écoute, qui l'écoute vraiment.

Rien au monde ne bénit autant une personne que d'avoir quelqu'un qui l'écoute, qui l'écoute vraiment.

Une écoute appropriée et efficace requiert que nous mobilisions toutes nos facultés. Pour qu'une véritable communication ait lieu, nous devons apprendre à écouter pleinement, en engageant notre corps, notre esprit, notre intellect, nos émotions, nos yeux et nos oreilles — en bref, tout. Il nous faut d'abord écouter et mettre de côté nos propres pensées, paroles et agenda assez longtemps pour entendre et comprendre l'autre. Une fois que nous comprenons et que l'autre personne sait que nous l'avons comprise, nous sommes alors en mesure de répondre de façon plus appropriée depuis le contexte de cette compréhension. Ceci établit une fréquence claire pour une véritable communication à double sens.

Une Communication Holistique

Parce que la communication est un art, elle doit s'apprendre délibérément, patiemment et soigneusement au fil du temps. Une communication efficace en tête-à-tête est toujours holistique de nature, engageant tous les sens et l'intégralité du corps, de l'intellect et l'énergie mentale.

La communication est un échange d'informations — un message — entre individus, partagé de manière à être compris mutuellement. Chaque message se compose de trois éléments essentiels : le contenu, le ton de la voix, et les signaux non-verbaux tels que les gestes, les expressions faciales et le langage corporel. Lorsque ces trois éléments s'accordent harmonieusement, la probabilité qu'il y ait compréhension mutuelle est très élevée. Si un élément manque ou en contredit un autre, les chances d'avoir une communication réussie diminuent sensiblement.

Dans toute communication où émotions et personnalités humaines sont impliquées, les éléments non-verbaux deviennent plus significatifs que les éléments verbaux. Cela se vérifie facilement dans la vie. Un ami vient de perdre un être cher. Vous voulez aider, lui exprimer votre sympathie, mais vous ne savez pas quoi dire. Bien souvent, dans une telle situation, les paroles sont totalement inappropriées. Votre simple présence est d'une plus grande valeur pour votre ami. Une accolade, une étreinte chaleureuse, des larmes versées ensemble en silence — ces simples actes non-verbaux communiquent votre amour et votre soutien beaucoup plus clairement qu'une multitude de paroles maladroites, aussi bien intentionnées soient-elles.

La recherche le confirme également. Des études en communication ont montré que l'aspect verbal — le contenu de base — ne représentait que 7% de l'ensemble du message que nous envoyons ou que l'autre personne reçoit. Le ton de la voix compte pour 38% tandis que les 55% restants relèvent du non-verbal. En d'autres mots, ce que les autres perçoivent et comprennent de nous, dépend seulement pour 7% de ce que nous disons, pour 38% de comment nous le disons, et pour 55% de ce que nous faisons quand nous le disons.

Si nous souhaitons éviter incompréhensions, blessures et disputes, nous devons nous assurer que le ton de notre voix ainsi que nos gestes, nos expressions du visage et notre langage corporel envoient le même message que les paroles qui sortent de notre bouche.

C'est dans ce domaine du non-verbal où tellement de gens — et tellement de couples mariés — rencontrent tant de difficultés dans la communication. Les problèmes surviennent entre un mari et une femme lorsqu'il y a désunion entre ce qu'ils se disent et comment ils le disent. Un mauvais ton de voix peut être particulièrement dévastateur, amenant un désaccord ou une incompréhension pourtant mineure, à dégénérer en dispute ou en un déluge blessant de propos sarcastiques de part et d'autre.

Les problèmes surviennent entre un mari et une femme lorsque il y a désunion entre ce qu'ils se disent et comment ils le disent.

C'est pour cette raison qu'il serait bon pour les couples de se rappeler du conseil de Jacques : « que chacun de vous soit toujours prêt à écouter, qu'il ne se hâte pas de parler, ni de se mettre en colère ». Proverbes 15:1 nous fait part d'un autre conseil de valeur : « Une réponse douce apaise la colère, mais une parole blessante excite l'irritation ». Dans leur communication, mari et femme devraient s'assurer que leurs voix et leurs expressions s'accordent avec leurs paroles.

Cinq Niveaux De Communication

La majorité des relations ne dépasse pas le stade de l'interaction superficielle. Les relations durables, cependant, vont davantage en profondeur. Le signe d'une relation saine et grandissante se traduit par un niveau d'intimité plus profond dans l'interaction et la communication de ceux qui y sont impliqués.

La plupart des gens interagissent sur un ou plusieurs des cinq différents niveaux de communication, chaque niveau étant plus profond et plus intime que le précédent. Le niveau le plus bas est celui de la conversation courante. Superficielle et sans risque, comme le genre de propos que nous pourrions entretenir avec un étranger dans une file d'attente au supermarché.

« Bonjour, comment allez-vous ?

— Bien, et vous ?

— Moi aussi ça va. Comment vont les enfants ?

— Bien. Que pensez-vous du temps que nous avons en ce moment ?»

Pas de questions profondes ou intrusives, ni de révélations personnelles embarrassantes et douloureuses, seulement une conversation polie, courtoise et inconséquente. Rien de menaçant, ni de compromettant.

Le niveau suivant de communication inclut des faits rapportés sur les autres. Il s'agit du genre de conversation où nous nous contentons de rapporter ce que quelqu'un d'autre a dit ou fait, sans formuler d'opinions ou d'informations personnelles sur le sujet. C'est le niveau du journaliste objectif, qui rapporte uniquement les faits d'une situation et généralement ce que quelqu'un d'autre a dit. Aucun élément personnel n'y est intégré.

Le niveau trois est celui où l'on peut, pour la première fois, parler de véritable communication dans le sens où nous commençons à exprimer nos idées, opinions ou décisions dans l'intention spécifique d'être entendus et compris par les autres. Cette transparence nous place également pour la première fois à un niveau de risque personnel. À chaque fois que nous révélons une partie de notre moi intérieur – pensées, idées, croyances, opinions – nous ouvrons la porte à la possibilité d'être rejetés ou ridiculisés. L'intimité grandit à ce stade, mais il subsiste toujours une zone de sécurité. Nos croyances et idées personnelles restent moins vulnérables aux blessures que le sont nos émotions et notre être intérieur, qui, à ce niveau, sont toujours prudemment dissimulés.

Au niveau quatre, nous nous sentons suffisamment en sécurité et intimes pour commencer à partager nos émotions. Bien qu'une communication profonde et sérieuse se produise à ce niveau, il existe toujours un garde-fou à la relation. Nous ne sommes pas encore prêts à nous ouvrir entièrement et à laisser l'autre personne nous voir vraiment tels que nous sommes au plus profond de nous.

Le plus haut niveau de tous est celui de la communication émotionnelle et personnelle, caractérisée par une transparence et une honnêteté absolues. ce stade, il n'y a ni secrets ni zones "interdites d'accès". Nous sommes prêts et disposés à mettre nos coeurs à nu, à ouvrir chaque pièce et chaque compartiment et à inviter à un examen approfondi. Aucun niveau d'intimité n'est plus profond que lorsque deux personnes se sentent suffisamment libres et en sécurité pour être complètement honnêtes l'une envers l'autre. En même temps, les risques de rejet et de ridicule sont également à leur maximum. Le risque est inévitable en présence d'une véritable intimité. Une façon de définir l'intimité serait la confiance et la disposition à se rendre complètement ouvert et vulnérable à l'autre. La vulnérabilité entraîne toujours un risque, mais il n'existe aucun autre chemin vers la véritable intimité ou la communication authentique à son niveau le plus profond.

Le risque est inévitable en présence d'une véritable intimité.

L'épanouissement et la réussite à long terme d'un mariage dépend largement de l'étendue et de la profondeur à laquelle un mari et une femme développent leur art à communiquer. Il est d'une importance vitale qu'ils apprennent comment s'écouter et se comprendre et qu'ils se sentent à l'aise pour partager leurs pensées, leurs sentiments, leurs joies, leurs peines, leurs espoirs et leurs rêves les plus profonds. Le mariage est l'aventure de toute une vie rythmée de surprises et de challenges à chaque détour. Apprendre à communiquer efficacement est aussi l'oeuvre d'une vie. Ce n'est ni rapide ni facile, mais les récompenses grandissantes d'intimité et d'épanouissement qui en découlent au fil des années valent bien le dur labeur requis.

PRINCIPES

1. La véritable communication peut seulement avoir lieu dans un environnement propice à une honnête expression de soi.

2. Une communication authentique requiert à la fois de parler et de comprendre.

3. Communiquer consiste à transmettre information, pensée ou sentiment de manière à ce que ces derniers soient reçus ou compris de façon satisfaisante.

4. La clé de la communication c'est la compréhension, et la clé de la compréhension c'est l'écoute.

5. Une bonne écoute implique d'aller au-delà de nos filtres pour entendre ce que les autres sont vraiment en train de dire, pas seulement avec leurs mots, mais aussi avec le ton de leur voix, leurs expressions du visage et leur langage corporel.

6. Une communication efficace en tête-à-tête est toujours holistique de nature, engageant tous les sens et l'intégralité du corps, de l'intellect et l'énergie mentale.

7. Ce que les autres perçoivent et comprennent de nous, dépend seulement pour 7% de ce que nous disons, pour 38% de comment nous le disons, et pour 55% de ce que nous faisons quand nous le disons.

8. Le signe d'une relation saine et grandissante se traduit par un niveau d'intimité plus profond dans l'interaction et la communication de ceux qui y sont impliqués.

9. Une façon de définir l'intimité serait la confiance et la disposition à se rendre complètement ouvert et vulnérable à l'autre.

CHAPITRE 4

N'oubliez Pas Les Petites Choses

Comprendre et pratiquer des concepts généraux comme les responsabilités maritales, la soumission et la communication est une clé pour un mariage heureux et réussi. Aussi déterminants que sont ces principes, toutefois, le succès ultime dépend également de l'attention donnée aux "petites choses" – ces courtoisies et ces considérations simples, continues, quotidiennes qui améliorent la communication et ajoutent de la douceur à une relation. Parce qu'elles sont simples, les "petites choses" peuvent être facilement négligées parmi la clameur de préoccupations plus pressantes.

Dans le mariage, comme dans toute autre entreprise, nous ne pouvons nous permettre de sous-estimer l'importance des "petites choses" pour atteindre le succès global. La Grande Muraille de Chine a été construite brique par brique. La Grande Pyramide sur le plateau de Gizeh en Égypte a été érigée pierre après pierre. Ignorer les petits détails peut mener à de graves conséquences. Comme l'a écrit le poète anglais du 17ème siècle, George Herbert :

> Faute d'un clou, le fer fut perdu ;
> Faute d'un fer, le cheval fut perdu ;
> Faute d'un cheval, le cavalier fut perdu ;
> Faute d'un cavalier, le message fut perdu ;
> Faute d'un message, une bataille fut perdue ;
> Faute de bataille, un royaume fut perdu ;
> Tout cela faute d'un clou.

Le livre de l'Ancien Testament, le Cantique des Cantiques de Salomon, parle des « petits renards qui ravagent nos vignes » (Cantique des Cantiques 2:15b). Beaucoup de mariages rencontrent des problèmes car les conjoints ignorent les petits détails, la prévenance qui, jour après jour, renforce leur relation tout comme les "petits renards" de la négligence, du mécontentement et des problèmes irrésolus rongent la "vigne" de leur bonheur. Les couples mariés doivent accorder une attention toute particulière à ces deux points qui les aideront à assurer le succès à long-terme, la santé et la vitalité de leur mariage.

Réprimandez Mais Ne Critiquez Pas

L'un des "petits renards" les plus dangereux auquel il ne faut pas donner accès dans la "vigne" maritale, c'est la critique. Rien ne coupe plus rapidement la communication, ni ne perturbe davantage l'harmonie d'une relation que des propos durs, railleurs et négatifs. Nul ne profite de la critique – ni celui qui critique, ni la personne critiquée, ou n'importe quel individu qui serait à portée de voix. La critique constante détruit l'esprit d'une personne. Elle engendre la blessure, le ressentiment, la défensive et même la haine. La critique dissuade l'ouverture d'esprit et l'honnêteté sans lesquelles aucune relation ne peut demeurer saine. Par son essence même, la critique est destructrice parce qu'elle se concentre sur le fait de trouver des fautes avec l'intention de blesser plutôt que de trouver une solution. Les gens qui sont toujours critiques sont habituellement des personnes qui ont des besoins non comblés ou des problèmes irrésolus dans leurs propres vies, et ces problèmes se révèlent sous cette forme d'esprit critique.

Rien ne coupe plus rapidement la communication ni ne perturbe davantage l'harmonie d'une relation que des propos durs, railleurs et négatifs.

Chaque relation, à un moment donné, fait face à des conflits interpersonnels qui doivent être réglés pour le bien de toutes les personnes impliquées. L'un des aspects essentiels d'une communication efficace consiste à établir un environnement dans lequel les problèmes peuvent être résolus de manière saine. La critique blessante n'est jamais la réponse. À la place, dans de telles situations, une réprimande doit être faite.

La critique et la réprimande ne sont pas la même chose. Une réprimande diffère de la critique d'au moins deux façons importantes : l'esprit duquel elle vient et le but pour lequel elle est faite. La critique surgit d'un esprit blessé et égocentrique qui cherche à blesser en retour. Elle n'est intéressée ni par le bien-être de la personne qui est critiquée, ni par le fait de trouver une solution constructive au problème. Une réprimande, de l'autre côté, vient d'un esprit aimant et compatissant qui ne reconnaît pas seulement un problème, mais qui cherche aussi une solution honnête et équitable avec un désir sincère de voir le bon chez l'autre personne. En bref, une réprimande est motivée par l'amour, tandis que la critique non. Une réprimande se concentre sur la solution, alors que la critique revient sur le problème. Une réprimande cherche à corriger, tandis que la critique ne fait que se plaindre.

Faites attention aux "petits renards" de la critique qui peuvent grignoter votre relation. Développez la discipline de réfléchir avant de parler. chaque fois qu'un problème surgit ou qu'un conflit fait rage et que vous ressentez le besoin de critiquer, demandez-vous s'il s'agit d'un problème légitime pour lequel la réprimande et la correction sont requises ou s'il s'agit seulement d'un souci personnel. Vérifiez votre motivation : Agissez-vous par amour ou dans la colère ?

La critique ne profite à personne, contrairement à la réprimande et à la correction. Il existe deux revers à cette médaille cependant. Être désireux et capable d'apporter une correction en est un ; être désireux de recevoir la correction en est un autre. Être ouvert à la correction est l'un des éléments les plus importants de la croissance. Les gens qui ne veulent pas recevoir de correction ne grandiront jamais. Ils seront toujours immatures.

Être ouvert à la correction est l'un des éléments les plus importants de la croissance.

Ne Soyez Pas Trop Familiers

Un autre "petit renard" à surveiller de près, est le "renard" de la familiarité. L'un des plus grands dangers pour un mariage, c'est lorsque le mari et la femme deviennent trop familiers l'un envers l'autre. Ce n'est pas la même chose que de se connaître. Les conjoints doivent se connaître l'un l'autre mieux et plus intimement qu'ils ne connaissent quiconque d'autre dans le monde. Un mari et sa femme doivent être les meilleurs amis du monde. Par familiarité, j'entends une complaisance confortable qui fait que le mari et la femme se considèrent comme acquis.

La familiarité se révèle d'au moins trois façons. Premièrement, elle engendre l'indifférence. Les couples sont si familiers entre eux qu'ils commencent à s'ignorer l'un l'autre de bien des petites manières dont ils ne sont même pas conscients. Deuxièmement, la familiarité amène la supposition. Mari et femme commencent à avancer que chacun sait ce que l'autre pense. Le mari croit non seulement que sa femme sait à quoi il pense mais également qu'il sait ce que pense sa femme. L'épouse fait les mêmes suppositions. Troisièmement, la familiarité engendre la présomption. Une femme fera une supposition concernant ce que son mari dira ou fera sans même le lui demander avant. Un mari fera la même erreur en ce qui concerne sa femme. Si ces trois paramètres durent suffisamment longtemps, le résultat final sera celui exprimé dans le vieux proverbe : « La familiarité engendre le mépris. »

Voici un exemple pratique de la façon dont cela se passe. Avant le mariage, lorsqu'un couple se fait la cour, on dit constamment à l'autre comment on se sent. On ne suppose rien. On fait attention à chaque petit détail, chaque nuance de voix, chaque geste et chaque expression du visage. On ne veut jamais contester l'autre. On se partage de jolies choses au téléphone pendant trois heures et l'on se voit en personne une heure plus tard, on passe deux heures de plus à se redire la même chose. On se fait des compliments, on se fait des cadeaux et on passe chaque moment de libre ensemble.

Cette attention constante pour l'autre est bonne et nécessaire pour construire une relation forte parce qu'elle produit en chaque personne un profond sentiment de sécurité. On se sent tellement en sécurité dans l'amour et l'affection de l'autre que même lorsqu'on est séparés, on continue à baigner dans la chaleur de l'idée que quelqu'un nous aime et se soucie de nous. Plus on nous dit qu'on est aimés, plus on se sent en sécurité.

Pour une raison inconnue, les choses commencent à changer après qu'un couple se marie. En général, cela ne se passe pas tout de suite. Peu à peu, le mari et la femme commencent à supposer des choses l'un sur l'autre. Le mari ne dit plus « Je t'aime » à sa femme aussi souvent qu'au début. Il pense : « Elle sait que je l'aime. Je n'ai pas besoin de le lui dire tout le temps. » Il se peut que cette pensée ne soit même pas consciente. Ils cessent de sortir pour aller dîner ou autre. Ils arrêtent de se donner des cadeaux ou des mots « juste parce que je t'aime » ou encore des fleurs. Ils deviennent à l'aise ensemble et ce confort crée une familiarité qui peut faire qu'ils s'éloignent doucement l'un de l'autre, sans même s'en rendre compte.

Lorsque dans un couple marié, l'on devient trop familier l'un envers l'autre, une grande part de cette spontanéité audacieuse disparaît du mariage. Le mariage doit être stable et solide afin que les deux partenaires se sentent en sécurité, mais au sein de cet environnement, il devrait toujours y avoir une place pour l'aventure. Voici un excellent moyen pour garder un mariage vivant, en pleine vitalité et excitant : être spontané de temps en temps — faire quelque chose d'inattendu. Cela peut être quelque chose de grand, comme une sortie en amoureux pour le week-end, ou une petite chose simple, comme un dîner aux chandelles ou un bouquet de fleurs «juste parce que…». La clé est d'éviter la familiarité et la prévisibilité en ne prenant jamais l'autre pour acquis. Parmi d'autres choses, cela signifie développer la pratique d'exprimer régulièrement à l'autre son appréciation.

Lorsque dans un couple marié, on devient trop familier l'un envers l'autre, une grande part de cette spontanéité audacieuse disparaît du mariage.

Faites Des Appréciations Honnêtes

Apprendre à apprécier les gens est l'un des moyens les plus efficaces pour créer un environnement propice à une communication ouverte. C'est également l'une des substances nutritives les plus importantes pour construire des relations saines. L'appréciation implique d'être conscient de ce que les autres font pour nous, en leur montrant que nous le reconnaissons et que nous les remercions pour cela. Cela signifie également louer quelqu'un pour ses accomplissements avec une joie sincère pour son succès. Il est très facile de critiquer ou de devenir jaloux des réussites ou de l'attention des autres. La plupart d'entre nous devons travailler à savoir apprécier car cela va à l'encontre de notre nature humaine égoïste.

Lorsque nous prononçons une appréciation honnête, l'une des choses importantes que cela produit en nous, c'est qu'elle nous garde conscients de notre dépendance réciproque. Aucun de nous n'atteint le succès ou le bonheur par nous-même. Il y a des gens tout au long de notre chemin de vie qui nous aident et souvent, il est facile d'ignorer ou de négliger leur contribution. Il n'existe aucun autre endroit où cela est plus vrai que dans le mariage. Humainement parlant, le plus gros atout d'un mari pour avoir du succès et être heureux, c'est sa femme, et vice versa. On devrait être le plus grand supporter, le plus grand promoteur et le plus grand soutien de notre conjoint. Peu importe ce qui se passe dans d'autres cercles, le foyer d'un couple devrait toujours être un lieu où chacun peut trouver un amour constant, l'appréciation et l'affirmation de l'autre.

Les conjoints qui maintiennent une pratique régulière de l'expression de leur amour et de leur appréciation l'un envers l'autre, même pendant les bons moments, lorsqu'il est facile de considérer ces choses comme acquises, découvriront que ce profond sentiment de sécurité les soutiendra lors des moments difficiles également. Se savoir aimé et apprécié par quelqu'un nous aide à mettre le reste de notre vie en perspective, avec son lot de hauts et de bas. Je me souviens de certains jours où tout semblait aller de travers — rien ne marchait au bureau ; certaines personnes avaient annulé leurs rendez-vous alors que d'autres ne tenaient pas leurs engagements, comme convenu au départ. Il n'y avait plus d'essence dans la voiture, puis ce fut une roue crevée sous une pluie battante. Dans des moments comme ceux-ci, la seule chose qui m'aidait à aller de l'avant, c'était la connaissance assurée que j'avais une magnifique femme à la maison — ma femme — qui m'aimait et se souciait de moi.

Exprimer une honnête appréciation régulièrement est si important pour la santé du mariage que nous ne pouvons nous permettre de le laisser être géré strictement par nos émotions. Parfois, nous n'avons pas envie d'être reconnaissant. Nous pouvons être fatigués, malades, fâchés ou préoccupés. Nous devons développer l'habitude de le faire quoi qu'il en soit, sans nous baser sur les émotions mais sur la connaissance. Les émotions peuvent dire « Je n'en ai pas envie » ou « Ne me dérange pas maintenant », alors que la connaissance dirait « Il a besoin d'être encouragé maintenant » ou « Elle a besoin que je la rassure en lui disant que tout va bien. »

Les hommes ont généralement beaucoup plus de mal que les femmes dans ce domaine. Pour une raison quelconque, beaucoup d'hommes ont cette idée qu'exprimer leurs sentiments ouvertement et fréquemment à leurs femmes est quelque part peu masculin et représente un signe de faiblesse. Au contraire, il n'y a rien d'efféminé chez un mari qui dit souvent à sa femme « Chérie, je t'aime. » Un homme qui fait cela démontre de la force, pas de la faiblesse. Il faut plus de force à un homme pour se rendre vulnérable et exposer son côté tendre qu'il ne lui en faut pour montrer sa facette «macho» qui dit : « Je suis dur ; je n'ai pas besoin de dire ce genre de truc. »

Ce n'est pas agir durement ; c'est agir avec stupidité, car même Dieu n'a pas cette attitude avec nous, et Il est beaucoup plus grand et beaucoup plus intelligent que nous. Chaque jour, de bien des manières, Dieu nous dit et nous montre qu'Il nous aime. Il ne le fait pas au hasard. Il sait que nous avons besoin qu'Il nous le rappelle constamment. Ceux qui sont croyants et disciples de Christ savent par expérience que le Saint-Esprit donne des affirmations quotidiennes de l'amour de Dieu.

Maris et femmes doivent prendre l'habitude d'exprimer leur amour et leur appréciation l'un à l'autre quotidiennement. Vivre sous le même toit et partager le même lit ne sont pas des preuves d'amour. Demandez donc à ces milliers d'hommes et de femmes en manque d'affection qui endurent des mariages malheureux jour après jour.

L'amour est nourri par l'amour, pas par le temps. Nous devrions prendre l'habitude d'exprimer si souvent à l'autre notre amour et notre appréciation que nous devrions nous sentir gênés lorsque nous ne le faisons pas. L'amour honnête et l'appréciation sont les éléments essentiels d'un mariage heureux. Ne les prenez pas pour acquis.

Maris et femmes doivent prendre l'habitude d'exprimer leur amour et leur appréciation l'un à l'autre quotidiennement.

Ne Présumez Jamais l'Amour

L'amour doit être exprimé régulièrement et souvent ; il ne devrait pas être supposé. Mari, ne pensez jamais que votre femme sait que vous l'aimez ; dites-le lui ! Même si vous le lui avez dit hier, dites-le lui encore aujourd'hui. Elle a besoin de le savoir chaque jour. Femme, ne pensez pas que votre mari sait que vous l'aimez ; dites-le lui ! Même s'il ne vient jamais vous voir pour vous le dire, il a besoin d'être rassuré par vous. Peu importe combien il peut paraître dur et fort à l'extérieur, il a toujours besoin que vous lui disiez que vous l'aimez. Nous, les humains, avons un besoin inné d'être rassurés à ce sujet chaque jour. Là où se trouve l'amour, il n'y a pas de place pour les suppositions.

En cela, comme en toute autre chose, Jésus nous gratifie d'un merveilleux exemple. Éphésiens 5:21-33 nous enseigne que maris et femmes doivent communiquer de la même manière que Christ et l'Église — son Épouse — communiquent. Le verset 25 dit que « Christ a aimé l'Église et s'est livré lui-même pour elle. » Il s'agit d'une référence à sa mort sur la croix. Dans Jean 15:13, Jésus a dit à ses disciples, « Il n'y a pas de plus grand amour que de donner sa vie pour ses amis. » La mort de Jésus sur la Croix pour nous fut la plus grande expression d'amour de l'histoire. Même ainsi, Jésus n'a jamais présumé que l'exemple seul de sa mort serait suffisant pour que nous soyons assurés de son amour pour toujours. Il savait que nous aurions besoin d'être rassurés chaque jour. C'est l'une des raisons pour lesquelles, après sa résurrection, Il a envoyé son Saint- Esprit pour demeurer en tous ceux qui croient en Lui.

Comme il est rapporté dans l'évangile de Jean, Jésus fait référence au Saint-Esprit comme un « Conseiller » ou « Consolateur » (voir Jean 14:16, 26; 15:26; 16:7 La Colombe). Le mot grec est *parakletos*, qui signifie littéralement "celui qui est appelé à nos côtés". L'un des rôles importants du "Consolateur" est de nous "consoler" ou de nous rassurer quotidiennement par rapport à l'amour de Christ pour nous. C'est ce à quoi Paul faisait référence lorsqu'il a écrit « Dieu a versé son amour dans nos coeurs par l'Esprit Saint qu'il nous a donné » (Romains 5:5b). Pour ceux qui croient en Christ et le suivent, le Saint-Esprit réside en permanence dans leur coeur et dans leur vie comme un rappel continuel de l'amour de Dieu pour eux. Jésus nous rassure constamment concernant son amour ; Il ne présuppose jamais que nous le savons déjà.

Nous non plus, nous ne devrions jamais supposer que notre conjoint sait que nous l'aimons. L'amour peut en effet durer "un printemps éternel", mais quand il s'agit de l'exprimer, nous avons besoin d'être rafraîchis chaque jour. Nous devons le dire à nos bien-aimés et nous avons besoin qu'ils nous le disent. Une fois, ou une fois de temps en temps, ce n'est pas suffisant. Voici un exemple : supposez qu'un mari achète à sa femme une belle voiture neuve pour lui exprimer son amour. Elle est si enthousiaste et heureuse de l'avoir et il est heureux de lui faire plaisir. Quelques jours plus tard, elle lui demande : « Chéri, tu m'aimes ?» Un peu surpris par sa question, il répond : « Je t'ai acheté cette voiture, non ?» Plusieurs mois plus tard, elle demande à nouveau : « Chéri, tu m'aimes ?» À nouveau, il répond : « Je t'ai acheté cette voiture, non ?» Une année passe, puis une autre et encore une autre et c'est toujours la même chose. Finalement, 15 ans plus tard, la femme demande : « Chéri, tu m'aimes ?
– Je t'ai acheté cette voiture, non ?»

L'amour peut en effet durer un "printemps éternel", mais quand il s'agit de l'exprimer, nous avons besoin d'être rafraîchis chaque jour.

N'est-ce pas ridicule ? Néanmoins, ceci n'est pas très loin de la vérité dans plusieurs mariages. Certaines personnes passent des semaines, des mois voire des années entières sans recevoir une expression tangible de l'amour de leur conjoint, qu'elle soit verbale ou autre. Dans nos esprits, l'acte d'amour d'hier ne se reporte pas nécessairement sur aujourd'hui. Nous avons tous besoin d'être rassurés quotidiennement.

Bien que l'expression verbale ne représente que 7% de ce que nous communiquons quand nous interagissons, elle reste cependant l'un des éléments les plus importants pour nourrir et entretenir l'amour, surtout pour les femmes. Les hommes s'appuient sur ce qu'ils voient, les femmes se basent sur ce qu'elles entendent et les deux s'appuient sur ce qu'ils ressentent. Les mots renforcent les actions et les femmes ont besoin d'*entendre* des mots d'amour, d'affection et des appréciations de la part de leurs maris.

La plupart des hommes ne passent pas suffisamment de temps à simplement *parler* avec leurs épouses. Depuis des années, j'ai conseillé des centaines de couples qui étaient au bord du divorce à la suite de ce problème précis. Je ne pourrais pas compter le nombre de fois où j'ai eu une conversation avec le mari et où j'ai dit quelque chose de ce genre : « Parlez-vous à votre femme ?

– Eh bien, elle sait que je l'aime. Je n'ai pas à lui parler et à le lui dire. Après tout, je lui achète des bagues et d'autres jolies choses.

– Je ne vous ai pas demandé ce que vous lui *avez acheté*. Est-ce que vous lui *parlez* ?

– Elle sait que je l'aime.

– Vous supposez qu'elle le sait.

– Écoutez, je fais les courses pour elle et pour les enfants, et...

– Je ne vous ai pas demandé cela. Est-ce que vous lui *parlez* ?

– Vous savez, je lui ai acheté des fleurs pour la fête des mères. Je suis sûr qu'elle sait que je l'aime par rapport à cela.

– Vous supposez encore et vous présumez toujours que vos cadeaux montrent votre amour, mais c'est faux. »

Donner des *choses* n'est pas une preuve de notre amour. Nous devons nous donner en premier. C'est exactement ce que Jésus a fait ; Il s'est donné pour nous. Ensuite, nous devons verbaliser notre amour. Nous devons faire en sorte que nos actions reflètent nos mots. Si nous ne communiquons pas notre amour verbalement, nous allons finir par faire l'amalgame entre la chose et la personne. Nous devons apprendre à nous apprécier l'un l'autre, communiquer avec l'autre et se parler. Parler est la manière la plus forte de donner du sens à nos actions. Nous devons être prudents de ne jamais *rien* supposer dans nos relations, surtout l'amour.

Faites Preuve De "Petites Attentions"

Tout couple marié heureux avouera rapidement que son bonheur est dû en grande partie aux simples petites attentions de tous les jours — ces petites attentions faites à l'autre de manière régulière. Elles peuvent prendre diverses formes. Les compliments sont toujours les bienvenus, qu'ils concernent un repas bien cuisiné, une promotion au travail, une nouvelle coupe de cheveux, une peinture terminée ou un poème achevé ou n'importe quoi d'autre. Une gratitude honnête sincèrement exprimée est toujours gagnante. Quelle personne raisonnable pourrait rejeter un « merci » venu du fond du cœur ? Malheureusement, parce qu'il est si simple pour des personnes mariées de glisser dans le piège de considérer l'autre comme acquis, les compliments et les mercis se font souvent très rares et sont souvent négligés dans bien des foyers.

Généralement, le bon sens est notre meilleur guide lorsqu'il s'agit des attentions quotidiennes, couplé à l'application constante de la "Loi d'Or" : « Faites pour les autres ce que vous voudriez qu'ils fassent pour vous » (Luc 6:31). En d'autres termes, traitez les autres de la manière dont vous aimeriez être traité. Montrez aux autres la même délicatesse et la même considération que vous voudriez qu'ils vous montrent.

N'attendez pas que ce soit quelqu'un d'autre qui montre de la considération à votre place. Soyez pro-actif dans ce domaine ; montrez l'exemple vous-même. Si vous vous êtes arrangé pour aller chercher votre femme à une certaine heure et que vous êtes en retard, arrêtez-vous quelque part et appelez-la, même si votre retard est inévitable ou s'il est justement motivé. Ne supposez pas qu'elle sait que vous avez été inévitablement retardé. Soyez vrai dans vos mots. Si les circonstances ont forcé un changement dans vos plans, dites-le lui. Elle mérite cette courtoisie. D'ailleurs, ce petit extra en effort de considération et de communication évitera une mauvaise compréhension et une dispute déplaisante par la suite. Pensez à ce genre de choses qui vous rendent heureux ou qui font que vous vous sentez aimé et en sécurité et faites ces mêmes choses à votre conjoint. Repassez ses chemises exactement comme il le souhaite. Offrez-lui des fleurs « juste parce que ». Écrivez des petits mots secrets et cachez-les dans son tiroir à chaussettes ou dans les poches de sa chemise ou de son pantalon, ou dans sa boîte à bijoux, ou dans tout autre lieu inattendu de la maison où votre conjoint ira de temps en temps. Bien sûr, il faut du temps pour écrire ces mots, mais les récompenses récoltées dans l'harmonie et le bonheur du mariage en vaudront largement le temps investi.

Laissez libre cours à votre imagination. Soyez créatifs. Trouvez des moyens pour surprendre et réjouir votre conjoint par des "actes spontanés de bienveillance". Faire preuve de petites attentions aidera à garder la romance et l'esprit de séduction vivants dans votre relation, même après plusieurs années de mariage.

Trouvez des moyens pour surprendre et réjouir votre conjoint par des "actes spontanés de bienveillance".

Faites Toujours Preuve De Courtoisie

Par dessus-tout, soyez toujours courtois. Tout un chacun mérite qu'on lui manifeste de la bonté humaine et de la dignité, parce que nous sommes tous créés à l'image de Dieu. Des conjoints devraient se manifester davantage de courtoisie, plus qu'à quiconque d'autre, cependant la courtoisie est souvent l'une des premières choses qui tombent aux oubliettes dans un mariage, une fois que le mari et la femme sont devenus "familiers" l'un avec l'autre.

La courtoisie agit dans les deux sens. Les femmes devraient faire preuve de cette même courtoisie qu'elles désirent voir leurs maris manifester envers elles. Maris, ouvrez-lui la portière de la voiture. Tirez la chaise pour elle au restaurant. Traitez-la toujours comme si vous vouliez encore la séduire. Après tout, pourquoi les choses qui ont initialement gagné son coeur ne seraient-elles plus appropriées pour le garder aujourd'hui? Dans chaque situation, publique ou privée, montrez-lui le plus profond respect. Elle ne mérite rien de moins, et vous la garderez en haute estime aux yeux des autres, prouvant au monde entier qu'elle est plus importante pour vous que n'importe qui d'autre.

Femmes, ne soyez pas trop fières ou trop "libérées" pour ne pas permettre à vos maris de vous démontrer des signes de courtoisie. Sinon vous détruirez sa capacité et l'opportunité qu'il a de vous bénir. Dieu a créé l'homme pour qu'il puisse s'accomplir en bénissant sa femme et en se donnant lui-même pour elle. Ne le privez pas de cette chance de se réaliser tout en vous comblant.

Soyez toujours affable envers votre époux, le respectant en paroles et en actions, spécialement en public. Il ne s'agit pas d'une déférence humiliante d'un serviteur envers son maître, mais de l'estime d'un partenaire égal à soi. Les hommes ont spécialement besoin d'estime aux yeux de leurs collègues ou de leurs pairs et personne ne peut mieux le faire que leurs femmes. Saisissez toutes les opportunités de le soutenir, de l'élever et de l'encourager.

Chaque fois qu'un mari et sa femme se retrouvent en public, il ne devrait y avoir aucun doute dans l'esprit de quiconque que ces deux personnes partagent une relation caractérisée par un amour, une estime et un respect mutuels. Ces qualités sont nourries et renforcées par les petites choses – pas la critique mais montrer une appréciation honnête, exprimer clairement son amour, faire preuve de petites attentions et montrer des signes de courtoisie communes – qu'ils construisent au sein de leur mariage depuis le début.

N'oubliez pas les petites choses. Elles sont des piliers de base pour les grandes choses.

N'oubliez pas les petites choses. Elles sont des piliers pour les grandes choses – les choses comme une communication efficace ; la croissance d'un amour authentique et le ferme établissement de l'harmonie, du bonheur et d'un succès durable dans le mariage.

PRINCIPES

1. Le succès ultime du mariage dépend grandement de l'attention donnée aux "petites choses" — ces courtoisies et ces considérations simples, continues, quotidiennes qui améliorent la communication et ajoutent de la douceur à une relation.

2. Par son essence même, la critique est destructrice parce qu'elle se concentre sur le fait de trouver des fautes avec l'intention de blesser plutôt que de trouver une solution.

3. Une réprimande vient d'un esprit aimant et compatissant qui ne reconnaît pas seulement un problème mais qui cherche aussi une solution honnête et équitable avec un désir sincère de voir le bon chez l'autre personne.

4. L'un des plus grands dangers pour un mariage, c'est lorsque le mari et la femme deviennent trop familiers l'un envers l'autre — ils se considèrent comme acquis.

5. Voici un excellent moyen pour garder un mariage vivant, en pleine vitalité et excitant : être spontané de temps en temps — faire quelque chose d'inattendu.

6. L'amour honnête et l'appréciation sont les éléments de base d'un mariage heureux.

7. L'amour a besoin d'être exprimé souvent et régulièrement ; il ne devrait jamais être présupposé.

8. Faire preuve de petites attentions aidera à garder la romance et l'esprit de séduction vivants dans une relation, même après plusieurs années de mariage.

9. Par dessus-tout, soyez toujours courtois.

CHAPITRE 5

Principes de Management du Royaume Pour Les Couples

S'il y a bien un domaine dans la vie d'un couple marié qui pose plus de problèmes qu'un autre, c'est bien celui du management des ressources. Bien qu'incluant certainement les finances, le management des ressources va bien au-delà de la simple question de comment un couple gère son argent. Le management des ressources touche chaque facette de la vie commune d'un couple : emploi et choix de carrières ; dépenses, économies et investissements ; objectifs de carrière, professionnels, et d'éducation ; rêves pour le futur ; et même planification familiale.

Un autre terme pour management des ressources serait *intendance*. Un intendant est celui qui gère les actifs et les affaires d'une autre personne. Sans être propriétaire de ces actifs, un intendant détient généralement une latitude et une autorité importantes pour les administrer au nom du propriétaire. Une intendance durable dépend de la fidélité et de l'efficacité de l'intendant à représenter les intérêts du propriétaire. Les intendants qui réussissent font croître et multiplier les actifs sous leur responsabilité, ce qui les conduit fréquemment à se voir confier encore plus d'actifs et davantage de responsabilités.

Ce principe est clairement enseigné tout au long des pages des Écritures. L'une des meilleures illustrations bibliques d'intendance s'est vue dans la vie de Joseph. Genèse aux chapitres 37 à 50 raconte la façon dont Joseph fut vendu comme esclave par ses frères déloyaux et malgré tout s'éleva pour devenir le plus puissant ministre du gouvernement d'Égypte, second derrière pharaon. Esclave du capitaine de la garde rapprochée de Pharaon, Joseph prouva sa fidélité et son efficacité dans l'administration de la propriété de son maître, qui prospéra considérablement sous son intendance.

Même après avoir été jeté en prison, accusé à tort d'avoir tenté de violer la femme de son maître, Joseph resta fidèle. Le chef de la prison reconnut les talents et l'intégrité de Joseph et lui confia la charge de tous les autres prisonniers. Une fois encore, Joseph put gérer tout ce qui fut placé sous sa responsabilité.

Finalement, le jour arriva où les dons de Joseph attirèrent l'attention de pharaon en personne. Impressionné par la sagesse, l'intégrité et les évidentes capacités à administrer du jeune homme, pharaon éleva Joseph du statut d'esclave à celui de Premier ministre d'Égypte. Les compétences managériales de Joseph sur ce poste permirent de tirer le meilleur des sept années prospères de récolte exceptionnelle et firent que l a nation traverse avec succès les sept années de sévère famine qui suivirent. Durant ce temps, il servit aussi d'instrument de salut à tous les membres de sa famille —y compris les frères qui l'avaient traité si cruellement des années auparavant.

Joseph prospéra en tant qu'intendant parce qu'il fut fidèle non seulement à son Dieu mais également fidèle dans la gestion des ressources qui lui avaient été confiées. En reconnaissant Dieu comme le réel propriétaire de toutes choses, Joseph prit grand soin d'exercer ses responsabilités de manière honorable.

Qu'est-ce que tout cela a à voir avec le succès et la longévité dans le mariage ? Simplement ceci : une bonne intendance est un solide principe biblique pour la croissance, la prospérité et le bonheur. Trop de couples mariés connaissent des difficultés au niveau financier et dans d'autres domaines en raison d'une méconnaissance de la vérité selon laquelle Dieu, en tant que Créateur, possède toutes choses et qu'ils sont simplement des gérants responsables de la façon de gérer les ressources que Dieu leur a confiées.

Façonnés Pour l'Intendance

L'intendance fait partie du dessein originel de Dieu pour la vie et l'expérience humaine. Lorsque Dieu a créé l'humanité — homme et femme — Il lui a donné la domination « sur les poissons de la mer, sur les oiseaux du ciel, sur le bétail, sur toute la terre, et sur tous les reptiles qui rampent sur la terre » (Genèse 1:26 b La Colombe). L'essence même de la domination, c'est le règne. Dieu a créé les hommes et les femmes pour qu'ils règnent sur l'ordre créé en partenaires égaux sous sa souveraineté suprême. Il a confié à l'humanité la responsabilité d'être les gérants de la terre et de toutes ses ressources. Même si dans le contexte de la création dans le jardin, ce partenariat égal est envisagé dans le cadre du mariage, les principes de management du royaume révélés ici s'appliquent en tout lieu, en toute circonstance et à toute personne, homme ou femme, marié ou célibataire.

L'intendance fait partie du dessein originel de Dieu pour la vie et l'expérience humaine.

Exercer la domination sur la terre veut dire gouverner, contrôler et régner sur elle ; C'est en obtenir la maîtrise. En être maître ne signifie pas une exploitation sans fin et un gaspillage de ressources mais plutôt un management sage et avisé de celles-ci. Administrée correctement, la domination implique toujours un management. Notre domination en tant qu'hommes s'étend sur la terre et sur toutes les créatures de rang inférieur, mais ne va pas jusqu'à régner les uns sur les autres. Bien sûr, la société humaine préserve les gouvernements, les élus et toute une chaîne de commandement et d'autorité pour aider au maintien de l'ordre, mais ces derniers sont légitimes aussi longtemps qu'ils exercent leur autorité sous le choix et le consentement du peuple. Dieu ne nous a pas créés en vue de dominer sur les autres, mais Il nous a *tous créés* en vue de dominer et de gérer la terre et ses ressources. Nous avons la domination sur *les choses*, pas sur les gens.

Aujourd'hui il existe des écoles de management qui nous enseignent comment gérer d'autres personnes, mais en réalité beaucoup d'entre elles restent axées sur la manipulation, sur comment "séduire" et tromper pour qu'elles fassent ce que nous voulons, sans tenir compte de leurs désirs. Cette approche est motivée par un désir de contrôler et même d'oppresser les autres, qui est contraire à la volonté de Dieu.

En tant qu'êtres humains, notre responsabilité d'origine est d'administrer ; Dieu nous a conçus avec cette capacité. Il n'a pas réservé la domination à une petite élite privilégiée, mais en a ouvert l'accès à toute la race humaine. En raison du design délibéré de Dieu, les semences de grandeur, le potentiel de leader et la capacité basique de gérer et d'administrer existent en chacun de nous.

Dieu créa l'homme à son image : Il le créa à l'image de Dieu, Homme et femme il les créa. Dieu les bénit et Dieu leur dit : Soyez féconds, multipliez-vous, remplissez la terre et soumettez-la. Dominez sur les poissons de la mer, sur les oiseaux du ciel et sur tout animal qui rampe sur la terre. (Genèse 1: 27-28 La Colombe)

Dieu ne demande jamais quelque chose dont il n'a pas prévu la provision. Ce que Dieu nous commande de faire, Il nous équipe pour le faire. Avant de dire « Soyez féconds, multipliez-vous, remplissez la terre et soumettez-la », Il avait déjà implanté la capacité de faire ces choses dans chaque fibre de notre être.

Le Seigneur de la Création nous a façonnés pour l'intendance. Notre but à l'origine était de régner sur le domaine appelé « Terre » et de le gérer. À chaque fois que nous manquons de faire ce pour quoi Dieu nous a créés, nous souffrons. Manquer d'accomplir notre finalité conduit souvent à une pauvreté aussi bien d'esprit, d'âme que de corps. En dehors du modèle divin, nous ne pouvons prospérer. Nous finissons par être frustrés, voire même gravement déprimés.

Manquer d'accomplir notre finalité conduit souvent à une pauvreté aussi bien d'esprit, d'âme que de corps.

D'un autre côté, ceux qui découvrent le but que Dieu leur donne et qui cherchent à le vivre, expérimentent santé, bonheur, accomplissement, et satisfaction dans chaque domaine de leur vie, même en dépit des difficultés et challenges qui surviennent en cours de route. C'est vrai aussi bien chez les couples mariés qu'au niveau individuel. Beaucoup de mariages peinent et manquent de prospérer comme il se doit parce que les couples n'ont jamais compris leur but en tant qu'intendants des ressources de Dieu, ni appris à appliquer ses principes de management du Royaume.

Dieu Cherche Des Managers

Dès le commencement, le Dieu de la création a établi le management comme un principe fondamental qui gouverne la vie sur terre et la relation entre les êtres humains et le reste de l'ordre créé. Croissance et développement dépendent d'un management efficace – de l'intendance. Sans management, il n'y a aucune croissance. Cette relation est révélée dans le deuxième chapitre de la Genèse.

> *Au temps où l'Éternel Dieu fit la terre et le ciel, il n'existait encore sur la terre aucun arbuste, et aucune herbe des champs n'avait encore germé, car l'Éternel Dieu n'avait pas fait pleuvoir sur la terre, et il n'y avait pas d'homme pour cultiver la terre. De l'eau se mit à sourdre et à irriguer toute la surface du sol. L'Éternel Dieu façonna l'homme avec de la poussière du sol, il lui insuffla dans les narines le souffle de vie, et l'homme devint un être vivant.*
> (Genèse 2:4b-7)

Notez la progression indiquée dans ces versets. Bien que Dieu eusse déjà créé la terre, aucune plante des champs n'était encore apparue et ce, pour deux raisons : il n'avait pas plu sur terre et « il n'y avait pas d'homme pour cultiver la terre ». Dieu a retenu tout développement jusqu'à l'établissement d'un manager. La vie ne pouvait s'épanouir pleinement sans l'apparition d'un intendant pour s'en occuper.

Un pauvre management retarde la croissance. Dieu retient la progression tant qu'Il n'a pas le management. Il ne permet pas la croissance tant qu'Il n'a personne capable de gérer cette croissance ; pas d'expansion tant qu'Il n'a personne qui Lui soit redevable de cette expansion.

Un pauvre management retarde la croissance. Dieu retient la progression tant qu'Il n'a pas le management.

Dieu n'a pas créé l'homme parce qu'Il avait besoin d'une créature "religieuse" — qui chante, danse ou Lui adresse des prières — mais parce qu'Il avait besoin de quelqu'un pour gérer la planète. Ce que nous faisons pendant nos célébrations d'adoration présentera moins d'intérêt pour Dieu que ce que nous allons faire après. Il veut voir si nous gérons bien nos affaires : comment nous utilisons notre temps, ce que nous faisons avec notre argent, si nous utilisons les ressources à notre disposition avec sagesse ou avec folie. Il recherche la croissance car un bon management produit toujours la croissance.

Un management sage attire Dieu. Si nous nous montrons fidèles avec peu, Dieu nous en confiera davantage. Ceci est également un principe biblique. Un jour, Jésus raconta l'histoire d'un homme riche qui partit pour un long voyage, en laissant à chacun de ses trois serviteurs une somme d'argent différente en fonction de leurs capacités (voir Matthieu 25:14-30). Les deux premiers serviteurs sortirent immédiatement et, grâce à un management avisé et un investissement sage, ils doublèrent leur capital. Le troisième, en revanche, ne fit rien à part cacher son argent jusqu'au retour de son maître. À son retour, le maître loua les deux premiers serviteurs pour leur fidélité et leur croissance, mais il condamna le troisième serviteur pour sa gestion médiocre. Ordonnant que l'argent du troisième serviteur lui soit retiré et confié au premier serviteur, le maître dit, « Car à celui qui a, on donnera encore, et il sera dans l'abondance. Mais à celui qui n'a pas, on ôtera même ce qu'il a » (Matthieu 25:29).

Un management sage attire Dieu. Si nous nous montrons fidèles avec peu, Dieu nous en confiera davantage.

Si nous espérons devenir efficaces et réussir dans la vie, le ministère, et le mariage en particulier, nous devons apprendre à être de bons managers. Gérance signifie être redevable devant Dieu de chaque ressource placée sous notre responsabilité. Les managers efficaces ne se contentent pas de "faire tourner la boutique" ; ils ajoutent de la valeur aux choses dont ils ont la responsabilité. Avec un bon manager, les ressources prendront de la valeur. Le troisième serviteur dans l'histoire de Jésus n'a pas été puni parce qu'il avait perdu l'argent de son maître (ce n'était pas le cas ; il l'avait toujours), mais parce qu'il n'avait rien fait avec. Il a été jugé pour n'avoir ajouté aucune valeur — amené aucune croissance — aux ressources qui lui avaient été confiées.

Tous les couples mariés devraient régulièrement s'examiner et se demander : « Qu'avons-nous fait des ressources que Dieu nous a confiées ? Comment sommes-nous en train de gérer ses bénédictions ? Sommes-nous en train de dépenser notre argent avec sagesse ? Avons-nous progressé par rapport à l'année dernière ? Marchons-nous dans la direction voulue par Dieu ? Sommes-nous en train d'obéir à sa volonté ? Est-il satisfait de notre management ? Que veut-Il que nous fassions ensuite ?» Ces questions sont importantes afin d'améliorer notre intendance.

La Domination Résulte De l'Intendance

Une clé qui permettrait aux couples de grandir dans ce domaine serait de comprendre qu'une gérance efficace n'est pas statique ; c'est un processus de développement. Il en était ainsi avec le premier couple dans le jardin d'Éden. Genèse 1:28 nous révèle la progression :

Et Dieu les bénit ; et Dieu leur dit : Fructifiez, et multipliez, et remplissez la terre et l'assujettissez, et dominez sur les poissons de la mer et sur les oiseaux des cieux, et sur tout être vivant qui se meut sur la terre. (Darby)

Dieu les bénit et Dieu leur dit : Soyez féconds, multipliez-vous, remplissez la terre et soumettez-la. Dominez sur les poissons de la mer, sur les oiseaux du ciel et sur tout animal qui rampe sur la terre. (La Colombe)

Dieu voulait que l'humanité règne sur l'ordre créé, mais atteindre ce but demandait d'abord de porter du fruit, de se multiplier, de remplir et d'assujettir. C'est seulement à partir de là que l'humanité dominerait pleinement. En réalité, la domination n'est pas plus un objectif que le résultat d'un processus en quatre étapes : porter du fruit, multiplier, remplir et assujettir.

La première chose que Dieu a faite a été de bénir l'humanité — l'homme et la femme qu'Il avait créés. Bénir signifie libérer la capacité. En les bénissant, Dieu a libéré leur capacité à devenir ce pour quoi Il les avait créés. Il les a libérés pour être les gérants de la terre et de ses ressources. Puis, Il les a instruits sur comment exercer la domination.

La domination n'est pas plus un objectif que le résultat d'un processus en quatre étapes : porter du fruit, multiplier, remplir et assujettir.

Porter du fruit. Le commandement de Dieu dans Genèse 1:28 est compris la plupart du temps comme faisant référence à la procréation, mais peupler la terre ne représente qu'une partie de sa signification. Le mot hébreu pour féconds englobe bien plus que la reproduction sexuelle ; il signifie être fructueux aussi bien au sens littéral que figuré. Porter du fruit peut être de nature qualitative aussi bien que quantitative. L'humanité n'a jamais connu de problèmes pour procréer — une population mondiale actuelle d'environ six milliards en est la preuve — mais nous avons un problème pour porter du fruit dans d'autres voies que Dieu désire.

Être fructueux signifie essentiellement libérer notre potentiel. Le fruit est le produit fini. Un pommier peut fournir une zone d'ombre agréable et être beau à voir, mais tant qu'il ne produit pas de pommes, il n'a pas pleinement atteint sa finalité. Les pommes contiennent les semences de futurs pommiers et, par conséquent, de futures pommes. Cependant, les pommes ont également autre chose à offrir : une nourriture douce et nourrissante pour satisfaire la faim de l'homme. Pris dans ce sens, la finalité du fruit dépasse celle de la simple reproduction ; le fruit existe pour bénir le monde.

Chaque personne naît avec une semence de grandeur. Dieu ne nous demande jamais d'aller chercher une semence ; elle se trouve déjà en nous. En chacun de nous se cache une semence avec le potentiel de produire une forêt entière — une récolte exceptionnelle de fruits avec lesquels bénir le monde. Nous avons chacun été dotés d'un talent unique à la naissance, quelque chose que nous sommes destinés à être ou à accomplir que personne d'autre ne peut faire à notre façon. Dieu a pour finalité que nous portions du fruit en abondance et que nous libérions les bénédictions de notre talent et potentiel dans le monde.

Chaque personne naît avec une semence de grandeur.

La tragique vérité c'est que les cimetières sont remplis de vergers gâchés — des personnes décédées avec leur talent toujours enfermé en elles à l'état de semence. C'est ici que la race humaine manque si souvent d'accomplir le commandement de Dieu qui dit d'être "féconds". Le monde est toujours plus pauvre à cause d'innombrables millions de personnes qui sont mortes sans avoir libéré leurs bénédictions.

Ne commettez jamais l'erreur de dire à Dieu que vous n'avez rien à offrir. C'est tout à fait faux. Dieu ne crée pas de la camelote. Chacun de nous portons une semence et Dieu veut que nous la laissions germer, grandir et produire du fruit en abondance. Il attend que nous développions notre semence jusqu'à atteindre une phase comestible, où le monde peut y avoir part, en être nourri et être béni.

Quelle est votre semence ? Savez-vous vraiment bien cuisiner ? Avez-vous un talent dans la peinture ? Dans l'écriture ? Avez-vous le sens des affaires ? Considérez vos talents combinés en tant que couple marié. Quelles finances et autres ressources physiques ou matérielles Dieu vous a-t-Il confiées ? Avez-vous les talents et capacités pour démarrer votre affaire ? Êtes-vous équipés pour travailler ensemble dans un ministère unique ou une plus grosse équipe de ministères ? Quelles ressources professionnelles et personnelles pouvez-vous apporter en vue d'accomplir l'objectif que Dieu a placé en vous depuis votre naissance ? Vous possédez quelque chose dont le monde a besoin. Soyez fructueux. Laissez le Saint-Esprit faire sortir de vous ce que le Créateur a mis en vous.

Multiplier. Être fructueux est un départ bon et nécessaire, mais il devrait s'ensuivre une évolution jusqu'à la phase d'accroissement. Une fois encore, même si l'idée ici c'est se multiplier ou se reproduire, la procréation sexuelle ne couvre qu'une partie de sa signification. Le mot hébreu pour accroissement peut aussi vouloir dire "abondance", "être en position d'autorité", "élargir" et "exceller". Il porte le sens d'affiner votre talent jusqu'à ce qu'il devienne complètement unique. Il est impossible de reproduire ce que vous n'avez pas affiné.

Dans ce contexte alors, s'accroître ne veut pas seulement dire se multiplier ou se reproduire dans le sens avoir des enfants, mais aussi progresser et exceller, maîtriser votre talent pour atteindre votre meilleur niveau dans ce que vous faites. Cela signifie aussi apprendre à gérer les ressources que Dieu vous a données et développer une stratégie pour gérer l'accroissement qui viendra par le biais de l'affinage. En affinant votre talent, vous lui faites une place dans le monde. Plus vous l'affinez, plus vous serez demandé. Proverbes 18:16 dit : « Le don d'un homme lui fait faire place et l'introduit devant les grands » (Darby).

En affinant votre talent, vous lui faites une place dans le monde.

Quel est votre fruit – votre talent ? Dans quel domaine êtes-vous réputé(e) ? Qu'avez-vous de reproductible ? Lesquelles de vos qualités ou capacités poussent les gens à venir vous voir ? Qu'est-ce qui vous apporte de la joie ? Quelle est votre passion ? Qu'avez-vous à offrir au monde, même s'il ne s'agit que d'une petite contribution de votre part ? Le fruit, s'il est authentique, doit pouvoir se reproduire. « Soyez féconds » veut dire produire du fruit ; « multiplier » signifie le reproduire.

Remplir. La troisième phase de domination consiste à "remplir" ou "repeupler" la terre. Porter du fruit, affiner notre talent et maîtriser l'usage de nos ressources crée de la demande et débouche naturellement vers une plus large "distribution". "Remplir la terre" signifie étendre notre talent, notre influence, nos ressources, tout comme le ferait une entreprise en croissance qui chercherait constamment à améliorer son produit, à ouvrir de nouveaux points de vente et à embaucher plus d'employés.

Pour voir les choses sous un autre angle, il suffirait de penser encore une fois au pommier. Un seul pépin de pomme grandit pour devenir un pommier, lequel ensuite produit des pommes, chacune contenant des pépins afin de produire d'autres arbres. Planter ces semences a bientôt pour effet de produire tout un verger à partir d'un seul pommier.

Cette expansion pour "remplir la terre" est un effort combiné entre le Seigneur et nous. Notre part consiste à être fidèles avec les ressources qu'Il a données. Il est celui qui amènera l'expansion. Plus nous nous montrons fidèles dans notre gérance, plus Dieu nous confiera des ressources. C'est un principe biblique.

Assujettir. Porter du fruit, se multiplier, et remplir conduisent naturellement à assujettir. Assujettir signifie "dominer" ou "contrôler", pas dans le sens négatif d'oppression, mais dans le sens positif d'administration. Dans la terminologie des affaires, assujettir veut dire dominer le marché. Alors que nous apprenons à gérer nos ressources, Dieu étend ces ressources et élargit notre influence. Il augmente notre "part de marché", pour ainsi dire.

Il n'y a aucune limite à ce que Dieu peut faire en, avec et au travers d'un individu ou d'un couple marié abandonnant totalement leurs vies et leurs ressources à sa volonté et à sa direction. Il veut recouvrir le monde de ses "vergers" de fruits humains. Habacuc 2:14 dit: « Car la terre sera remplie de la glorieuse connaissance de l'Éternel comme les eaux recouvrent le fond des mers», et le Seigneur est en train d'accomplir cette promesse une personne à la fois et un couple à la fois.

Il n'y a aucune limite à ce que Dieu peut faire en, avec et au travers d'un individu ou d'un couple marié abandonnant totalement leurs vies et leurs ressources à sa volonté et à sa direction.

Deux Principes Financiers Importants

La gestion basique des ressources pour les couples mariés et croyants s'articule autour de la compréhension et de la pratique de deux principes financiers fondamentaux : donner sa dîme et budgétiser. Ici reposent les semences de la domination — les secrets pour porter du fruit, se multiplier, et remplir la terre. Donner sa dîme c'est reconnaître Dieu comme la source de nos ressources, tandis que budgétiser c'est reconnaître notre responsabilité envers Dieu de manager ces ressources avec sagesse.

Plutôt qu'un montant rigide, légaliste de 10% de "notre" revenu donné à Dieu par sens du devoir, la dîme à l'origine représente l'offrande des "premiers fruits" donnée librement en reconnaissant Dieu comme le Créateur et le véritable propriétaire de tout ce que nous possédons. Elle nous rappelle de ne pas nous attacher trop étroitement à nos possessions, car nous en sommes les intendants et non les propriétaires. C'est ce qui nous aide à garder nos priorités sous une juste perspective, pour ne pas commettre l'erreur de laisser nos possessions et la poursuite de la prospérité remplacer notre relation avec le Seigneur et prendre la première place dans nos vies. En effet, donner sa dîme nous rappelle que Dieu est la source et l'auteur de notre prospérité : « Souviens-toi au contraire que c'est l'Éternel ton Dieu qui te donne la force de parvenir à la prospérité » (Deutéronome 8:18a).

Donner sa dîme est une expression de la foi sous forme de semence qui opère selon le principe des bénédictions et de leurs retours. Elle démontre notre confiance en la capacité et la promesse de Dieu à combler nos besoins jour après jour. Pour les couples mariés qui désirent voir les bénédictions et la prospérité de Dieu sur leur maison et sa puissance à l'oeuvre dans leur vie et dans leur influence au quotidien, s'engager à donner sa dîme est indispensable. Dieu a fait une promesse claire et sans ambiguté : «Apportez donc vos dîmes dans leur totalité dans le trésor du Temple pour qu'il y ait des vivres dans ma demeure ! De cette façon-là, mettez-moi à l'épreuve, déclare l'Éternel, le Seigneur des armées célestes : alors vous verrez bien si, de mon côté, je n'ouvre pas pour vous les écluses des cieux, et ne vous comble pas avec surabondance de ma bénédiction » (Malachie 3:10). Ce principe s'applique à tout niveau : individuel, couples, familles et églises.

Donner sa dîme est une expression de la foi sous forme de semence qui opère selon le principe des bénédictions et de leurs retours.

Bien que donner soit important, l'attitude du donneur l'est encore plus. Le montant que nous donnons a moins d'importance pour Dieu que l'esprit avec lequel nous donnons. Jésus enseigna cette leçon à ses disciples un jour, pendant qu'ils observaient différentes personnes placer leurs offrandes dans le trésor du temple (voir Marc 12:41-44). Beaucoup de riches donnaient de larges sommes d'argent, alors qu'une pauvre veuve y déposa seulement deux sous, d'une valeur d'un centime environ. Jésus fit l'éloge de la veuve pour son attitude de confiance en Dieu : « Vraiment, je vous l'assure, cette pauvre veuve a donné bien plus que tous ceux qui ont mis de l'argent dans le tronc. Car tous les autres ont seulement donné de leur superflu, mais elle, dans sa pauvreté, elle a donné tout ce qu'elle possédait, tout ce qu'elle avait pour vivre » (Marc 12:43b-44).

Le montant que nous donnons a moins d'importance pour Dieu que l'esprit avec lequel nous donnons.

Dieu désire que nous donnions librement avec un cœur joyeux plutôt que par obligation, tout en Le reconnaissant comme la source de nos bénédictions. C'est ce que Paul, grand missionnaire du premier siècle et auteur du Nouveau Testament, a déclaré aux croyants de la cité de Corinthe : « Que chacun donne ce qu'il aura décidé en son cœur, sans regret ni contrainte, car Dieu aime celui qui donne avec joie » (2 Corinthiens 9:7).

Malheureusement, malgré l'ampleur de leurs efforts, beaucoup de couples ne parviennent même pas au niveau le plus basique de prospérité ou de stabilité financière. Le plus souvent, la raison en est qu'ils n'ont jamais compris ni assimilé le fondement basique de la dîme, ainsi que les principes des bénédictions et de leurs retours.

Le programme divin de prospérité n'opère pas selon les principes du monde. Tant que nous agissons comme les propriétaires de nos ressources, nous aurons tendance à être très possessifs et peu enclins à les mettre à la disposition de Dieu. C'est ce qui va nous priver de ses plus grandes bénédictions, à la fois celle d'être utilisés pour son plan et celle de se voir confier de plus grandes ressources. Si cependant, en tant que gérants, nous nous y attachons peu, nous serons capables de les laisser au contrôle et à l'usage du Seigneur, et en nous montrant fidèles avec peu, Il pourra nous confier davantage.

La dîme devrait être une facette majeure du plan financier global du couple. Chaque foyer devrait fonctionner à partir d'un budget ou d'un plan financier. Budgétiser est un principe de base du management des ressources. Le budget d'un foyer ne devrait pas être plus complexe que nécessaire pour pouvoir gérer efficacement les ressources de la famille. Selon la situation du couple, un simple livre de comptes pourrait suffire pour garder une trace des revenus et des dépenses. Généralement, plus les actifs d'un couple est complexe, plus leur plan de management devra être détaillé.

Le budget d'un foyer ne devrait pas être plus complexe que nécessaire pour pouvoir gérer efficacement les ressources de la famille.

La complexité du budget de la famille dépendra aussi des rêves et des plans du couple. Souhaitez-vous acheter une maison ? Si oui, vous allez devoir mettre en place un plan clair pour épargner régulièrement, ainsi que faire preuve d'une grande vigilance avec votre crédit et la gestion des dettes. Est-ce que vous prévoyez d'investir ? Ces plans doivent être inclus spécifiquement dans votre budget ou votre plan financier et vous devez vous mettre d'accord sur comment vous allez poursuivre vos objectifs. Ne négligez pas de prévoir dans le budget de l'argent pour le "divertissement".

Les loisirs et activités récréatives sont importantes pour la santé en général, physique, mentale et émotionnelle, et le budget devrait pouvoir y répondre. Leur coût ne doit pas forcément être élevé et un couple devrait certainement garder ces dépenses en adéquation avec leurs moyens financiers. Que le mari et la femme travaillent tous deux ou non à l'extérieur, chacun d'eux devrait bénéficier régulièrement d'une "petite somme" d'argent à dépenser entièrement à sa guise.

Le type ou la complexité de votre plan financier n'est pas aussi important que le fait d'avoir une sorte de plan en place et fonctionnel. Tant que votre budget se trouve en adéquation avec vos besoins, peu importe sa forme. Un budget fonctionnel reflète un bon management et un effort honnête vers une gérance sage. Ce sont deux choses que Dieu honore.

PRINCIPES

1. Une bonne intendance est un solide principe biblique pour la croissance, la prospérité et le bonheur.

2. Dieu a confié à l'humanité la responsabilité d'être les intendants de la terre et de toutes ses ressources.

3. Nous avons la domination sur les choses et non sur les gens.

4. En raison du design délibéré de Dieu, les semences de grandeur, le potentiel de leader et la capacité basique de gérer et d'administrer existent en chacun de nous.

5. Gérer signifie être redevable devant Dieu de chaque ressource placée sous notre responsabilité.

6. Être fructueux signifie libérer notre potentiel.

7. S'accroître ne veut pas seulement dire se multiplier ou se reproduire dans le sens avoir des enfants, mais aussi progresser et exceller, maîtriser votre talent pour atteindre votre meilleur niveau dans ce que vous faites.

8. "Remplir la terre" signifie étendre notre talent, notre influence, nos ressources, tout comme le ferait une entreprise en croissance qui chercherait constamment à améliorer son produit, à ouvrir de nouveaux points de vente, et à embaucher plus d'employés.

9. Assujettir veut dire "dominer le marché".

10. Donner sa dîme c'est reconnaître Dieu comme la source de nos ressources.

11. Budgétiser c'est reconnaître notre responsabilité envers Dieu de gérer ces ressources avec sagesse.

CHAPITRE 6

L'intimité Sexuelle Dans Le Mariage

Même si une gestion des ressources efficace représente le défi le plus pragmatique auquel fait face la majorité des couples, atteindre une intimité sexuelle pleinement satisfaisante est probablement le défi le plus personnel qui soit. Beaucoup de couples sont confus quant à leur sexualité, pas tant au regard de leur identité sexuelle qu'au fait de comprendre comment se comporter l'un envers l'autre sexuellement. Le dysfonctionnement sexuel est une source significative de frustration, de conflit et de tristesse dans bien des mariages. Souvent, le manque de satisfaction au niveau sexuel est l'une des causes profondes qui amènent les conjoints à avoir des relations extra-conjugales. Ils cherchent ailleurs ce qu'ils n'ont pas à la maison. Assez souvent, cette confusion sexuelle provient d'un manque basique de compréhension, et de la vraie nature et du but des relations sexuelles, aussi bien que des conditions propres à une expression sexuelle épanouissante.

Malheureusement, des couples consciencieux qui recherchent des réponses solides à ce sujet ont souvent eux-mêmes des difficultés à en trouver. Notre société moderne saturée par le sexe n'aide certainement pas beaucoup. Bien que nous vivions à une époque où les problèmes sexuels sont discutés plus ouvertement et plus sincèrement qu'avant, la plupart des discussions populaires concernant le sexe est basée sur des rêves, sur la fantaisie et sur des idées humaines plutôt que sur la vérité, sur la réalité et sur la sagesse des âges.

Où que nous allions, nous sommes bombardés par des images et des messages sexuels. À la fois dans le divertissement et les industries publicitaires, le sexe est majoritairement présent. Il remplit les ondes et les salles de cinéma. Il est utilisé pour vendre toutes sortes de choses, de la mousse à raser aux automobiles. Même notre langage quotidien est ponctué de mots sexuels. Certaines personnes semblent être incapables de tenir une conversation sans qu'elle ne soit truffée de références sexuelles. Néanmoins, pour tout ce que nous disons ou pensons à propos du sexe, la plupart des sociétés demeure grandement ignorante sur le sujet car tant de nos dialogues sont basés sur des erreurs et des mauvaises conceptions.

Une autre triste vérité, c'est que l'Église moderne a habituellement peu à dire pour alimenter la discussion. C'est particulièrement tragique car les croyants, qui connaissent et suivent Dieu, celui qui a créé le sexe et qui a établi ses propres paramètres, devraient être capables d'en parler plus intelligemment et plus assurément que quiconque. Cependant, la communauté de croyants est souvent silencieuse sur le forum public concernant le sexe, soit parce qu'elle est embarrassée, confuse, timide ou parce qu'elle a le sentiment que le sujet du sexe est soit trop personnel ou pas suffisamment "spirituel" pour l'Église pour être considéré publiquement.

Le sexe n'est pas une question secondaire pour Dieu. La Bible a beaucoup plus à dire sur le sujet du sexe et des relations sexuelles que la plupart des gens ne le croient. La sexualité est fondamentale dans le dessein et le plan de Dieu pour l'humanité. « Et Dieu créa l'homme à son image ; il le créa à l'image de Dieu ; il les créa *mâle et femelle* (Genèse 1:27, Darby, emphase ajoutée.) « Mâle et femelle » sont des distinctions de genre qui impliquent la sexualité. Le sexe repose également au cœur des instructions initiales de Dieu pour le premier couple humain afin qu'il porte du fruit, qu'il croisse en nombre, qu'il remplisse la terre et la gouverne (voir Genèse 1:28b). Comme nous l'avons vu dans le chapitre précédent, bien que ce commandement traite essentiellement de la domination et de la gestion des ressources, il inclut aussi sûrement l'activité sexuelle comme un principe fondamental.

Le sexe n'est pas une question secondaire pour Dieu.

À cause de son importance pour l'expérience humaine et à cause de la confusion trop répandue qui existe à ce sujet de nos jours, il est crucial de revenir à une compréhension biblique de la sexualité, afin de contrer les erreurs et les informations erronées qui sont si prévalentes dans notre société. Nous devons comprendre ce que le sexe n'est pas, non ce qu'il est, et ce qu'est son but, tout comme les directives établies pour une activité sexuelle acceptable au sein du contexte d'un mariage biblique.

Le Sexe, Ce N'est Pas l'Amour

Aux yeux du monde, le sexe et l'amour sont synonymes. Même la consultation la plus occasionnelle des journaux, des magazines, des livres, des films et des programmes télévisés actuels vous le révélera. La plupart des documents de ces médias traite du sexe et de l'amour comme s'ils étaient inséparables, comme s'il n'y avait aucune différence entre eux. Ce qui émane logiquement de ce point de vue, c'est la philosophie qui affirme « Si tu m'aimes, tu me permets. » Après tout, si le sexe et l'amour sont la même chose, comment pouvez-vous déclarer aimer quelqu'un et en même temps refuser de lui faire l'amour ?

Une autre idée étroitement liée, c'est que le sexe est une preuve d'amour. Combien de fois rencontrons-nous ce scénario dans des livres ou des films : un homme rencontre une femme et ils sympathisent. La prochaine scène que nous voyons : ils sont au lit tous les deux. C'est "l'indice" qui nous dit qu'ils sont "amoureux". Ils doivent s'aimer, ils ont des relations sexuelles, n'est-ce pas ? Cela peut être une relation adultère pour l'un des deux ou les deux personnes mariées, mais ce n'est pas important. Tout ce qui compte, c'est qu'ils s'aiment. Ils vont au lit, font ce qu'ils ont à faire, se lèvent le lendemain matin et tout est OK.

C'est l'image dépeinte par le monde. Ce que ces livres et films révèlent rarement, voire jamais, c'est le côté négatif de ce genre de rencontres. Dans la vraie vie, les liaisons sexuelles de ce type produisent chez la plupart des gens un sentiment de culpabilité, de honte et la sensation d'être sale, sans oublier une profonde absence d'épanouissement. Cela peut être "fun" pour un moment, mais ce moment les laisse vides et souvent ils ne savent pas pourquoi.

L'idée du sexe comme étant l'amour est l'un des plus grands mensonges du monde. Dieu avait initialement conçu le sexe pour une expression, une réjouissance et un épanouissement sexuels et le monde l'a perverti.

L'idée du sexe comme étant l'amour est l'un des plus grands mensonges du monde. Dieu avait initialement conçu le sexe pour une expression, une réjouissance et un épanouissement sexuels et le monde l'a perverti.

Le Sexe N'est Pas Spirituel

L'amour, l'authentique, est spirituel par nature. Le sexe non. Le sexe est 100 % physique et chimique. C'est pourquoi nous nous exposons à des problèmes à chaque fois que nous tentons d'assimiler l'amour au sexe. L'amour est une union spirituelle entre deux personnes — deux esprits qui se lient. Le sexe est un accouplement physique de deux personnes — deux corps qui se lient. Dans son usage initial, le sexe est une expression physique magnifique et épanouissante liée au vrai amour.

L'amour est une union spirituelle entre deux personnes — deux esprits qui se lient. Le sexe est un accouplement physique de deux personnes — deux corps qui se lient.

Comprendre cette distinction nous empêchera de tomber en proie à toutes ces idées bizarres qui nous environnent et qui essaient de nous convaincre que le sexe est (ou peut être) une sorte de "lien spirituel" fantastique ou qui a trait aux réalités spirituelles de la vie. Ce n'est rien de la sorte. Le sexe est une expérience physique exaltante, mais en tant que tel, il n'a rien de spirituel. L'activité sexuelle ne lie jamais notre esprit à l'esprit de quelqu'un d'autre. Nulle part la Bible ne nous enseigne qu'une expérience sexuelle nous amènera à voir Dieu ou à nous rapprocher de Lui. Le sexe est le produit de la part humaine de notre composition et n'a rien à voir avec notre esprit. En revanche, notre désir sexuel donné par Dieu est un appétit qui doit être amené à la soumission et au contrôle de notre esprit. Notre esprit doit régner sur notre chair.

Le Sexe Est Un Appétit

Le sexe est un appétit, l'un de ces nombreux appétits que Dieu a construits en nous quand Il nous a créés. Que nous les appelions désirs, soifs, faims, passions ou autres, ce sont toujours des appétits. Nous avons de l'appétit pour la nourriture, un appétit pour l'eau, un appétit pour le sommeil, un appétit pour le sexe, un appétit pour Dieu — vous l'avez dit. C'est parfaitement normal. Dieu nous a conçus pour avoir des appétits.

La force de tout appétit est déterminée par le degré auquel la capacité de ce dernier a été activée. Tous les appétits commencent à une capacité au degré zéro. La capacité pour un appétit est toujours existante, mais elle sera à zéro jusqu'à ce qu'elle soit activée. Un bébé développe un appétit et une capacité pour la nourriture avant même qu'il naisse, alors que la nourriture se répand dans son corps en passant par le cordon ombilical de sa mère. C'est pourquoi la toute première chose qu'un bébé veut faire après sa naissance, c'est se nourrir — son appétit pour la nourriture a été activé.

Même si un nouveau-né connaît la faim pour la nourriture, sa capacité est toujours faible. Un bébé n'a faim que de choses pour lesquelles son appétit a été activé. Les nouveaux-nés habitués à la nourriture liquide à travers le cordon ombilical avant leur naissance, au lait maternel ou aux aliments fades pour bébés par la suite n'ont pas faim de sel ou d'autres épices, ni de sucre ni de toute autre sorte de sucreries. Ces appétits sont en sommeil jusqu'à ce qu'ils soient activés. Les parents activent ces appétits chez leurs enfants en les introduisant dans des repas assaisonnés, dans des gâteaux, dans des bonbons ou d'autres friandises. Jusque-là, un enfant n'a pas d'appétit — et donc aucun désir — pour ces choses.

Nous avons faim parce que les substances chimiques dans notre estomac et dans notre tube digestif deviennent actives et envoient un signal à notre cerveau lui signalant notre faim. Notre appétit augmente en fonction du temps écoulé depuis notre dernier repas et d'autres facteurs comme le genre d'aliments dont nous avons envie. Notre sensation de faim continuera à augmenter jusqu'à ce que nous la satisfassions en mangeant. Une fois saturé, notre appétit s'en va jusqu'à ce qu'il soit réactivé lorsqu'il est à nouveau l'heure de manger.

Une chose intéressante se passe, cependant, lorsqu'un appétit est insatisfait : il finit par s'en aller de toute façon. Les gens qui se lancent dans un long jeûne s'en aperçoivent rapidement. Les premiers jours d'un jeûne sont les plus difficiles parce que notre appétit pour la nourriture doit être réajusté. Une fois que notre corps s'est adapté, le jeûne devient plus aisé.

Mon point est le suivant : Non seulement nous pouvons *assouvir* nos appétits, mais nous pouvons aussi les *contrôler*. Il en est ainsi pour *tout* appétit. Nos faims et désirs sont assujettis à notre volonté. C'est totalement vrai pour notre appétit sexuel comme pour tout autre. Paul l'a clairement exposé dans sa première lettre du Nouveau Testament aux croyants de la ville d'Asie de Thessalonique, lorsqu'il a écrit : « Ce que Dieu veut, c'est que vous meniez une vie sainte : que vous vous absteniez de toute immoralité; que chacun de vous sache gagner une parfaite maîtrise de son corps pour vivre dans la sainteté et l'honneur » (1 Thessaloniciens 4:3-4). Ce qui rend ce passage encore plus intéressant, c'est que le mot grec *skeuos* ("corps") peut être également compris comme le mot "épouse". Dans ce sens, donc, Paul voudrait dire que les maris devraient apprendre à "vivre avec leurs propres femmes d'une manière qui soit sainte et honorable". Quoi qu'il en soit, l'emphase est mise sur le fait de contrôler son appétit sexuel, le réservant pour son expression exclusive dans le contexte d'une relation maritale.

Nos faims et désirs sont assujettis à notre volonté. C'est totalement vrai pour notre appétit sexuel comme pour tout autre.

Le But De Dieu En Ce Qui Concerne Le Sexe

Dieu nous a créés en tant qu'être sexuels, en tant que mâle et femelle. La sexualité est conçue au coeur même de notre être humain. On pourrait dire que nous sommes "programmés" pour le sexe. Une expression sexuelle appropriée et vraiment épanouissante ne peut avoir lieu qu'à l'intérieur des limites sécurisées et spécifiques que Dieu a établies. En dehors de ces limites, on rencontre des problèmes — la culpabilité, la honte, la crainte, le chagrin, la déception et la peine. À l'intérieur de ces limites, cependant — les limites d'un mari et d'une femme dévoués exclusivement l'un à l'autre — il existe une grande liberté, une grande flexibilité et une grande joie.

À partir des pages de la Bible, nous pouvons glaner trois objectifs essentiels pour l'activité sexuelle humaine : la procréation, le loisir et la liberté, et la communication.

1. Le sexe pour la procréation.

Comme nous l'avons déjà vu, la procréation demeure au centre même du commandement et de la responsabilité de Dieu à l'humanité. « Dieu les bénit et Dieu leur dit : Soyez féconds, multipliez-vous, remplissez la terre et soumettez-la. Dominez sur les poissons de la mer, sur les oiseaux du ciel et sur tout animal qui rampe sur la terre » (Genèse 1:28). Dieu créa l'homme pour exercer la domination sur l'ordre créé, et l'un des moyens d'accomplir ce but, c'était par la procréation : se reproduire et peupler la terre.

Ce fut à cette fin que Dieu créa l'homme en deux genres, un "homme" mâle et un "homme" femelle. L'homme et la femme venaient du même esprit et de la même essence — ils étaient faits de la même "chose", en quelque sorte. Premièrement, Dieu créa l'homme, Adam. Puis Il fit la femme, Ève, il la tira du côté d'Adam et la lui présenta. « Et l'homme dit : Cette fois c'est l'os de mes os, La chair de ma chair. C'est elle qu'on appellera femme, Car elle a été prise de l'homme. C'est pourquoi un homme quittera son père et sa mère et s'attachera à sa femme, et ils deviendront une seule chair » (Genèse 2:23-24 La Colombe. L'expression « une seule chair » est une référence sexuelle concernant l'union physique entre un mari et sa femme.

La Bible contient plusieurs autres références qui indiquent que la reproduction humaine représente une part fondamentale du plan de Dieu pour l'humanité. À sa propre place, le sexe est honorable et il est aussi une source de bénédiction de la part de Dieu.

> *Car si vous prêtez attention à ces lois, si vous y obéissez et si vous les appliquez, l'Éternel votre Dieu tiendra l'engagement de vous aimer qu'il a pris par serment en concluant une alliance avec vos ancêtres. Il vous aimera, vous bénira, vous rendra nombreux, et **il bénira vos enfants**, il vous bénira par tout ce que produiront vos terres : votre blé, votre vin nouveau, votre huile fraîche, et en accroissant les portées de votre gros et de votre petit bétail sur la terre qu'il a promis par serment à vos ancêtres de vous donner. Vous jouirez de plus de bénédictions que tous les autres peuples, et **il n'y aura chez vous ni homme ni femme stérile, ni bête stérile dans vos troupeaux**.* (Deutéronome 7:12-14 emphase ajoutée)

Ici, Dieu s'engage en fait envers son peuple et lui promet que s'il Lui est fidèle et obéissant, aucun d'entre eux ne sera stérile ou sans enfant. Dieu veut que son peuple procrée. Il veut peupler la terre avec ses enfants afin que sa gloire remplisse la terre.

> *Des fils : voilà bien l'héritage que donne l'Éternel, oui des enfants sont une récompense. Ils sont pareils aux flèches dans la main d'un archer, les fils nés de la jeunesse. Heureux est l'homme dont le carquois en est rempli. Il ne connaîtra pas la honte quand il plaidera contre l'ennemi aux portes de la ville.* (Psaume 127:3-5)

Les enfants sont un héritage de Dieu. Le mot hébreu *ben* ("fils") possède une large variété de sens et peut se référer à tous les enfants, pas seulement les garçons. L'héritage signifie "la propriété". Dieu prend la conception, la naissance et l'éducation des enfants très au sérieux parce qu'ils sont son héritage. C'est pourquoi l'avortement, ainsi que les abus physiques et sexuels sur des enfants sont des péchés si graves — ils salissent l'héritage de Dieu.

Dieu prend la conception, la naissance et l'éducation des enfants très au sérieux parce qu'ils sont son héritage.

Il existe bien d'autres passages qui pourraient être cités, mais ceux-ci sont suffisants pour démontrer clairement — s'il y avait le moindre doute — que l'un des buts premiers du sexe est la procréation.

2. Le sexe, pour le loisir et la liberté.

Si la procréation est le côté pratique et nécessaire du sexe, alors le loisir et la liberté en sont le coté "non pratique". Nous avons des relations sexuelles non seulement pour reproduire notre race mais aussi pour le pur bonheur et le plaisir qu'elles procurent. Soyons francs : le sexe, c'est fun. Dieu a voulu que nous puissions jouir du sexe ; sinon, pourquoi l'aurait-Il conçu si agréable ?

Certaines personnes, y compris certains croyants, ne sont pas à l'aise avec cette franchise concernant le sexe. Ils se sentent encore plus mal à l'aise à la pensée de certains passages de la Bible — la Parole de Dieu— qui est particulièrement explicite. Néanmoins, il est vrai que la Parole de Dieu contient certaines parties "osées", particulièrement le livre appelé le Cantique de Salomon (le Cantique des Cantiques dans la Version Internationale. Ce livre de l'Ancien Testament est si ouvert et franc dans son langage que beaucoup de croyants se sentent plus à l'aise d'allégoriser son contenu en une histoire symbolique à propos de l'amour de Christ pour son Église. Peut-être a-t-il également cette signification, mais au cœur du Cantique de Salomon, se trouve une chanson d'amour franche et explicite qui célèbre la joie et le bonheur de l'amour dans le mariage.

Dieu a voulu que nous puissions jouir du sexe ; sinon, pourquoi l'aurait-Il conçu si agréable ?

Un exemple sera suffisant pour montrer comment la Bible présente le sexe dans le mariage comme un plaisir ludique en dehors de toute référence à la procréation.

« Que tu es belle, ô mon amie, que tu es belle ! Tes yeux ressemblent à des colombes dessous ton voile... Voici tes lèvres comme un ruban écarlate, combien ta bouche est charmante... Comme deux faons, sont tes deux seins, comme deux jeunes gazelles qui sont jumelles et qui vont paître parmi les lis... Tu me fais perdre le sens, ô toi, ma soeur, ma fiancée, tu me fais perdre le sens par un seul de tes regards, par un seul de tes joyaux suspendu à tes colliers. Ton amour est délicieux ô toi, ma sœur, ma fiancée, oui, ton amour exalte plus que le vin et la senteur

de tes parfums exalte plus que tous les baumes. Tes lèvres, ma fiancée, distillent un nectar pur, et, sous ta langue, coulent du miel et du lait, et le parfum de tes habits est tout pareil à la senteur du Liban. Tu es un jardin bien clos, ô toi, ma sœur, ma fiancée. Tu es une source close, une fontaine scellée. Tes rameaux sont un verger, un verger de grenadiers portant les fruits les meilleurs : le henné avec le nard, le nard avec le safran et la cannelle odorante, le cinnamome, et toutes sortes d'arbres donnant de l'encens, de l'aloès et de la myrrhe, et les plus fins aromates. Tu es la source des jardins, un puits d'eaux vives, d'eaux ruisselant du Liban. Éveille-toi, Aquilon ! Accours, Autan ! Viens souffler sur mon jardin, pour que ses parfums s'exhalent !» « Que mon bien-aimé pénètre dans son jardin et qu'il en goûte les fruits exquis. (Cantique des Cantiques 4:1a, 3a, 5, 9-16)

Voici une conversation à caractère sexuel franche et intime entre deux amants, mais le passage est clair quant au fait qu'ils sont mari et femme. Par trois fois, l'homme fait référence à sa bien-aimée comme « ma sœur, ma fiancée. » Ces versets décrivent l'inventaire amoureux d'un mari détendu concernant la beauté physique de sa femme. Au verset 12, les expressions « un jardin bien clos », « une source close » et « une fontaine scellée » font référence à la virginité de l'épouse lors de sa nuit de noces. Aux yeux de son mari, elle est un jardin de beauté, un verger « portant les fruits les meilleurs », de « l'encens » et « les plus fins aromates ». Le verset 16 est en fait la réponse de l'épouse au discours amoureux de son époux, l'invitant, son amoureux, à pénétrer « dans son jardin et qu'il en goûte les fruits exquis ».

Si la nature explicite et intime de ce langage vous choque, gardez à l'esprit qu'il ne choque pas Dieu. Dieu a inventé le sexe et Il veut que nous expérimentions ses plaisirs. Dans le contexte approprié d'une relation maritale, il n'y a rien de honteux, de mal ou d'immoral à propos du sexe. Le sexe est un plaisir conçu pour être apprécié entre un mari et sa femme pour leur propre plaisir.

3. Le sexe, pour la communication.

Le troisième but pour lequel Dieu a créé le sexe, c'est pour la communication. Le sexe n'est pas un substitut à une conversation ouverte et honnête entre un mari et sa femme, mais dans un environnement d'amour qui encourage la communication, la consommation sexuelle offre un degré d'intimité et de communion qui va bien au-delà des mots. Personne d'autre ne devrait être plus intime ou plus "connecté" physiquement, mentalement ou émotionnellement qu'un mari et sa femme. Leur amitié ne devrait pas avoir de rivale ; aucune autre relation terrestre ne devrait avoir une plus grande priorité. C'est la signification essentielle qui se trouve dans Genèse 2:24 : « C'est pourquoi un homme quittera son père et sa mère et s'attachera à sa femme, et ils deviendront une seule chair. »

Selon le standard de Dieu, l'activité sexuelle est restreinte au mariage. La relation mari/femme est une relation singulière. De plus, les préliminaires et les rapports sexuels apportent une forme unique de communion et de partage intimes qu'ils doivent réserver exclusivement l'un pour l'autre.

Soyez Responsables Des Besoins Sexuels de l'Autre

Le dysfonctionnement et l'insatisfaction sexuels dans le mariage ne proviennent pas forcément de l'incapacité ou du manque de volonté de la part d'un mari ou d'une épouse à "s'accomplir" sexuellement. Ils proviennent davantage du manque de sensibilité, d'attention et de responsabilité par rapport aux besoins sexuels de l'autre. Tout comme pour obtenir une communication efficace, se rappeler les petites choses est très important également dans le domaine du sexe.

Nous devons être désireux de rechercher au-delà de nos propres sentiments ou de notre propre perspective, ceux de notre conjoint. Simplement parce que nous avons envie ou pas d'avoir des relations sexuelles à un moment précis ne signifie pas nécessairement que notre conjoint ressent la même chose. Ce serait malsain pour notre relation de faire de telles suppositions. C'est là où les compétences matures et efficaces en communication sont très importantes. L'épanouissement et le bonheur sexuels dans le mariage reposent sur un climat ouvert, aimant, accueillant et chaleureux dans lequel chaque conjoint se sent à l'aise de faire ce dont il ou elle a besoin ou envie, le faisant connaître à l'autre.

Bien qu'il y ait eu certains changements notables durant ces dernières années, particulièrement en Occident, il est encore très commun dans la plupart des sociétés de voir des épouses très inhibées lorsqu'il s'agit d'entreprendre une relation sexuelle avec leurs époux. Dans certaines cultures, il est impensable pour une épouse de se montrer si audacieuse. Dans d'autres cultures, les femmes sont élevées dans la croyance que si elles proposent une relation sexuelle, elles sont "libérées" ou elles se jettent sur l'homme. Quelle que soit la raison, même si elles désirent ardemment avoir une intimité sexuelle, les femmes attendent souvent patiemment que leur mari soit leur agresseur.

Pour sa part, le mari peut interpréter la passivité de sa femme comme étant du désintérêt et il la laisse seule, parce qu'il ne veut pas qu'elle se sente forcée. Par conséquent, les deux souffrent durant des jours, des semaines, voire des mois à errer dans un désert sexuel simplement parce qu'ils n'ont pas fait connaître leurs besoins à l'autre. Si leurs besoins non communiqués se sont pas satisfaits pendant suffisamment longtemps, ils chercheront à satisfaire leurs besoins en dehors de leur relation.

Il est très important que les maris et les femmes, et spécialement les femmes, apprennent à s'exprimer par rapport à leurs besoins sexuels. Femmes, d'aussi loin que cela concerne vos époux, il est bon pour vous de vous "lâcher" à votre guise ! Si vous n'êtes pas "libérée" avec lui, une autre le sera. Votre mari a des besoins sexuels légitimes et si vous ne les satisfaites pas, quelqu'un d'autre le fera. Faites preuve d'imagination ! Soyez audacieuse ! Faites quelque chose d'osé ! N'ayez pas peur d'organiser un rendez-vous sexuel de temps en temps. Surprenez votre mari avec votre agressivité ! Rappelez-vous qu'en tant qu'homme, votre mari est "programmé" pour la stimulation et l'excitation visuelles. Donnez- lui de quoi être stimulé !

Au même titre, maris, gardez à l'esprit qu'en tant que femme, votre épouse est "programmée" pour une stimulation et une excitation tactiles et orales. Elle désire ardemment votre toucher. Embrassez-la et étreignez-la. Elle a besoin que vous lui disiez combien elle est belle, combien elle est sexy et combien vous l'aimez, combien vous la désirez et combien vous avez besoin d'elle! Elle adore vous entendre murmurer des "mots doux" à son oreille.

Il est très important que les maris et les femmes, et spécialement les femmes, apprennent à s'exprimer par rapport à leurs besoins sexuels.

Elles peuvent sembler anodines, mais ce sont ces petites choses qui garderont le feu animé dans un mariage. Mari et femme ont la responsabilité de s'aimer l'un l'autre en tout temps et d'exprimer cet amour sexuellement assez souvent pour que chacun soit satisfait. Évidemment, la fréquence dépendra de chaque couple. Les relations sexuelles font partie intégrante du mariage et chaque conjoint a le droit de s'attendre à l'autre, tout autant qu'il a la responsabilité de se donner à l'autre. Voici ce que l'écrivain du Nouveau Testament, Paul, avait à dire à ce sujet :

Que le mari accorde à sa femme ce qu'il lui doit et que la femme agisse de même envers son mari. Car le corps de la femme ne lui appartient plus, il est à son mari. De même, le corps du mari ne lui appartient plus, il est à sa femme. Ne vous refusez donc pas l'un à l'autre. Vous pouvez certes, en plein accord l'un avec l'autre, renoncer pour un temps à vos relations conjugales afin de vous consacrer davantage à la prière, mais après cela, reprenez vos rapports comme auparavant. Il ne faut pas donner à satan l'occasion de vous tenter par votre incapacité à dominer vos instincts. (1 Corinthiens 7:3-5)

Il est clair dans le contexte de ce passage que le "devoir conjugal" renvoie aux relations sexuelles. Le mari et la femme ont la responsabilité – le devoir – de répondre aux besoins sexuels de l'autre. Le devoir prend souvent le dessus sur les sentiments. Comprendre cela peut aider lors des épisodes où l'un des partenaires est "d'humeur" et l'autre non. Il y a des moments où, en dépit de nos sentiments personnels, nous devrons répondre à notre conjoint par amour et par responsabilité.

Les relations sexuelles font partie intégrante du mariage et chaque conjoint a le droit de s'attendre à l'autre, tout autant qu'il a la responsabilité de se donner à l'autre.

Parfois, nous oublions que les petites choses dans nos relations sexuelles sont justement celles qui font de l'ensemble de notre mariage une amitié et une union complètes. Les petites choses sont importantes pour communiquer notre amour à notre conjoint et quelquefois, cela n'a rien à voir avec nos sentiments.

Est-Ce Que Cela Édifie ?

Il existe une dernière question que nous devons examiner en ce qui concerne l'intimité sexuelle dans le mariage. Parmi une multitude d'idées et d'attitudes à propos des activités sexuelles qui existent dans le monde, beaucoup de couples mariés de nos jours, spécialement des croyants, sont confus concernant ce qui convient ou ne convient pas dans un comportement sexuel entre un mari et sa femme. Qu'est-ce qui est moral, juste et convenable et qu'est-ce qui ne l'est pas ? Cette confusion est compréhensible car tant de personnes se marient en ayant des antécédents mondains qui encouragent une approche "à tout va" du sexe. Aux yeux de la société laque, il n'y a plus rien de tabou. La masturbation, le sexe oral, le sexe anal, le sexe en groupe, la pornographie, la pédophilie, l'homosexualité, la bestialité, le sadomasochisme — pour ne citer que cela — le monde dit : « Si c'est bon pour toi, alors fais-le !»

La question que nous devons nous poser, cependant, est : « Que dit la Parole de Dieu ?» Dieu a inventé le sexe. Il l'a conçu et en a établi les directives, les paramètres et les limites dans lesquels il peut être pratiqué moralement. L'un des principes fondamentaux de la création est le principe de la "conformité". Dieu a tout créé pour "se conformer" à sa place et à tout le reste. Ceci est tout simplement vrai pour la sexualité humaine comme pour tous les autres domaines de la vie. Les organes mâle et femelle ont été conçus pour "correspondre" et ils conviennent idéalement à leur fonction mutuelle. Toute activité qui dépasse les frontières de la fonction initiale viole le principe de "conformité" et devient de la perversion. La perversion signifie simplement l'abus, le mauvais usage ou la déformation du but original d'une chose. C'est pourquoi l'homosexualité, par exemple, est un péché ; c'est la perversion de la conception originale de la sexualité humaine.

Qu'est-ce qui constitue un comportement sexuel inapproprié ? Certaines personnes diront que pour un couple marié, tant qu'ils sont d'accord sur une chose, alors, ça va. Ce qui se passe dans la chambre d'un couple relève du domaine privé, mais rien n'est caché à Dieu. Je pense qu'il est sain de dire qu'il y a certains types de comportements qui sont toujours inappropriés. Hormis ces actes qui violent le principe de "conformité", un comportement sexuel inapproprié concerne tout ce qui est délibérément et physiquement douloureux, nocif ou malsain, aussi bien que tout acte sexuel qu'un partenaire imposerait à l'autre, particulièrement si l'autre partenaire se sent mal à l'aise avec ce qui lui est proposé.

Un solide fil directeur biblique pour tout ce qui concerne les choses de la vie, y compris le comportement sexuel, c'est de se demander : « Est-ce que cela édifie ?». C'est le point que Paul a exposé aux chrétiens de la ville de Corinthe. « Oui, tout m'est permis, mais tout n'est pas bon pour nous. Tout est permis mais tout n'aide pas à grandir dans la foi. Que chacun de vous, au lieu de songer seulement à lui-même, recherche aussi les intérêts des autres » (1 Corinthiens 10:23-24). Le point de Paul est le suivant : bien que les croyants chrétiens ne soient pas sous la loi, et que par conséquent « tout est permis », tout n'est pas utile ou constructif. Un autre mot pour "constructif" est édifiant. Édifier signifie "construire" quelque chose ou le "renforcer".

Lorsque nous évaluons la droiture ou l'inconvenance de nos actions ou de notre comportement, nous devons nous demander si ce comportement nous édifie – construit – nous ou quelqu'un d'autre, ou s'il nous détruit. La question n'est pas ce que nous pouvons en retirer mais s'il s'agit de quelque chose de sain et d'édifiant. Lorsque tout est dit et fait, sommes-nous édifiés spirituellement ? Avons-nous été construits et renforcés dans notre relation avec le Seigneur ou avec notre conjoint, ou avons-nous été affaiblis ? En sommes-nous sortis encouragés ou découragés, confiants ou remplis d'un sentiment de culpabilité ou de honte ? Notre conscience est-elle claire ?

La question n'est pas ce que nous pouvons en retirer, mais s'il s'agit de quelque chose de sain et d'édifiant.

La mesure pour savoir si oui ou non un comportement sexuel est approprié, c'est de savoir s'il nous édifie ou non. Tout ce que nous faisons est juste et approprié, tant que nous sommes édifiés par la suite. Si cela n'édifie pas, ce n'est pas approprié. Dans sa Parole, Dieu nous a fourni de solides principes pour nous guider dans notre comportement. Ces principes sont toujours un standard fiable.

PRINCIPES

1. Le sexe, ce n'est pas l'amour.

2. Le sexe n'est pas spirituel.

3. Le sexe est 100% physique et chimique.

4. Le sexe est un appétit.

5. Le sexe, pour la procréation.

6. Le sexe, pour le loisir et la détente.

7. Le sexe, pour la communication.

8. L'épanouissement et le bonheur sexuels dans le mariage reposent sur un climat ouvert, aimant, accueillant et chaleureux dans lequel chaque conjoint se sent à l'aise de faire ce dont il ou elle a besoin ou envie, le faisant connaître à l'autre.

9. Un solide fil directeur biblique pour tout ce qui concerne les choses de la vie, y compris le comportement sexuel, c'est de se demander : « Est-ce que cela édifie ?»

CHAPITRE 7

Planifier Sa Famille

Depuis quelques années, quels que soient les endroits du monde où je voyage pour rencontrer représentants du gouvernement comme leaders religieux, lorsque je demande quel est le problème numéro un de leur société, j'obtiens régulièrement la même réponse : la condition de la famille. C'est la réponse que j'entends aux Caraïbes, en Amérique du Sud, aux États Unis, en Israël – partout où je vais. La détérioration de la famille est un problème universel.

Que l'institution de la famille subisse une telle attaque de l'ennemi ne devrait pas nous surprendre. La destruction de la famille conduira à la rupture de la civilisation. La famille est la première et la plus basique cellule de la société. Les familles forment les piliers sur lesquels sont construites chaque société et chaque culture. En essence, la famille est le prototype de la société. Un prototype est le premier de son genre et il démontre les caractéristiques de base de tous les "modèles" suivants. En d'autres mots, la condition de la société reflète la condition de la famille. Tout comme la solidité d'un bâtiment dépend de la solidité des matériaux utilisés pour sa construction, la force d'une société dépend de celle de ses familles.

Dieu a inventé la famille dès le commencement et celle-ci demeure son institution idéale dans l'établissement de la société. Par conséquent, le remède à tous les problèmes d'ordre social, psychologique, émotionnel, spirituel et civique auxquels nous faisons face dans nos communautés réside dans la redécouverte, la restauration et la reconstruction de la famille.

La condition de la société reflète la condition de la famille.

Tout ce qui existe a un but. En tant que Créateur, Dieu avait un but spécifique en tête pour toutes les choses qu'Il a créées. C'est aussi vrai pour la famille que pour le reste. La première famille a été établie lorsque Dieu a créé Ève à partir de la côte d'Adam et la lui a présentée (voir Genèse 2:21-24). Le livre de la Genèse est spécifique quant à l'objectif de Dieu pour la famille : « Et Dieu créa l'homme à son image ; il le créa à l'image de Dieu ; il les créa mâle et femelle. Et Dieu les bénit ; et Dieu leur dit : Fructifiez, et multipliez, et remplissez la terre et l'assujettissez, et dominez sur les poissons de la mer et sur les oiseaux des cieux, et sur tout être vivant qui se meut sur la terre » (Genèse 1: 27-28, Darby, emphase ajoutée). Dieu désirait remplir la terre d'êtres humains faits à son image, et la famille fut la voie qu'Il choisit pour y parvenir.

On retrouve une autre indication de la finalité de Dieu pour la famille dans le livre de Malachie, dernier livre de l'Ancien Testament. Le peuple de Dieu était contrarié parce que Dieu ne semblait plus répondre à ses prières. Malachie en a expliqué la raison :

*Voici ce que vous faites encore: vous couvrez de larmes l'autel du SEIGNEUR. Vous pleurez et vous vous plaignez, car le SEIGNEUR ne fait plus attention à vos offrandes et il ne les accepte plus. Vous vous demandez pourquoi. C'est parce que vous aviez promis devant lui de rester fidèles à la femme choisie pendant votre jeunesse. Mais vous l'avez trahie ! C'était pourtant votre compagne, et vous vous étiez engagés envers elle. **Est-ce que le SEIGNEUR n'a pas fait de vous une seule personne** avec elle, un seul corps animé du même souffle de vie ? **Et qu'est-ce que cette personne unique veut ? Avoir les enfants que Dieu donne, n'est-ce pas ?** Faites attention à vous-mêmes ! Ne trahissez pas la femme que vous avez choisie pendant votre jeunesse !* (Malachie 2:13-15, Parole de Vie, emphase ajoutée).

Les enfants sont chers au coeur de Dieu. La croissance et la pérennité de la société dépendent toutes deux des enfants. Dès le commencement, Dieu a établi une fondation solide sur laquelle construire la société. L'étape une consistait à créer l'Homme — homme et femme. L'étape deux fut celle du mariage, l'union spirituelle entre deux individus devenant un et consommée sur le plan physique à travers l'acte sexuel. Le mariage conduit naturellement à l'étape trois — une cellule familiale composée d'un père, d'une mère et d'un ou plusieurs enfants. Voici la définition traditionnelle du mot famille. Bien que les foyers monoparentaux ainsi que les individus non mariés vivant seuls soient certainement qualifiés de familles au sens large du terme, le sens traditionnel a plus de poids lorsque nous parlons de perpétuer la société et de "peupler la terre".

Le mari et la femme construisent ensemble un mariage. Le mariage établit une famille. Les enfants naissent, deviennent matures, et fondent leurs propres familles. La multiplication des familles crée les communautés ; la multiplication des communautés donne naissance aux sociétés ; et la multiplication des sociétés aboutit à l'émergence de nations.

S'il y a bien un commandement de Dieu auquel l'humanité a fidèlement obéi, c'est celui d'être "féconds et de se multiplier". Nous, les êtres humains, avons suivi cette instruction avec tant de diligence qu'au vingt et unième siècle la population mondiale a atteint un point critique et que des millions de personnes vivent sous la menace quotidienne de la malnutrition et de la famine. Face à cette crise, aujourd'hui plus que jamais, le peuple de Dieu en toute conscience, détient la responsabilité de considérer attentivement le besoin de planifier sa famille de manière délibérée.

Concevoir Ou Ne Pas Concevoir

Selon leur culture ou la façon dont ils ont été élevés, beaucoup de croyants se sentent gênés de parler de planification familiale. Certains sont confus à ce sujet à défaut d'enseignement approprié ou correct, tandis que d'autres ne se sentent pas à l'aise comme si c'était un péché d'essayer de "planifier" une action aussi intime et "sainte" que celle d'avoir des enfants. Ceci étant, il est important de distinguer ce qu'est la planification familiale de ce qu'elle n'est pas.

Dit simplement, la planification familiale consiste à prendre des décisions délibérées, à l'avance, pour éviter des grossesses non désirées et pour limiter la taille d'une famille à un nombre d'enfants adapté à la capacité des parents à les aimer, à pourvoir, à les nourrir, à les éduquer et à les protéger de manière satisfaisante. Prendre ces décisions nécessite des actions spécifiques et concrètes axées sur la *prévention*. En d'autres mots, la planification familiale inclut le contrôle des naissances. Aujourd'hui, les moyens les plus courants utilisés dans le contrôle des naissances sont le préservatif, le stérilet et la pilule contraceptive, lesquels préviennent tous la grossesse en empêchant les spermatozoïdes de l'homme de féconder l'ovule de la femme. Le contrôle des naissances empêche la *conception* d'un nouvel être humain.

La planification familiale se concentre sur la prévention et le contrôle à l'avance des grossesses. Elle n'a rien à voir avec l'*interruption volontaire* de grossesse. Par conséquent, avorter n'est pas planifier sa famille. Ce n'est pas non plus contrôler les naissances ou prendre soin de sa santé. L'avortement est immoral et c'est un péché car il s'agit de la destruction délibérée d'une vie humaine existante. En tant que tel, il va directement à l'encontre du dessein et de l'intention de Dieu.

Il y a eu une époque où les familles nombreuses étaient la norme et c'était même une nécessité pour survivre, particulièrement dans les sociétés basées sur l'agriculture. Les taux de mortalité infantile étaient si élevés en raison des maladies et des blessures que les parents devaient donner naissance à beaucoup d'enfants pour s'assurer que certains parviennent à un âge mature, à la fois pour contribuer au fonctionnement de la ferme et pour perpétuer la lignée familiale. Dans la société industrialisée d'aujourd'hui et face aux réalités économiques actuelles, la planification familiale et le contrôle des naissances relèvent du bon sens. C'est également vrai dans beaucoup de cultures du tiers-monde en proie à des problèmes de pauvreté et de malnutrition étendues, dans lesquelles la population se multiplie par ignorance et manque d'accès aux options légitimes de contrôle des naissances.

La planification familiale se concentre sur la prévention et le contrôle À L'AVANCE des grossesses. Elle n'a rien à voir avec l'INTERRUPTION VOLONTAIRE de grossesse.

Concernant la planification familiale, il y a au moins trois questions auxquelles chaque couple devrait répondre ensemble, de préférence avant de se marier, mais certainement jamais plus tard que dans les premiers mois suivant leur mariage. Premièrement, « est-ce que nous voulons des enfants ?». Pour diverses raisons, certains couples choisissent de ne pas en avoir. Que ce soit pour des raisons liées à leurs carrières ou compte tenu des risques pour leur santé, du danger de transmettre des maladies héréditaires ou autres, c'est une décision que chaque couple doit prendre pour lui-même. Si un couple décide d'avoir des enfants, il doit répondre à cette deuxième question : « Quand ?». C'est une question très importante. Il y a plusieurs facteurs majeurs à considérer dans le choix du timing à fonder une famille, tels que la maturité, le fait que l'un ou les deux partenaires étudient, ou selon qu'un travail ou revenu stable soit déjà en place. Pour grandir sainement, les enfants ont besoin d'un environnement familial stable sur le plan financier, émotionnel et spirituel. La troisième question concernant les enfants est « Combien ?». Un des facteurs les plus significatifs à prendre en considération ici est la capacité financière du couple. Très simplement, plus un couple a d'enfants, plus il sera coûteux de les élever et de s'en occuper correctement. Par exemple, un foyer qui touche un revenu de 300 € par semaine ne peut pas raisonnablement s'attendre à subvenir pour dix enfants. La responsabilité revient aux parents de déterminer non seulement le nombre d'enfants qu'ils veulent, mais aussi le nombre d'enfants qu'ils peuvent soutenir de façon réaliste.

Élever des enfants est un sujet sérieux et important aux yeux de Dieu et les parents Lui sont redevables de la façon dont ils traitent et prennent soin de leurs enfants. « Si quelqu'un ne prend pas soin des siens, en particulier des membres de sa famille, il a renié la foi et il est pire qu'un incroyant » (1 Timothée 5:8). Dieu n'est pas opposé à l'idée qu'un couple ait beaucoup d'enfants, mais Il attend et exige d'eux qu'ils les aiment, les soutiennent et pourvoient à leurs besoins de manière responsable.

La responsabilité revient aux parents de déterminer non seulement le nombre d'enfants qu'ils veulent, mais aussi le nombre d'enfants qu'ils peuvent soutenir de façon réaliste.

Le contrôle des naissances peut s'avérer être une bénédiction, spécialement pour les jeunes mariés qui ont besoin de temps pour s'ajuster l'un à l'autre et pour consolider leur foyer avant l'arrivée des enfants. Pour les couples qui ne veulent pas d'enfants ou qui souhaitent ne plus en avoir, des procédures existent pour empêcher toute nouvelle conception : la vasectomie pour l'homme ou la ligature des trompes pour la femme. Ce sont des bénédictions technologiques d'une valeur inestimable pour aider les couples mariés à prendre des décisions sages et avisées quant à la taille de leur famille.

Les Enfants Sont Un Héritage Du Seigneur

Les couples mariés qui décident d'avoir des enfants désirent une bonne chose. La Bible est remplie de passages décrivant les bénédictions en lien avec la conception et l'éducation des enfants. Du temps de l'Ancien Testament, les parents de nombreux enfants étaient considérés comme extraordinairement bénis de Dieu. En même temps, l'on pensait que les femmes dans l'impossibilité d'en avoir étaient sous sa malédiction. Bien qu'aujourd'hui nous reconnaissions l'absence de lien entre la taille d'une famille et les bénédictions de Dieu, cette attitude est simplement révélatrice de la valeur et de l'importance des enfants aux yeux des peuples des temps anciens, et particulièrement aux yeux des Hébreux, les enfants de Dieu.

Des fils: voilà bien l'héritage que donne l'Eternel, oui, des enfants sont une récompense. Ils sont pareils aux flèches dans la main d'un archer, les fils de la jeunesse. Heureux est l'homme dont le carquois en est rempli ! Il ne connaîtra pas la honte quand il plaidera contre l'ennemi aux portes de la ville. (Psaumes 127:3-5)

Comme je l'ai mentionné au chapitre six, le mot hébreu pour "fils" dans les versets 3 et 4 peut aussi se traduire par "enfants". Le mot *enfants* au verset 3 est la combinaison de deux mots hébreux qui signifient littéralement "fruit du sein". Les enfants sont les fruits, les produits de la fécondité de leurs parents. Ainsi, les couples mariés qui ont des enfants remplissent un des objectifs de Dieu pour le mariage : « Soyez féconds, multipliez-vous » (Genèse 1:28a).

Les couples mariés qui décident d'avoir des enfants désirent une bonne chose.

Le verset 4 du Psaume 127 compare les enfants à des flèches dans la main d'un archer, et le verset 5 déclare que l'homme dont le « carquois » en est rempli est heureux. Les flèches, cependant, ne sont pas faites pour rester dans un carquois, mais pour être tirées à partir de l'arc en direction de la cible. Aussi longtemps qu'une flèche reste dans son carquois, elle ne peut accomplir ce pour quoi elle a été créée. Le même principe s'applique aux enfants. Les enfants se reposent pour un temps dans le "carquois" de la maison et de la famille, temps durant lequel ils apprennent et deviennent matures. Puis vient le jour où ils ont besoin d'être relâchés dans le monde. C'est seulement à ce moment-là qu'ils peuvent accomplir leur destinée et libérer le plein potentiel que Dieu a placé en eux. C'est aux parents que revient le rôle de préparer leurs enfants à quitter le carquois.

Dieu recherche une progéniture pieuse (voir Malachie 2:15) et cette dernière proviendra très certainement de parents pieux. Le but de Dieu pour ses enfants est qu'ils aient sa nature et son caractère — qu'ils Lui soient semblables. La meilleure façon de devenir semblable à Dieu, c'est de L'imiter. Seuls les croyants et disciples de Christ peuvent vraiment devenir comme Dieu car cela nécessite la présence du Saint-Esprit en eux. Voici ce que Paul écrit au corps de croyants à Éphèse : « Puisque vous êtes les enfants bien-aimés de Dieu, suivez l'exemple de votre Père. Que toute votre vie soit dirigée par l'amour, comme cela a été le cas pour le Christ : il nous a aimés et a livré luimême sa vie à Dieu pour nous comme une offrande et un sacrifice dont le parfum plaît à Dieu » Éphésiens 5:1-2).

Jésus-Christ Lui-même est notre modèle. Nous devrions nous comporter envers nos enfants tout comme Jésus se comporte avec nous. Un des buts des parents est d'élever des enfants qui agissent comme eux, qui partagent des croyances et des valeurs similaires. L'exemple est le meilleur des enseignants et les enfants apprennent davantage du style de vie façonné par leurs parents que de tout ce qu'ils peuvent dire. Les actions parlent plus fort que les mots.

Proverbes 20:11 dit : « Le jeune enfant manifeste qui il est par ses actes, on voit si sa conduite sera pure et droite». D'où les enfants apprennent-ils une conduite pure et droite si ce n'est de leurs parents ? Du pire au meilleur, les attitudes et comportements des enfants reflètent ce qu'ils ont reçu des parents. Dans la très large majorité des cas, les problèmes comportementaux chez les enfants et les adolescents trouvent leur origine dans un piètre modelage parental.

Nous devrions nous comporter envers nos enfants tout comme Jésus se comporte avec nous.

Une parentalité réussie n'arrive pas par accident. Elle ne peut se réaliser de manière passive ou distante sur le plan physique ou émotionnel. Une parentalité efficace est ciblée, intentionnelle et délibérée. Les parents doivent *planifier* le succès dans le but d'avoir une progéniture pieuse. Si nos enfants grandissent en partageant nos valeurs morales, éthiques et spirituelles, nous avons réussi en tant que parents. S'ils apprennent à aimer, adorer, suivre et servir le Seigneur, nous avons réussi en tant que parents.

Qui de nous ne prendrait pas le plus grand soin à protéger et à préserver un trésor en notre possession ? Il n'y a pas de plus grand trésor sur terre que nos enfants. Ils sont un héritage de la part de Dieu et en tant que parents, nous avons la responsabilité et l'obligation devant Dieu de les traiter en tant que tels. Notre but est de produire une progéniture pieuse qui glorifiera et honorera son Père céleste.

Principes Fondamentaux De Parentalité

Au sens réel, Dieu a été le premier parent du fait qu'Il ait produit des "enfants" conçus pour être comme Lui. Ceci est révélé dans la toute première déclaration qu'Il a faite au sujet de l'humanité dans le livre de la Genèse. «Dieu dit : Faisons l'homme à notre image selon notre ressemblance... » (Genèse 1:26a).

Ce verset contient trois principes fondamentaux de parentalité, contenus dans les deux mots *image* et *ressemblance*. L'*image* est la réflexion directe d'un original et elle représente sa nature ou son caractère. Le mot *ressemblance* signifie avoir l'air semblable, agir de manière semblable et être comme quelqu'un ou quelque chose d'autre.

Dieu a créé les hommes pour être son reflet direct ; ils vivraient, se comporteraient comme Lui et Lui seraient semblables en tout point essentiel. Cette vérité transporte des implications claires pour les parents.

Principe fondamental #1 : *La parentalité devrait reproduire la nature du parent dans l'enfant.* Dieu est saint, et Il a créé l'homme pour être saint. Le péché a corrompu la sainteté de l'homme et a déformé l'image de Dieu en lui. Dès lors, le but et l'intention de Dieu ont été de restaurer l'homme à sa nature sainte d'origine. C'est la raison pour laquelle, Il a envoyé son Fils, Jésus-Christ, pour vivre dans la chair. Par sa vie, Jésus nous a montré comment était Dieu ; par sa mort pour nos péchés, Il a rendu possible la restauration complète de son image et de sa sainteté en nous.

De la même manière, si nous en tant que parents désirons des enfants pieux, nous devons vivre des vies pieuses pour montrer l'exemple. Dieu est saint et juste de nature, et Il veut des enfants qui manifestent la même nature. La parentalité devrait reproduire la nature du parent dans l'enfant. Seul l'Esprit de Dieu peut reproduire la nature de Dieu, que ce soit en nous ou en nos enfants. C'est pourquoi nous devons dépendre complètement du Seigneur et marcher de manière proche de Lui alors que nous cherchons à élever nos enfants avec sagesse et efficacité.

Si nous en tant que parents désirons des enfants pieux, nous devons vivre des vies pieuses pour montrer l'exemple.

Principe fondamental #2 : *La parentalité devrait reproduire le caractère du parent dans l'enfant.* La nature et le caractère sont très étroitement liés. Notre caractère est déterminé par la nature qui nous contrôle. Cela nous révèle qui nous sommes vraiment, indépendamment de la façon dont nous nous montrons aux autres. Étroitement lié à notre réputation, le caractère fait référence à notre excellence morale et à notre consistance (ou leur manque) et touche aux traits mentaux et éthiques qui nous démarquent en tant qu'individus. Le caractère est la personne que nous sommes quand il n'y a personne autour.

D'un point de vue parental, c'est quelque chose de très important. Une façon de mesurer notre efficacité en tant que parents serait de voir comment nos enfants agissent en notre absence. Que disent-ils et que font-ils lorsque nous ne sommes pas là pour approuver, désapprouver, faire leur éloge ou corriger ? Que cela nous plaise ou non, nos enfants deviendront très probablement comme nous. Cela fait partie de la nature — les enfants deviennent comme leurs parents. Si nous voulons produire des enfants avec de hauts standards de caractère, nous devons être des parents avec de hauts standards de caractère.

Le caractère est la personne que nous sommes quand il n'y a personne autour.

Principe fondamental #3 : *La parentalité devrait reproduire le comportement du parent dans l'enfant.* La nature détermine le caractère et le caractère détermine le comportement. Lorsque les parents mettent uniquement l'accent sur le comportement de leurs enfants, ils sont inévitablement condamnés à l'échec et à la frustration, car le comportement est lié au caractère.

Comme pour le caractère, les parents qui désirent de leurs enfants un bon comportement doivent modeler un bon comportement pour leurs enfants. L'ancienne approche « Fais ce que je dis, mais pas ce que je fais », en plus d'être hypocrite, ne fonctionne pas. Les enfants décèlent très bien l'hypocrisie, et les gens qui disent une chose et en font une autre perdent rapidement leur respect.

Si nous sommes des parents bons et pieux, nos enfants auront une nature bonne et pieuse. Si nous sommes droits dans toutes nos affaires, nos enfants développeront un caractère fort. Si en tant que parents nous nous conduisons bien, nos enfants apprendront à bien se conduire.

Nous devons toujours regarder non seulement à nos enfants, mais aussi à *leurs* enfants. Le test final à notre efficacité en tant que parents est ce que deviennent nos petits-enfants. Si nous avons bien fait notre travail, nos enfants intérioriseront notre nature, notre caractère, notrecomportement et les transmettront à leurs propres enfants. De cette façon, la justice peut se transmettre de génération en génération. C'est ainsi que le plan de Dieu s'accomplit, car Il recherche une progéniture pieuse.

Le test final à notre efficacité en tant que parents est ce que deviennent nos petits-enfants.

Le Mandat Parental

Être parent est une grande joie, mais aussi une grande responsabilité. Dieu a très clairement fait connaître dans sa Parole, la Bible, ce qu'Il exigeait et attendait des parents et ce dont Il les tiendrait pour responsables. Son mandat est simple : Parents, éduquez vos enfants.

Apprends à l'enfant le chemin qu'il doit suivre, même quand il sera vieux, il n'en déviera pas. (Proverbes 22:6)

Les coups de bâton et les réprimandes produisent la sagesse, mais un enfant livré à lui-même fera la honte de sa mère. (Proverbes 29:15)

Qui refuse de châtier son fils ne l'aime pas ; celui qui l'aime le corrigera de bonne heure. (Proverbes 13:24)

Discipline ton fils car en cela il y a de l'espoir ; ne participe pas délibérément à sa mort. (Proverbes 19:18 traduction de la New International Version)

Que ces commandements que je te donne aujourd'hui restent gravés dans ton cœur. Tu les inculqueras à tes enfants et tu en parleras chez toi dans ta maison, et quand tu marcheras sur la route, quand tu te coucheras et quand tu te lèveras. (Deutéronome 6:6-7)

Proverbe 22:6 illustre l'importance de former les enfants dès leur plus jeune âge : quand ils seront vieux (ou adultes), ils n'en dévieront pas. Des études reconnues ont démontré que le caractère de base d'un enfant est formé vers l'âge de sept ans. Ce que nous manquons d'apprendre et d'impartir à nos enfants lors des sept premières années de leur vie, ils l'apprendront seulement plus tard avec grande difficulté, si ce n'est pas du tout. Un apprentissage précoce établit la fondation pour la vie future. Même lorsque les enfants plus âgés et les adolescents testent leurs limites (et ils le font toujours), ils retournent généralement vers les croyances et valeurs qu'ils ont apprises dès leur plus jeune âge, si ces leçons ont été enseignées avec intégrité et consistance et à travers l'exemple parental.

Le caractère de base d'un enfant est formé vers l'âge de sept ans.

La réussite parentale implique toujours l'éducation. Et ce, parce que, tout d'abord, *les enfants ont besoin d'être éduqués.* Éduquer est différent de conseiller. Certains parents essaient de conseiller leurs enfants quelque soit leur âge. Généralement parlant, plus l'enfant est jeune, moins les conseils seront efficaces. Les jeunes enfants ont d'abord besoin d'être formés à obéir avant de comprendre pourquoi. Et ceci pour leur propre protection. Alors qu'ils grandissent dans leurs capacités à raisonner et à analyser, ils sont mieux en mesure de comprendre le « pourquoi » de leur éducation. Nous devons veiller à ne pas faire l'erreur d'essayer de conseiller nos enfants avant qu'ils ne soient prêts.

La réussite parentale implique toujours l'éducation.

En second lieu, *les enfants ne peuvent pas s'éduquer tout seuls.* Cela devrait aller de soi, pourtant il y a toujours beaucoup de parents qui laissent leurs enfants prendre leurs propres décisions et se débrouiller tout seuls en général, même à un très jeune âge. L'éducation des enfants est quasi-inexistante. Interrogés, ces parents défendent souvent leurs actions (ou inactions) en prétendant de pas vouloir imposer leurs croyances à leurs enfants, ni restreindre leur liberté à choisir leur propre voie. C'est de la folie pure et une recette au désastre, parce que les enfants n'ont pas encore développé la capacité de faire des choix sages et matures. Ils ont besoin d'une direction claire et ferme d'adultes capables de leur montrer la voie. Ils ont besoin de l'éducation des parents.

Troisièmement, *l'éducation doit être intentionnelle.* Élever et enseigner des enfants est un travail trop important pour être abordé n'importe comment ou laissé à la chance. Les parents doivent volontairement et délibérément porter ce fardeau sur leurs épaules. Nous sommes les premières lignes de défense pour nos enfants, leur source première et basique d'éducation et d'exemple. Bon ou mauvais, bien ou mal, nos enfants suivront nos traces. Notre éducation et notre exemple doivent être justes, consistants, et unifiés. En matière de règles, de routine et de discipline à la maison, les parents devraient toujours présenter un front uni pour que leurs enfants n'apprennent pas à dresser un parent contre l'autre.

Bons ou mauvais, bien ou mal, nos enfants suivront nos traces.

Quatrièmement, *l'éducation vise le long terme.* Nous ne devons pas attendre de nos enfants qu'ils soient bons instantanément, ni qu'ils apprennent tout du premier coup. L'éducation est un processus de développement. La maturité ne s'acquiert pas du jour au lendemain. En tant que parents, nous devons voir bien plus loin dans le futur de nos enfants et dans celui de leurs enfants. Dans les domaines de l'éducation et de la discipline, une douleur à court terme veut dire un gain à long terme. Peut-être que ça nous brise le coeur d'infliger la peine de la discipline à nos enfants et de les voir pleurer, mais l'objectif à long terme qui est de les préparer à vivre en adultes responsables justifie la douleur temporaire de la discipline pendant qu'ils sont jeunes.

Enfin, *manquer d'éduquer un enfant c'est s'engager à le détruire.* Rappelez-vous Proverbes 19:18 : « Discipline ton fils, car en cela il y a de l'espoir ; ne participe pas délibérément à sa mort ». Ce verset nous montre que notre échec à discipliner nos enfants fait de nous des participants à leur destruction. Si nos enfants tournent mal et ratent leurs vies parce que nous ne les avons pas correctement enseignés, alors nous portons le plus lourd fardeau de responsabilité. Nous devenons sans le savoir des complices de leur destruction, de mèche avec ces forces dans le monde qui cherchent à détruire nos enfants.

Soyez La Locomotive, Pas Le Wagon

J'ai un dernier conseil pour les parents ou pour ceux qui souhaitent le devenir : *Soyez la locomotive, pas le wagon.* La locomotive fournit de la puissance à un train et détermine à la fois sa direction et l'allure à laquelle il va voyager. Comme chez toutes les autres voitures, le wagon suit la locomotive ; il ne dirige jamais. Où qu'elle aille, le wagon suit. Si le train est une analogie pour la famille, alors les parents sont la locomotive et les enfants les wagons. Les enfants devraient suivre la direction de leurs parents. Les parents vont devant, déterminant la route et l'allure. Aussi longtemps que la locomotive arrive sans encombre à destination, le reste de la cargaison y parviendra aussi.

Un des plus gros problèmes chez beaucoup de familles, c'est que les parents sont devenus les wagons. Leurs enfants ont pris le contrôle de la locomotive et ils roulent sans but ni direction, et tout ce que peuvent faire les parents c'est d'être entraînés avec eux, pendant que le "train" de leur famille quitte la voie. Déraillement et destruction sont virtuellement certains. Quoi que nous fassions en tant que parents, nous ne devons jamais permettre à nos enfants de diriger le train.

La locomotive détermine sur quelle voie le train va rouler. De façon identique, nous en tant que parents, déterminons où vont nos enfants et ce qu'ils deviennent en fonction de la voie sur laquelle nous plaçons nos vies. Devant nous se trouve un embranchement, et nous pouvons orienter notre train sur l'une ou l'autre des voies. L'une d'entre elles conduit à la vie, la santé et la prospérité, alors que l'autre mène à la mort et à la destruction. Le choix nous appartient : quelle voie allons-nous emprunter ?

Quoi que nous fassions en tant que parents, nous ne devons jamais permettre à nos enfants de diriger le train.

Dieu recherche une progéniture pieuse. Il désire que nous choisissions la vie pour nous-mêmes et pour nos enfants. Dans les termes de Mose, "l'ami de Dieu" :

Je prends aujourd'hui le ciel et la terre à témoins : je vous offre le choix entre la vie et la mort, entre la bénédiction et la malédiction. Choisissez donc la vie, afin que vous viviez, vous et vos descendants. Choisissez d'aimer l'Éternel votre Dieu, de lui obéir et de lui rester attachés, car c'est lui qui vous fait vivre et qui pourra vous accorder de passer de nombreux jours dans le pays que l'Eternel a promis par serment de donner à vos ancêtres Abraham, Isaac et Jacob. (Deutéronome 30: 19-20)

Les enfants ont besoin de l'amour, la direction, l'éducation, la discipline et la protection que seuls les parents peuvent leur apporter. La force et la santé de la génération suivante dépendent de la fidélité et de la diligence dont font preuve les parents envers cette génération. Les couples mariés qui décident d'avoir des enfants choisissent une bonne chose. Oui, élever des enfants est une responsabilité extraordinaire qui transporte avec elle une portion considérable de frustration, de chagrin et de stress. Au-delà de cela, cependant, être parent est un merveilleux privilège qui s'accompagne d'une grande joie, d'une profonde satisfaction et d'un abondant espoir pour le futur.

PRINCIPES

1. La planification familiale consiste à prendre des décisions délibérées, à l'avance, pour éviter des grossesses non désirées et pour limiter la taille d'une famille à un nombre d'enfants adapté à la capacité des parents à les aimer, à pourvoir, à les nourrir, à les éduquer, et à les protéger de manière satisfaisante.

2. La planification familiale nécessite la réponse à trois questions relatives aux enfants : « Voulons-nous des enfants ?» ; « Quand ?» ; et « Combien ?».

3. Pour grandir sainement, les enfants ont besoin d'un environnement familial stable sur les plans financier, émotionnel et spirituel.

4. L'exemple est le meilleur des enseignants et les enfants apprennent davantage du style de vie façonné par leurs parents que de tout ce qu'ils peuvent dire.

5. Une parentalité efficace est ciblée, intentionnelle et délibérée.

6. Le parent devrait reproduire sa nature dans l'enfant.

7. Le parent devrait reproduire son caractère dans l'enfant.

8. Le parent devrait reproduire son comportement dans l'enfant.

9. Le mandat de Dieu est simple : Parents, éduquez vos enfants.

10. Les parents devraient être la locomotive, pas les wagons.

CHAPITRE 8

Vivre sous AGAPE

Un mariage durable doit être construit sur une fondation solide qui ne peut pourrir, s'éroder ni s'user au fil du temps. Une relation de mariage réussie, heureuse et fructueuse doit être bâtie sur des principes permanents et non temporaires ; forgée sur des choses durables, non éphémères.

L'attirance physique ne suffira pas. La beauté extérieure se fane avec le temps. Les cheveux grisonnent, blanchissent ou tombent, la peau se ride, les muscles deviennent flasques, la taille s'élargit, les dents ressortent, la vue baisse, l'ouïe diminue. Si vous avez bâti votre relation de mariage sur l'attirance physique, qu'allez-vous faire lorsque les attributs physiques qui vous ont initialement attirés l'un vers l'autre disparaîtront ?

Le sexe ne suffira pas. Humeurs et attitudes changent et évoluent. Avec l'âge, la capacité de performance sexuelle, tout comme l'intérêt pour l'activité sexuelle déclinent. De toute façon, un appétit 100% physique et chimique est en lui-même insuffisant pour nourrir et entretenir une relation essentiellement spirituelle par nature.

Les finances ne suffiront pas. En raison des récessions économiques, licenciements, incapacités physiques, maladies à long terme ou d'une série d'autres facteurs, le statut financier peut changer radicalement et très rapidement. Un mariage basé seulement ou principalement sur des facteurs économiques ou sur des revenus potentiels est une recette à l'échec.

Les possessions ne suffiront pas. Aussi permanentes et substantielles qu'apparaissent les choses matérielles, elles ne sont que temporaires et peuvent disparaître en un coup de vent. Vous n'avez qu'à demander à quelqu'un qui, subitement a tout perdu dans un désastreux incendie ou dans un ouragan. Bien plus, centrer notre vie ou notre mariage sur l'accumulation de possessions crée simplement une faim insatiable d'en avoir davantage, un désir qui ne sera jamais satisfait.

Sur quoi, donc, un couple marié peut-il bâtir une relation heureuse, sûre et durable ? Quelle fondation tiendra face au test du temps et aux tempêtes de l'adversité ? J'espère avoir été clair tout au long de ce livre sur le fait que l'unique fondation sûre à un mariage à vie est *agape*, l'amour qui se donne entièrement et qui trouve sa source et son origine en Dieu seul. Seul ce qui provient de Dieu Lui-même durera ; tout le reste est transitoire.

Quand Paul écrit à la communauté de croyants à Corinthe, voici ce qu'il dit sur la dernière qualité d'*agape* :

L'amour n'aura pas de fin. Les prophéties cesseront, les langues inconnues prendront fin, et la connaissance particulière cessera. Notre connaissance est partielle, et partielles sont nos prophéties. Mais le jour où la perfection apparaîtra, ce qui est partiel cessera... En somme, trois choses demeurent : la foi, l'espérance et l'amour, mais la plus grande d'entre elles, c'est l'amour.
(1 Corinthiens 13:8-10, 13)

À la fin, la foi, l'espérance et l'amour demeureront. Toutes ces choses trouvent leur origine en Dieu, et l'amour (*agape*) est la plus grande des trois. Il en est ainsi parce que la foi et l'espérance découlent de l'amour de Dieu et peuvent exister uniquement dans l'environnement de sa présence. Parce que Dieu est éternel et *agape* dans sa nature même, son amour ne peut échouer. Les prophéties, les langues et la connaissance — toutes les choses qui nous paraissent permanentes — disparaîtront un jour. Ces choses trouvent également leur origine en Dieu, mais elles sont par son dessein, de nature temporaire. Une fois qu'elles auront accompli leur but, elles disparaîtront. Il en est différemment de l'amour. *Agape* est éternel ; il ne s'éteindra jamais.

AGAPE est éternel ; il ne s'éteindra jamais.

L'Amour Est Une Dette Permanente

Au chapitre un, nous avons appris qu'*agape* est l'amour inconditionnel — un amour sans raison — le type d'amour sacrificiel, désintéressé que Jésus a démontré quand Il est mort sur la croix pour nos péchés. L'amour sans raison signifie aimer quelle que soit l'amabilité des personnes impliquées et qu'elles retournent ou non cet amour. *Agape* n'établit aucune condition, ne demande rien et ne place aucune attente. Il n'exige aucune garantie, exceptée la sienne.

Un mariage reposant sur *agape* est alors une relation dépourvue de rôles parce que les époux s'aiment inconditionnellement, de manière sacrificielle et sans rien attendre de l'autre. Alimentée par l'amour, leur relation se caractérise par une réponse aux besoins plutôt que de se conformer à des rôles déterminés.

Pour les croyants, *agape* devrait être la force directrice et motivatrice derrière toute relation, mariage ou autres. Voici ce que disait Simon Pierre, l'un des amis et disciples les plus proches de Jésus, au sujet de la nature inconditionnelle et sans attente d'*agape* : « mais, avant toutes choses, ayant entre vous un amour fervent, car *l'amour couvre une multitude de péchés* » (1 Pierre 4:8, Darby, emphase ajoutée). *Agape* ne survole ni n'ignore le péché ; il le couvre, tout comme le sang de Jésus couvre notre péché afin de nous placer dans une juste relation avec Dieu. Dans le mariage, *agape* signifie que les époux, au lieu de survoler leurs fautes et leurs faiblesses, ont une attitude rédemptrice l'un envers l'autre et laissent l'amour vaincre leurs manquements sans permettre à ces derniers de devenir des points de disputes et de conflits.

L'amour est une dette permanente que nous nous devons mutuellement, une dette qui ne devrait jamais être réglée. Paul l'a clairement exprimé lorsqu'il écrit aux croyants à Rome : « Ne devez rien à personne, si ce n'est de vous aimer les uns les autres ; car celui qui aime les autres a accompli la loi » (Romains 13:8 La Colombe). Si nous développons l'habitude de penser que nous devons toujours une dette d'amour à notre conjoint(e), nous aurons moins tendance à être offensé quand il/elle dira ou fera quelque chose qui ne nous plaît pas. L'implication des paroles de Paul, c'est que nous devons *toujours* aimer les autres, indépendamment de leur attitude ou de leur réponse à notre égard.

Si nous développons l'habitude de penser que nous devons toujours une dette d'amour à nos époux, nous aurons moins tendance à être offensés quand ils diront ou feront quelque chose qui ne nous plaît pas.

L'Amour Vécu

Quelles sont alors les implications pratiques pour les couples mariés qui vivent sous *agape* ? Comprendre la réponse requiert avant tout une bonne définition d'agape en termes pratiques. Je crois que nous ne pouvons trouver de meilleure définition que celle décrite dans le treizième chapitre de la première lettre de Paul adressée aux croyants de Corinthe :

L'amour est patient, l'amour est bon. Il n'est pas envieux, il ne se vante pas, il n'est pas orgueilleux. Il ne fait rien d'inconvenant, il ne cherche pas son intérêt, il ne s'irrite pas facilement, il ne garde pas rancune. L'amour ne se réjouit pas dans le mal, mais il se réjouit de la vérité. Toujours il protège, toujours il fait confiance, toujours il espère, toujours il persévère. L'amour ne faillit jamais.
(1 Corinthiens 13:4-8a Traduction de la New International Version)

Considérons chacun de ces points brièvement en nous mettant dans le contexte de la relation entre maris et femmes. En tout temps et en toutes choses, nous devrions prêter attention aux paroles de Jésus, « Faites aux autres ce que vous voudriez qu'ils fassent pour vous » (Luc 6:31).

L'amour est patient. Gardez toujours à l'esprit que personne n'est parfait. Nous avons tous nos propres fautes et défauts, nos singularités et habitudes ou maniérismes agaçants. Tous s'engagent dans le mariage avec un bagage émotionnel, psychologique et spirituel d'un certain poids. S'ajuster à l'unicité de chacun demande du temps et de la *patience*. La version King James utilise souvent le mot *endurance* pour patience, qui illustre réellement l'idée de ce dont nous parlons ici. L'amour patient tient compte des différences individuelles et cherche à comprendre avant de parler ou de juger. Dans nos relations de mariage, nous avons tous besoin d'un capital de grâce, non seulement celui que nous manifestons à l'égard de nos conjoints, mais aussi celui dont ils font preuve envers nous. L'amour patient est rempli de grâce. Au lieu de rechercher la faute, il contribue à aider l'autre personne à atteindre son plein potentiel et trouver sa personnalité en Christ.

L'amour patient est rempli de grâce.

L'amour est bon. Le mot grec pour "bon" au verset 4 signifie littéralement "se montrer utile à quelqu'un" ou "agir bénévolement". L'amour bon cherche constamment les meilleurs intérêts de l'autre personne, en cherchant activement des façons de l'aider, de la réconforter, de l'encourager, de la fortifier, et de l'élever. C'est là où se rappeler de petites choses entrent en jeu — un compliment, une carte, un bouquet de roses. Il y a cependant davantage d'implications ici que les attentions. La bonté est un engagement actif, délibéré à poursuivre le bien de l'autre. Elle est douce et tendre, pourtant ferme si nécessaire, refusant de rester passive et laisser ses bien-aimés s'engager dans un comportement auto-destructeur. Parfois, l'acte de bonté suprême consiste à intervenir de force afin d'empêcher quelqu'un que nous aimons d'emprunter le chemin qui mène à la destruction. L'amour bon est aussi un amour ferme.

La bonté est un engagement actif, délibéré à poursuivre le bien de l'autre.

L'amour n'est pas envieux. *Agape* est un amour qui se sent en sécurité avec lui-même et ses relations. Lorsque nous vivons sous *agape*, nous sommes en paix avec qui nous sommes, notre statut et dans nos relations avec les autres. Nous ne nous sentons ni menacés par leur succès, ni envieux de leur bonheur. Au contraire, nous cherchons activement et sincèrement à nous réjouir avec eux. Envier signifie être zélé, impatient ou anxieux pour ou contre quelqu'un, et c'est très étroitement lié à la jalousie. Assuré et confiant, *agape* vient désarmer l'envie et la jalousie, les rendant impuissants. Un amour non envieux signifie que quand une épouse reçoit une promotion au travail, son mari ne se sent pas menacé ou en compétition avec son succès, mais se réjouit honnêtement avec elle. Ou si un mari est honoré par ses collègues, sa femme est sincèrement fière de la reconnaissance qu'il reçoit, sans crainte que l'attention lui soit volée. L'amour qui n'envie pas est l'amour qui a appris à être satisfait, peu importent les circonstances.

AGAPE est un amour qui se sent en sécurité avec lui-même et ses relations.

L'amour ne se vante pas. Littéralement, se vanter veut dire fanfaronner. Un vantard est quelqu'un qui chante toujours ses propres louanges ou qui "se lance des fleurs". Quelqu'un qui fait en sorte que tout le monde soit au courant de ses dons et de ses accomplissements. En réalité, les fanfarons n'accomplissent généralement que très peu pour les autres parce qu'ils passent tout leur temps à se vanter. L'amour, en revanche, est toujours trop occupé à faire *le bien* pour avoir le temps d'en parler. Ceux qui vivent sous *agape*, n'ont ni le besoin, ni le désir de se vanter, car ils trouvent leur accomplissement et leur finalité non pas dans les louanges et la reconnaissance des hommes, mais dans l'opportunité de servir les autres dans le nom de Christ. Si nous ressentons le besoin de nous vanter ou de faire étalage de notre amour, c'est là un signe certain que l'amour n'est pas présent. *Agape* ne cherche ni n'a besoin de fanfare. L'amour vrai se révèle par ses actions, et quand il est présent, tout le monde le sait.

L'amour est toujours trop occupé à FAIRE le bien pour avoir le temps d'en parler.

L'amour n'est pas orgueilleux. L'orgueil est "le" péché de l'humanité, le péché d'Adam et Ève, celui qui a provoqué leur chute à Éden. Le mot grec se réfère littéralement à un soufflet gonflé d'air. Une personne orgueilleuse est arrogante, d'un ego démesuré, gonflé d'une vaine confiance en elle, se reposant d'un air suffisant sur ses propres forces, ses talents et ses connaissances. L'amour en est l'exact opposé : humble, doux, n'usant jamais de la contrainte. Les familles vivant sous *agape*, se traitent toujours avec dignité, honneur, et respect sachant qu'elles sont égales devant Dieu : tant dans leur dépendance envers Lui en toutes choses que dans leur pardon et leur position de justes à travers Christ. L'orgueil met toujours l'accent sur le moi ; *agape* ne le fait jamais, gardant plutôt les yeux sur Dieu et sur les autres. *Agape* détruit l'orgueil car là où se trouve l'amour, il n'y a pas de place pour l'orgueil.

AGAPE détruit l'orgueil car là où se trouve l'amour, il n'y a pas de place pour l'orgueil.

L'amour ne fait rien d'inconvenant. Dans beaucoup de segments de la société moderne, l'insolence paraît banale, même attendue. Cependant, un comportement poli n'est jamais démodé. Les bonnes manières sont toujours appropriées. L'insolence signifie agir indignement, de manière inappropriée ou indécente, méritant le reproche. L'amour cherche toujours à agir correctement et convenablement en toute circonstance et dans toute relation de la vie. Ce qui veut dire faire preuve d'honneur et de respect à l'égard de la place et des opinions des autres, qu'ils soient de rangs supérieur ou inférieur. Tous, indépendamment du statut, méritent le respect et la décence. Les gens qui vivent sous *agape* veillent à maintenir un respect et un comportement corrects dans toutes les relations de la vie : mari, femme, parent, enfant, frère, sœur, fils ou fille. L'amour dépourvu d'insolence agit également pour empêcher tout ce qui violerait la décence.

De bonnes manières sont toujours appropriées.

L'amour ne cherche pas son propre intérêt. Voici une autre façon de définir un amour sans rôles – un amour sans conditions ni attentes. *Agape* n'a pas de motivations égoïstes ni d'arrières pensées ; il est inconditionnel. L'amour conditionnel pose des limites ; *agape* n'en place aucune. Ce type d'amour cherche le bien-être des autres même au prix du déni de soi et du sacrifice personnel. Vivre sous *agape* signifie que notre préoccupation première n'est pas la recherche de notre propre bonheur, mais du bonheur des autres, et que nous ne poursuivrons pas notre bonheur aux dépens des autres. Les gens qui vivent sous *agape* vivent dans le but de faire le bien, tout comme l'a fait Jésus (voir Actes 10:38).

Les gens qui vivent sous AGAPE vivent dans le but de faire le bien, tout comme l'a fait Jésus.

L'amour ne s'irrite pas facilement. Cela veut dire qu'il en faut beaucoup pour nous provoquer. Nous ne tombons pas dans le piège de laisser la colère nous dominer. Le mot grec transporte l'idée d'irritation ou d'esprit brusque. *Agape*, même s'il n'est ni indulgent, ni crédule, n'a également aucun "angle tranchant". Si nous sommes gouvernés par *agape*, nous ne sommes pas enclins à de violentes colères ou à la provocation, les gardant toujours sous contrôle. Nous ne sommes pas prompts à juger ou hâtifs à tirer des conclusions, mais nous accordons aux autres le bénéfice du doute. Nous ne "pétons pas les plombs", ni "perdons notre sang froid" à chaque fois qu'une petite chose ne nous plaît pas. Au lieu de cela, nous gardons en tête les paroles de Jacques, le demi-frère de Jésus : « Mais que chacun de vous soit toujours prêt à écouter, qu'il ne se hâte pas de parler, ni de se mettre en colère. Car ce n'est pas par la colère qu'un homme accomplit ce qui est juste aux yeux de Dieu » (Jacques 1:19b-20).

L'amour ne garde pas rancune. Deux idées sont présentes ici. Premièrement, l'amour ne "dresse pas un inventaire" de torts, de blessures, d'insultes, ou d'offenses dans le but de rendre la pareille. En d'autres mots, l'amour n'a aucun intérêt à la vengeance. Le désir de vengeance est l'une des impulsions les plus destructrices dans la sphère entière des relations humaines. Les personnes guidées par *agape* ne reviendront pas sur les erreurs du passé pour les jeter à la figure du fautif.
La seconde idée, c'est qu'*agape* associe toujours les motivations les plus pures et les plus honorables aux actions des autres. Cela ne signifie pas

être crédule ou faible, mais rechercher et penser le meilleur de chaque personne. Cela signifie ne pas recevoir ni faire circuler de commérages ou d'informations blessantes sur quelqu'un d'autre. *Agape* ne prend jamais part au "jeu du blâme" et garde des autres la plus haute opinion jusqu'à preuve évidente du contraire.

L'amour ne "dresse pas un inventaire" de torts, de blessures, d'insultes, ou d'offenses dans le but de rendre la pareille.

L'amour ne se réjouit pas dans le mal. Le psalmiste a écrit : « Heureux l'homme qui ne marche pas selon le conseil des méchants, qui ne va pas se tenir sur le chemin des pécheurs, qui ne s'assied pas en compagnie des moqueurs » (Psaume 1:1). C'est l'idée que l'on retrouve ici. Non seulement agape refuse de s'associer d'une façon ou d'une autre à la méchanceté et au mal, mais il déplore aussi leur présence dans les affaires et dans la vie des hommes. Si nous sommes sous le règne d'*agape*, nous ne prenons pas plaisir au péché, que ce soit le nôtre ou celui de quelqu'un d'autre. Les nouvelles du malheur des autres, même d'ennemis, nous attristeront parce qu'*agape* désire le meilleur pour chacun, et particulièrement la repentance et le salut de ceux qui sont séparés de Dieu.

Si nous sommes sous le règne d'agape, nous ne prenons pas plaisir au péché, que ce soit le nôtre ou celui de quelqu'un d'autre.

L'amour se réjouit dans la vérité. Le psaume 1 poursuit sa description de l'homme "béni" : « Toute sa joie il la met dans la Loi de l'Éternel qu'il médite jour et nuit » (Psaume 1:2). Il n'y a pas de vérité plus grande que la Parole de Dieu, ceux qui vivent sous *agape* trouveront en elle une réelle satisfaction. Nous la lirons, l'étudierons, en discuterons, la partagerons, l'enseignerons à nos enfants, et la proclamerons à un monde sombre et mourant. Se réjouir dans la vérité veut dire également être sincèrement heureux de la réussite honnête et honorable des autres, même de ceux qui ne sont pas d'accord avec nous ou avec qui nous avons du mal à nous entendre. Cela signifie célébrer lorsque la justice prévaut et lorsque l'injustice est renversée. Se réjouir dans la vérité signifie être heureux quand des gens passent d'une ignorance restrictive et limitative à la lumière de la connaissance. *Agape* est une réjouissance active qui s'implique personnellement dans le service et les oeuvres pour la vérité.

L'amour protège toujours. Le mot grec pour "protéger" signifie littéralement "couvrir" comme couvrir un toit, et "se cacher" ou "dissimuler". Pris dans ce sens, *agape* veille donc toujours à cacher les fautes et les échecs des autres au lieu de les exposer au monde. Dans le contexte du mariage et de la famille, cela signifie qu'un mari "couvre" sa femme, et tous deux couvrent et protègent leurs enfants, tout en dépendant de la protection et de la couverture *agape* de Dieu sur leur vie, leurs circonstances et leur bien-être. *Agape* est le bouclier ou la barrière qui protège une famille des coups durs de la vie et des valeurs sèches et arides d'un monde sans Dieu.

L'amour fait toujours confiance. Cela est vrai, tout d'abord, par rapport à Dieu. Comme *agape* prend sa source en Dieu seul, son existence même est enveloppée en Lui seul. Si nous sommes conduits par *agape*, nous faisons confiance au Seigneur en toutes choses et nous nous tournerons vers Lui pour la sagesse, le leadership et le discernement dans chaque événement de la vie, que ce soit à la maison, au travail ou ailleurs. Notre confiance en Dieu imprégnera nos conversations ainsi que chaque relation, aussi bien familiale qu'amicale. De plus, l'amour qui fait confiance veut dire avoir foi en d'autres personnes, non au point d'être crédules, mais croire au meilleur d'elles jusqu'à preuve irréfutable du contraire. Dans ce sens, il est semblable à la qualité de ne garder aucune liste de torts. *Agape* se plaît à présumer la vertu des autres et à en avoir une bonne impression.

L'amour espère toujours. Ici, il ne s'agit pas du type d'espoir rêveur et fictif que le monde comprend. L'espoir *agape* — l'espoir biblique — est solidement enraciné dans un fait accompli et dans les promesses de Dieu. De ce fait, si nous vivons sous *agape*, nous pouvons nous attendre avec confiance et assurance à ce que nos vies se déroulent bien. Nous sommes entre les mains expertes d'un Père aimant qui nous a promis : « Car moi je connais les projets que j'ai conçus en votre faveur... des projets de paix et non de malheur, afin de vous assurer un avenir plein d'espérance » (Jérémie 29:11). *Agape* voit toujours le bon côté des choses à la fois dans les domaines physique et spirituel, non pas à travers le déni qui refuse de reconnaître la peine, la douleur et les difficultés, mais à travers un optimisme qui refuse le désespoir, étant fondé dans la nature infaillible de Dieu et dans ses promesses.

L'espoir AGAPE — l'espoir biblique — est solidement enraciné dans un fait accompli et dans les promesses de Dieu.

L'amour persévère toujours. Si tout le reste échoue (ou semble échouer), l'amour, lui, ne renonce jamais. Il s'accroche jusqu'à la fin. Des parents qui aiment ne renoncent jamais à leurs enfants, ne cessent jamais de les aimer, de prier pour eux, aussi rebelles et entêtés qu'ils soient. Dieu est éternel et comme *agape* prend sa source en Lui, lui aussi l'est. Par conséquent, par nature et par définition, *agape* persévère toujours. *Agape* tient ferme face à la persécution, à la calomnie, aux difficultés, aux abus, aux fausses accusations, à l'ingratitude — à tout. La qualité de persévérance d'*agape* est celle dont Jésus a fait preuve quand il a prié sur la croix pour ses ennemis et ses bourreaux : « Père, pardonne-leur, car ils ne savent pas ce qu'ils font » (Luc 23:34).

L'amour ne faillit jamais. Cette phrase résume tout ce qui a été vu précédemment. Le mot *faillir* ici est utilisé dans le sens de quelque chose qui passe, diminue ou cesse d'exister. L'amour est éternel. Les prophéties, les langues et la connaissance passeront un jour, mais *agape* ne faillit jamais. Ce monde dans lequel nous vivons, ainsi que l'univers physique tout entier, disparaîtront éventuellement, mais *agape* ne prendra jamais fin. *Agape* est un petit aperçu du Ciel sur terre aujourd'hui et il demeurera pour caractériser la vie de l'ensemble du peuple de Dieu dans le nouveau Ciel et la nouvelle terre à venir. Même si tout le reste disparaît, l'amour lui demeure. *Agape* ne faillit jamais.

Apprendre à vivre sous *agape* est la première clé pour comprendre l'amour qui dure toute une vie. Chaque couple marié se retrouve face à la question : « OK, nous sommes mariés, et après ?». La société moderne leur propose plusieurs options différentes, un grand nombre de voix offrant avis et conseils. Le monde a beaucoup à dire sur l'amour — du bon et du mauvais, du vrai et du faux — mais personne mieux que Dieu ne comprend l'amour, car Dieu est amour (voir 1 Jean 4:16). Si nous souhaitons comprendre l'amour, nous avons besoin d'aller à la source. Si nous voulons grandir et vivre un mariage durable et réussi, nous devons consulter son créateur.

Le mariage est un voyage périlleux, et chaque voyageur sur cette route a besoin d'un Guide fiable et d'un manuel digne de confiance. Que vous soyez jeunes mariés au commencement de votre voyage ensemble ou vétérans expérimentés cherchant à être enrichis et rafraîchis en cours de route, consacrez vos vies et votre mariage au Seigneur. Vivez pour Lui, suivez sa Parole et Il bénira votre voyage, vous conduira à la réussite et vous remplira de joie et de satisfaction en chemin. Pensez aux paroles du sage :

Mets ta confiance en l'Éternel de tout ton cœur, et ne te repose pas sur ta propre intelligence. Cherche à connaître sa volonté pour tout ce que tu entreprends, et il te conduira sur le droit chemin.
(Proverbes 3:5-6).

PRINCIPES

1. L'unique fondation sûre d'un mariage à vie est *agape*, l'amour désintéressé qui trouve sa source et son origine en Dieu seul.

2. L'amour est une dette permanente que nous nous devons mutuellement, une dette qui ne devrait jamais être réglée.

3. Agape est patient.

4. Agape est bon.

5. Agape n'est pas envieux.

6. Agape ne se vante pas.

7. Agape n'est pas orgueilleux.

8. Agape ne fait rien d'inconvenant.

9. Agape ne cherche pas son propre intérêt.

10. Agape ne s'irrite pas facilement.

11. Agape ne garde pas rancune.

12. Agape ne se réjouit pas dans le mal.

13. Agape se réjouit dans la vérité.

14. Agape protège toujours.

15. Agape fait toujours confiance.

16. Agape espère toujours.

17. Agape persévère toujours.

18. Agape ne faillit jamais.